KB202292

대한제국

잊혀진 100년 전의 황제국

대한제국, 잊혀진 100년 전의 황제국

2011년 1월 10일 초판 1쇄 인쇄
2011년 1월 20일 초판 1쇄 발행

엮 은 이 | 국립고궁박물관
글 쓴 이 | 이태진 · 임소연 · 현광호 · 최장근 · 서영희 · 윤대원
　　　　　목수현 · 최공호 · 최규순 · 탁현규 · 안창모 · 이정희 · 임민혁
펴 낸 이 | 홍기원

총　　괄 | 홍종화
편집주간 | 정창현
디 자 인 | 정춘경 · 강계영 · 하은실
편집·교정 | 오경희 · 조정화 · 오성현
　　　　　신나래 · 김현아 · 차수현
관　　리 | 박정대 · 최기엽

펴 낸 곳 | 민속원　　**출판등록** | 제 18-1호
　　　　　주소 : 서울시 마포구 대흥동 337-25번지(미가람길 31)
　　　　　전화 : 02) 804-3320, 805-3320, 806-3320(代)　팩스 : 02) 802-3346
　　　　　이메일 : minsok1@chollian.net　홈페이지 : www.minsokwon.com

ISBN 978-89-285-0071-0 93910

왕실문화
기획총서
①

대한제국

잊혀진 100년 전의 황제국

민 속 원

"대한제국의 역사와 황실문화 이해의
밑거름이 되길 기원합니다"

국립고궁박물관은 조선왕실과 대한제국 황실의 문화유산을 소중히
보존하기 위해 2005년 8월 15일 광복 60주년을 기념하여 개관하였습니다.
2008년부터는 조선 왕실과 대한제국 황실의 역사에 대한 일반인들의 관심
과 이해를 돕고자 교양강좌인 '왕실문화 심층탐구' 프로그램을 운영해오고
있습니다.

금년에는 〈100년 전의 기억, 대한제국〉 특별전시회를 개최해, 고종황
제 초상, 명성황후의 금책 등 국가의 위상 격상과 관련된 유물, 고종황제가
사용한 대원수보大元帥寶, 대한제국기 문·무관의 서양식 관복 등 국가운영
체제의 변화와 관련된 유물을 전시한 바 있습니다.

특별 전시회에 이어 대한제국의 역사와 문화를 더 심층적으로 이해하
고 깊이 있게 접근해 볼 수 있도록 12차례에 걸쳐 교양강좌 프로그램도 진

행하였습니다. 이 강좌를 통해 당시의 세계정세 속에서 부강한 근대국가로 도약하고자했던 대한제국의 꿈과 노력을 대중적으로 소개하였습니다.

　　1897년 출범한 대한제국은 한일 강제병합으로 역사가 불과 13년 밖에 지속되지 못했으나 우리나라 최초의 근대국가였다는 점에서 짧지만 큰 발자취를 남겼습니다. 그런 점에서 금년 교양강좌는 최초의 근대국가인 대한제국의 발자취와 역사적 의의를 성찰해 볼 수 있는 뜻 깊은 자리가 되었습니다.

　　강좌가 끝난 후 많은 분들이 강좌를 듣지 못한 아쉬움을 토로하셨습니다. 강좌 내용을 정리해서 출간했으면 좋겠다는 제안도 있었습니다. 대한제국 시기 황실문화를 다양한 측면에서 소개하고, 대중적으로 이해의 폭을 넓혀 가는 것이 고궁박물관의 사명이기도 합니다. 강좌에 참여해 주신 여러 선생님들께서도 흔쾌히 승낙해 주시고, 미진한 내용을 보완해 주셨습니다.

이렇게 여러분들의 호응과 정성이 모아져 이번에 첫 기획서를 내놓게 되었습니다. 일정상 강좌에 포함되지 못했던 주제도 새롭게 포함시키고, 일반인들이 쉽게 접할 수 있도록 다양한 사진자료를 실었습니다.

이 기획서가 그 동안 잘못 인식되거나 왜곡되어 알려졌던 대한제국의 진면목을 알리고, 나라를 잃은 과거 역사에 대해 깊이 성찰하는 계기가 되었으면 합니다. 짧은 기간이었지만 대한제국이 이룩한 황실문화를 재조명할 수 있는 밑거름이 되기를 기원해 봅니다.

마지막으로 강의를 해주시고 원고를 가다듬어 주신 이태진 국사편찬위원장을 비롯한 여러 선생님들과 사진자료를 제공해 주신 소장자 여러분께 감사 말씀드립니다.

앞으로도 국립고궁박물관은 학술 활동 및 다양한 전시와 알찬 교육 프로그램으로 대한민국이 21세기 문화강국으로 발전해 나갈 수 있도록 최선을 다할 것입니다. 국립고궁박물관에서 펼쳐지는 아름답고 품격 있는 전시, 귀중한 왕실문화재의 감상, 그리고 모든 뜻 깊고 흥미로운 프로그램들이 여러분과 함께 할 것입니다. 고궁박물관을 찾는 모든 분들께 우리의 왕실 문화유산이 더욱 애정과 관심으로 다가서기를 진심으로 바랍니다.

2010년 12월 27일

국립고궁박물관 관장 정종수 拜

대한제국이 추구했던 이상과 국내외 현실, 황실문화에 대한 종합적 이해가 필요하다

대한제국은 근대국가였나? 고종은 무능한 군주였나 근대화를 추진한 개명군주였나?

1897년 10월 12일 고종이 문무백관을 거느리고 나아가 황제즉위식을 거행하였다. 이와 동시에 황제와 정부는 조선의 국호를 '대한제국'으로 고쳐 내외에 선포하였다. 대한제국의 성립은 대한이 자주독립국가임을 내외에 거듭 재천명한 것이며, 자주독립의 강화를 국내와 세계에 알린 중요한 역사적 사건이었다. 그러나 대한제국은 1910년 일제의 강점으로 13년 만에 멸망하는 운명에 처했다.

그로부터 100여 년이 지난 2000년대에 들어와 대한제국과 고종황제는 논쟁의 중심으로 떠올랐다. 대한제국과 고종황제, 그리고 명성황후까지 100년 전의 역사와 인물에 대해 떠올리는 우리의 기억은 아직까지도 대단히 감성적이다. 학계에서도 대한제국은 감정 섞인 논쟁의 대상이 되기 일쑤다.

대한제국은 아직 학술적으로 성격이 명확히 규명되지 않은 채 대중의 기억 속엔 우울한 이미지로 남아 있다. 연구가 미진한 만큼 바라보는 시각 또한 편차가 있을 수밖에 없다.

한편에서는 대한제국과 고종의 전진적인 개혁에 대한 평가를 철저히 부정하며 대한제국을 '부패타락한 봉건적 가산국가' 혹은 '봉건적 구체제'로 깎아 내린다. 대한제국은 그 부패성과 전근대성으로 말미암아 필연적으로 망할 수밖에 없었다는 것이다. 나아가 이들은 한국사에서의 '근대개혁'은 을사늑약 이후의 일제시대에 들어서이고, 해방 후의 '산업화'도 일제시대에 이뤄진 '식민지 근대화'의 성과를 전제로 한 것이라는 논리를 편다.

다른 한편에서는 근대국가로 나아가고자 한 대한제국의 노력을 긍정적으로 평가한다. 대한제국은 보수적 유교정권도 급진개화파적 정권도 아니며, 전통과 근대를 절충한 구본신참舊本新參의 중도적 정권으로 우리식 근대화를 추진했다는 것이다. 일제시대는 근대화 시기가 아니라 '근대를 박탈당한 시대'라고 강조한다.

고종을 둘러싼 논쟁도 예외가 아니다. 고종은 1863년 12세의 어린 나이에 왕위에 올라 1907년 물러날 때까지 수모와 환희의 불편한 이중주를 경험했다. 그래서일까 고종에 대한 평가도 첨예하게 엇갈린다.

한편에서는 대한제국이 실은 외부의 충격에 대응한 그 이상의 것도 이하의 것도 아니며, 고종의 정치이념은 근대사회 건설에는 한계가 있다고 주장한다. 고종이 대한제국의 재정을 손아귀에 넣고 사치재 구입 등에 낭비했으며, 매관매직을 방치하며 근대화에 나서지 않았다고 비판한다. 고종의 절대화만 강조하는 민족주의적 시각으로는 역사적 구조 변화의 동인과 주체를 다각도로 분석하기에는 부적절하다는 지적도 나왔다.

반면 다른 한편에서는 고종이 영조와 정조의 민국이념을 계승한 개명 군주로, 자력으로 근대화를 이루기 위해 노력했던 인물로 평가한다. 고종이 서구 문명을 적극 수용하고 신분제를 폐지하면서 독립국 지위 확보에 적극 나섰기 때문이다. 고종과 명성황후에 대한 부정적 이미지는 상당수 일본이 조작한 것이란 주장이다.

　이와는 다르게 식민사관을 공격하느라 본의 아니게 우리의 어떤 점을 정당화하거나 미화할 때에 생겨날 수 있는 부작용도 생각해보아야 한다는 반성론도 나왔다. 대한제국 시기에 대한 비판적 성찰은 일본인들이 우리에게 심어준, 그리고 나중엔 우리 자신에 의해 확대재생산된 '자기 비하'와는 구분되어야 한다는 것이다. 우리 역사에게 관대한 방식으로 '긍정적 역사 창출'을 한다 하더라도 그 수명이 오래가지 못한다. 그런 점에서 올바른 평가를 위해 대한제국과 고종황제에 대한 '자학과 미화'는 분명히 동시에 넘어서야 할 과제다. 일방적인 시각을 탈피해 종합적이고 다각적인 방법으로 접근해야만 고종과 대한제국을 제대로 평가할 수 있다는 것이다.

　그러기 위해서는 우선 대한제국 시기에 어떤 일들이 벌어졌는지를 세밀하게 들여다봐야 되는 것이 아닐까? 평가가 사실보다 앞설 수는 없기 때문이다. 우리는 아직도 명성황후의 사진을 둘러싼 진위논란조차 끝내고 있지 못하다. 특히 학계의 첨예한 논쟁을 바라보는 일반인들은 혼란스럽기만 하다. 도대체 대한제국 시기에 어떤 일들이 벌어졌으며, 우리는 그것들을 어떻게 평가해야 하는 것일까?

이 책은 이러한 문제의식에서 기획되었다. 먼저 1부에서는 기존의 연구성과에 기초해서 대한제국의 성립과정과 대외정책 등을 살펴보고 왜 대한제국의 역사를 재평가해야 하는가를 짚었다. 이를 통해 대한제국과 고종황제의 구상이 왜 좌절됐는가를 분석하였다.

2부에서는 대한제국을 전후한 시기에 우리에게 다가온 '근대'와 '신문물'이 미친 영향을 집중 조명하였다. 대한제국 선포 이후 전통과 근대문화가 조화되면서 황실문화가 어떻게 형성, 변화되었는지를 복식, 회화, 건축, 예전 등 다양한 분야에서 탐구하였다. 대한제국의 황실문화에 대해 처음으로 종합적인 분석을 시도한 것이다.

특히 이 책은 전문적인 연구서라기보다는 최근까지 이뤄진 학계의 연구성과를 기반으로 '대중의 눈높이'에 맞게 대한제국이 추구한 다양한 변화를 이해할 수 있도록 하는데 초점을 맞췄다. 각종 사회·경제적 제도의 변화를 시도한 '광무개혁'을 다루지 못한 점이 아쉽지만 '잊혀진 황제국' 대한제국과 황실문화에 가깝게 다가갈 수 있는 길잡이 역할은 충분히 할 수 있을 것이다.

대한제국의 역사는 110년이 지난 과거 비운의 역사지만 '세계화 시대'를 살아가는 오늘의 우리에게도 타산지석의 교훈으로 삼을 필요가 있다. 모쪼록 이 기획이 대한제국의 본모습과 그를 둘러싼 논쟁을 이해하는 디딤돌이 되길 기대해 본다.

필자들을 대표해서 이태진

목차

대한제국을 보는 시각

왜 대한제국의
역사를 폄하하는가

이태진 · 국사편찬위원회 위원장

"우리는 지금 4개월 전 경운궁 대한문 앞에서 시작된 만세의 함성으로 새 나라를 세우려 하고 있다. 그런데 그 함성은 일본에 의해 독살된 광무제光武帝(고종황제)의 죽음을 애도하면서 그에 대한 충성을 표시하는 소리였다. 그렇다면 우리가 지금 새로 세우려는 나라는 당연히 대한제국을 계승하는 민국으로 대한민국으로 해야 할 것이다."

- 신석우 임시정부 의정원 의원

고종·고종 시대에 대한 '유언비어'에서 벗어나자

한말, 고종 시대의 역사는 야사적 인식이 지배해 왔다. 반목으로 점철된 대원군과 왕비 민씨, 그 사이에서 난처했을 군주 고종, 권력의 정상에 있는 3자의 바람직하지 않은 모습이 결국 망국의 원인이 되었다는 인식이 바로 그것이다. 3자의 관계에 대한 진실 규명은 앞으로 많은 시간이 걸리더라도 반드시 이루어져야 할 대상이다. 이런 인식은 조선왕조의 당론黨論 차원의 비방과 일본인들의 침략 야욕에서 나온 폄훼가 뒤엉킨 일종의 유언비어이다.

고종과 왕비에 대한 부정적 평가는 황현黃玹(1855~1910)이 쓴 『매천야록』 같은 저술에서 엿볼 수 있다. 호남 선비인 황현은 이 책에서 고종시대의 대소사를 들은 것과 본 것을 시간 순으로 썼다. 특히 「갑오 이전」 부분이 그렇다. 고종황제에 비해 3년 연하로 거의 동시대인으로 고종의 치세에 일어난 대소의 일들을 제 소견으로 저울질 하여 기록으로 남긴 것이다.

『매천야록』의 저자 황현
그는 이 책에서 고종과 민비에 대해 부정적인
평가를 내리고 있다(개인 소장).

그는 여기서 특히 왕비가 소생(세자)의 건강을 위해 사찰과 산천에 거액의 재물을 바친 낭비벽이라든지 인사에 관여한 것 등을 열거하였다. 군주의 경우도 관직을 판 일이 있는 것을 지적하기도 하였다. 이에 대해 그는 왕비가 노론 집안 출신이어서 남인, 소인은 물리치고 노론은 일부러 찾아서까지 벼슬을 주었다고 언급하기도 하였다. 매천 황현은 소론으로서 그의 왕비에 대한 평가는 자못 당색의 편견이 작용하고 있는 혐의를 벗기 어렵다. 군주가 왕비의 소행을 용납하고 있는 것에 대한 불만도 굳이 감추지 않았다.

황현은 1910년 8월에 나라가 병탄되는 것을 보고 스스로 목숨을 끊었다. 이런 그의 최후가 이 책에 대한 신빙성을 더 높여 준 감이 없지 않다. 그렇다고 이 책을 교과서적으로 평가하는 것은 대단히 위험하다. 이 책은 본래 필사본으로 남겨져 있었는데 1955년에 국사편찬위원회가 활자본으로 간행하여 연구자들이 거의 기본 사료처럼 활용하게 되었다. 당시는 고종황제의 실록 같은 것도 간행되지 않은 상황이어서 이 책의 활용도는 대단히 높았다. 이에 따라 언젠가부터 만들어진 고종과 왕비에 대한 부정적 평가는 이 책이 많이 읽히는 가운데 사실로 고착되다시피 하였다.

최근의 연구 성과에 따르면 고종황제는 대한제국을 출범 시킨 뒤 서울의 전통 사대부 출신보다 서얼, 상인, 군인 출신으로 능력이 있는 자를 다

수 기용한 사실이 밝혀지고 있다. 이를 통해서도 황현이 취한 당론 차원의 평가는 따를 것이 못된다.

대원군, 왕비, 군주 3자의 관계는 조선 사대부들보다 일본인들이 더 큰 관심을 가지고 역사석 사실저럼 퍼뜨렸다. 일본의 한국 상제 병합 직전에 나온 기쿠치 겐조菊池謙讓의 『조선최근외교사 대원군전 附왕비의 일생 』(경성, 日韓書房, 1910. 7; 이하 『대원군전』으로 줄임)이 대표적인 예이다. 기쿠치는 일본 동경의 『고쿠민신문國民新聞』의 서울 특파원으로 1895년 10월 8일의 왕비 시해사건에 가담한 사람이었다.

그는 이 책을 쓸 때 『한성신보漢城新報』의 주필 겸 『고쿠민신문』의 사장으로서, 통감부의 한국 언론 통폐합의 총책으로 온 도쿠토미 소호德富蘇峯의 막하로서 적지 않은 영향력을 행사하고 있었다. 그가 이 책을 쓴 목적은 왕비시해 사건에 대한 일본 장사(낭인)패를 변명하기 위한 것이었다. 기쿠치는 이 책에서 다음과 같은 논지를 폈다.

먼저 대원군과 왕비는 조선의 양대 호걸 영웅이라고 하였다. 그러나 양자의 평가에서 그는 대원군이 조선의 장래로 보아서는 바람직한 영웅이라고 하였다. 그가 정사를 주도했을 때 서원을 철폐한 것을 영웅다운 처사의 예로 들었다.

반면에 왕비는 지모가 뛰어나고 총명한 사람이지만 여성으로서의 한계를 넘어설 수 없었다고 평가하였다. 즉 자신의 몸에서 왕자가 태어나기 전에 궁인 이씨가 완화군完和君을 낳아 대원군이 이를 바로 원자元子로 정하여 후계자로 삼으려 하자 원한을 품고 시아버지인 대원군에게 대들기 시작하였다는 것이다.

이런 관계에서 시작된 두 사람의 갈등은 대원군이 더 이상 참을 수 없는 지경에 이르러 대원군이 마침내 왕비를 살해하기에 이른 것이라고 해석하였다. 즉 대원군이 왕비 살해의 주범이며, 자신들은 더 바람직한 영웅인 그가 집권할 수 있도록 도왔을 뿐이라고 주장하였다. 왕비 시해의 주범이 일본인들이란 것은 당시 국내외 언론을 통해 널리 알려져 있던 사실이었다. 기쿠치의 궁색한 논변은 이런 비난에서 조금이라도 벗어나 보려는 의도였다. 이런 의도에서는 왕비 민씨에 대한 부정적인 정보는 최대로 활용할 가치가 있는 것이었다.

기쿠치는 『매천야록』에서 읽을 수 있는 내용인, 왕비가 왕자의 건강을 위해 전국 사찰과 산천에 기도를 올리면서 국고를 낭비하였다는 것도 동원하였다. 그리고 무당 진령군, 점쟁이 이유인 등의 잡인들을 궁중에 자주 끌어들여 가까이 한 것도 기술하여 왕비가 부정한 여인인 것처럼 느끼게 만들었다. 심지어 '미남에 노래를 잘하는' 이범진을 총애하여 침실에까지 끌어들인 것으로 소개하였다.

이런 내용들에 대해 하나하나 검증해 본 결과, 대다수가 근거가 없는 허구, 낭설이었다. 그런데도 이 책의 주장은 이후 일본인뿐 아니라 우리나라 식자들에게도 그대로 받아들여졌고, 심지어 더 과장된 형태로 전승해 역사 왜곡의 큰 흐름을 이루었다.

기쿠치의 책은 대원군과 왕비에게 비중이 두어졌기 때문에 군주 고종은 애매한 존재로 남았다. 기쿠치는 왕비가 뛰어난 외교 감각과 출중한 판단력을 가졌던 것으로 언급하였다. 그런데 왕비가 죽은 뒤에도 대한제국의 외교 노선이 일본을 괴롭히는 형태로 전개되자 그는 군주가 외교에 능한 점을 인정하면서 "사실상의 외교장관이었다"는 표현까지 동원하였다.

그러나 그가 설정한 당대의 두 영웅 호걸론은 결국 군주를 무능한 존재로 만들어 놓게 된다. 당시 서울에서 활동하던 일본인 신문 기자들은 1907년 고종황제가 강제 퇴위 당하기 전까지는 군주로서 자질이 있는 인물이란 평가를 내리고 있었다. 그런데 황제가 이해 6월에 헤이그 만국평화회의에 대표를 보낸 사실이 드러나고 통감 이토 히로부미가 이를 구실로 황제에서 물러날 것을 강요하게 되면서 황제를 암군暗君이라고 규정하는 평가가 나오기 시작하였다. 그것은 자기네 말을 잘 듣는 명군明君이 아니라는 뜻이었다.

이 규정이 앞의 양대 호걸론과 결합되어 고종황제는 결국 암약暗弱한 군주로 둔갑하였다. 유약한 군주 고종과 정권욕에 불타는 왕비 민씨란 이미지는 모두 침략자들의 자기 합리화 내지 정당화의 산물에 불과한 것으로 결코 역사적 사실이 아니었다.

고종은 어떤 세상을 꿈꾸었나?

• 능동적 개국과 개화

1873년 5월에 21세가 된 군주 고종은 친정에 나서기로 결심하면서 자신이 정사를 보면서 거처할 공간으로 경복궁 북편에 건청궁乾淸宮을 새로 짓기 시작하였다. 이어 12월에 아버지 대원군을 정사에서 손을 떼게 하였다. 대원위大院位의 결재 라인을 없애고 자신이 직접 정무 결재에 나선 것이다.

군주는 이때 즉각 믿을 수 있는 유능한 신하를 동래부로 내려 보내 대원군이 일본의 국서를 접수하지 않은 것에 대한 진상 조사를 하고 관계자

갑신정변이 일어난 1884년 고종의 모습
고종은 신문물의 수용에 열의를 보였고, 사진 촬영에도 적극적이어서 많은 사진을 남겼다.

들을 모두 문책하도록 하였다. 이것은 일본이 요청한 새로운 국교 수립을
거부한 것을 잘못된 처사로 판단하면서 취해진 조치였다. 이것은 앞으로
군주가 취할 일본에 대한 외교의 방향을 암시하는 것이었다. 군주는 일본
과의 국교 수립은 조선의 장래를 위해서도 필요한 것으로 보고, 그 국서가
황제의 이름으로 된 것은 그 나라의 내정의 문제로서 타국이 외교를 거부
할 사항이 못된다고 지적하였다.

　　고종은 직접 정무에 임하면서 개방을 통한 선진문명 수용의 노선을
취하였다. 증기선과 여기에 실린 대포는 중국과 조선이 가지지 못한 월등
한 기술로, 이를 하루 속히 수용하지 않으면 망국을 자초하는 일이라고 판
단하면서 개국 개화의 노선을 분명히 하였다. 청년 군주가 주도하는 조선
정부의 태도는 1876년 1월에 일본 사절단이 조약체결을 요구하러 강화도

에 왔을 때도 마찬가지였다. 이 때 체결되는 조일수호조규(일명 강화도 조약)는 흔히 운요호雲揚號 사건을 계기로 일본이 강요한 것으로 알려져 있다. 그러나 이것도 한국 강제 병합 전후에 일본이 동원한 시혜론 차원에서 조작된 것이었다.

1875년 9월 21일에 일어난 운요호 사건은 일본이 조선에 대해 무력 강압을 취할 수 있는 계제를 만들기 위한 일종의 도발 행위였다. 운요호 함장의 제1차 보고서에 따르면 이 군함은 아무런 국적 표시도 없이 강화도의 초지진과 광성보 일대에 접근하였다. 식수를 구하기 위해 일본 국기를 달고 접근하였다는 것은 함장의 제2차 보고서에서 조작된 것이었다.

제1차 보고서에 따르면 운요호는 초지진 포대와의 교전에서도 불리를 면치 못하여 제2일에 아침부터 총력을 기울여 초지진 포대를 공격하였

1976년 2월 운요호사건과 통상을 논의하기 위한 한일대표 간의 1차회의를 묘사한 삽화. 조선에서는 신헌(申櫶)이, 일본에서는 구로다 기요타카(黑田淸隆)가 대표로 참석했다. 이 회담을 통해 조일수호조규(일명 강화도조약)가 체결되었다.

으나 실패하고 원양으로 나가 하룻밤을 보낸 뒤 제3일에 영종도를 기습하여 노획물을 챙겨 나가사키로 귀항한 것으로 밝혀져 있다. 동경의 해군성은 이 보고서를 받은 후, 영국과 프랑스 공사가 요청한 '강화도 사건'에 대한 브리핑 요청을 받고 이에 대비해 함장을 동경으로 불러 올려 보고서를 다시 쓰게 하였다. 일본 외무성은 영국, 프랑스 공사들이 고쳐 쓴 보고서를 읽고 조선이 국제법도 모르는 '야만'의 나라로 인식하게 만들고자 했던 것이다.

1876년 1월에 강화도에 온 구로다 기요타카黑田清隆 사절단은 처음에는 조선 측에 대해 포격 사건에 대해 문책하려고 들었다. 그러나 조선 측 대관 신헌申櫶이 그 배는 황색기만 달았을 뿐이었다고 하면서 그 배가 일본 군함인줄 알았으면 왜 우리가 포격을 가했겠는가라고 반문하였다. 강화도조약 협상에서 조선 측은 일본 측이 준비해온 안에 대해 최혜국 조관을 뺄 것을 요구하고 나머지 12개 조관 중 9개 조관에 대한 자구 수정을 요구할 정도로 능동적으로 임하였다.

그리고 조선 국왕의 비준서를 발부하여 건네주면서 일본이 지난 가을에 상화도 해안에서 분요를 일으킨 적이 있지만 이세 우호를 요청하여 이 조약을 체결하게 된다는 내용의 조회照會(확인 공문)를 일본 정부에 보냈다. 군주가 직접 주재했을 이런 국교 처리에서는 어떤 결함도 발견할 수가 없다.

• 1880년대의 근대화 추구와 시련
고종은 일본, 청국을 통해 서양에 관한 새로운 정보를 수집하였지만, 궁극적으로 새로운 기계문명을 배우고 기술 지원을 받을 나라로 미국을 선택하였다. 그러한 뜻은 1882년 4월에 미국과의 수호통상조약의 체결로 달성되었다. 이 조약은 당초 관세자주권을 실현할 정도로 성공적이었다.

그러나 같은 해 6월에 대원군이 임오군란을 일으킴으로써 군주의 외교정책은 큰 시련에 빠졌다. 고종은 조미수호통상조약의 체결을 추진하던 중 1882년 1월에 두 신하를 천진으로 보내 이 조약이 체결된 뒤의 청국과의 관계를 조율하게 하였다. 이 조약을 체결하게 되면 미국을 축으로 청국과 조선의 관계도 대등한 독립국의 관계가 되므로 지금까지의 양국 간의 관계를 정리할 필요가 있었다. 즉 책봉조공체제 아래 사신이 왕래하던 제도 대신에 공사가 상주하는 제도로 바꾸어야 하는 과제가 생겼다.

고종은 어윤중, 이동인 두 신하로 하여금 이에 대한 의사를 청국 조정에 타진해 보게 하였다. 청국은 이 문의에 대해 답을 주지 않았다. 청국은 조미수호통상조약이 4월에 체결된 후, 6월에 임오군란이 일어나자 본색을 드러냈다. 이 정변이 조선군주가 원하지 않는다는 것을 굳이 확인한 다음, 책봉주인 청국의 천자는 피책봉국의 군주가 원하지 않는 정변을 좌시할 수 없다는 이유로 천자의 친병 4,000여명을 조선에 파견하였다. 서울에 온 청군은 정변 주모자 대원군을 잡아 천진으로 송치하였다.

그러나 청군은 그대로 서울에 상주하면서 위안스카이가 추진하는 조선 속방화 정책을 지원하였다. 청국은 조선 측이 왕래 사신제도를 상주 사신 제도로 바꿔야 하지 않느냐고 문의했을 때 조선이 청국의 영향권에서 벗어나려는 것으로 간주하여 이를 다시 붙잡아매는 정책을 썼던 것이다. 그것은 중국과의 전통적인 관계를 근대적 국제법 질서로 전환시키면서 치루는 비싼 대가였다.

청년군주 고종의 근대화 사업은 청국의 방해로 난항에 빠졌다. 임오군란 때 교관이 피살되고 공사관이 불타는 피해를 입은 일본은 이에 대한 책임 추궁에 나서면서 그간 미루어 두었던 관세 문제를 들고 나와 미국과의 조약에서 세웠던 관세 자주의 선(수출품 최대 30%, 수입품 10%과세)을 크게 인하하는 한편 최혜국조관을 신설하였다. 이에 미국, 영국도 동일한 조건을 요구하여 조선의 외국과의 조약 관계는 불평등한 관계가 되고 말았다.

임오군란은 그 보수 반동성만이 아니라 큰 국가적 손실을 가져온 불필요한 정변으로 고종의 개화정책을 수렁에 빠지게 하고 말았다. 그런데도 고종은 신식 의료시설, 영어 전문 교육기관의 수립, 전기와 전신 시설 등을 추진하였다. 그리고 청국의 속방화 정책의 영향을 최소화하기 위해 서양 열강국과 국교 수립을 활발하게 추진하였다. 그것이 청국으로부터의 제약을 벗어나는 길이라고 생각하였다. 특히 러시아 세력을 끌어들여 청국을 견제하려는 시도가 거듭되었다.

고종은 조선이 근대적 주권국가로서 새로 태어나기 위해 독립국으로서 갖추어야 할 요건을 최대한 강구하였다. 국기의 제정은 그중 대표적인 것이었다. 군주와 백성의 일체성을 의미하는 태극 4괘기가 국기로 도안되어 조미수호통상조약에서부터 사용되었다. 국제우편연맹에도 가입하여 국제적으로 공인받는 독립국의 입지를 하나씩 갖추어갔다.

• 대한제국 근대화 사업의 성취

1880년대의 청국의 조선 속방화 정책은 일본으로 하여금 청국과의 결전 의지를 다지게 만들었다. 일본은 1887년에 제2차 징병령을 시행하여 100만 대군으로 불린 청국의 전력을 상대하기 위한 30만 '정병' 양성을 추진하였다. 근 7~8년간 국가 예산의 60~70퍼센트를 군비확장에 돌려 전쟁

준비를 하였다.

일본은 1894년 6월에 드디어 동학농민군 진압을 구실로 청국과 함께 '동시출병'을 한 다음, 7월 23일에 청일전쟁을 일으켰다. 이때 한반도는 전쟁터로 이용당하였다. 일본군은 한반도에 시설된 전신시설을 전쟁에 이용하기 위해 전쟁 이틀 전에 경복궁을 침입하여 군주를 포로로 삼다시피 하고 전신국을 장악하였다. 그리고 친일정권을 세워 군주의 왕정권을 동결하다시피 하였다.

전쟁이 끝난 뒤 일본은 조선 정부가 친러, 친미의 노선을 취하여 일본을 견제하려 들자 왕비를 살해하는 만행을 저질렀다. 전쟁의 승리로 얻은 요동반도를 러시아, 프랑스, 독일 등 3국의 간섭으로 내놓게 되자 친러 정책을 취한 조선에 대해 가한 보복으로 저지른 만행이었다. 이 고초를 당한 왕은 1896년 2월에 경복궁을 빠져 나와 러시아공사관을 임시거처로 삼고 군주권을 회복하였다. 그리고 왕조를 제국으로 거듭나게 하는 제반 준비에

1894년 8월 5일 용산 삼각지 인근에 세워진 개선문에서 청일전쟁(아산전투)에서 승리한 일본군을 환영하는 행사를 하고 있다.

착수하였다. 1897년 10월에 대한제국으로 국체를 바꾸고 시해당한 왕비도 황후로 높여 국장을 거행하였다.

일본은 왕비시해사건으로 국제적 비난에 싸여 조선에 대한 간여를 더 이상 적극적으로 할 수 없게 되었다. 그리하여 청일전쟁의 유일한 전리품인 타이완에 식민체제를 구축하는 작업에 몰두하였다. 그리고 삼국간섭의 주체인 러시아와의 결전을 위한 전쟁준비에 착수하였다. 이번에는 임시 특별예산제도를 세워 군비확장의 규모를 대외적으로 은폐하였다.

청국이 패전으로 물러나고 일본이 타이완 경영에 몰두하는 시간대는 대한제국으로서는 하나의 기회였다. 고종황제는 북부지역의 광산개발에 역점을 둔 국토개발 계획을 대한제국 근대화 사업의 골격으로 삼았다. 1899년에 영국이 금본위제를 선언한 것은 대한제국의 앞날에 서광을 비추는 것이었다. 한반도 북부지역에 금광이 많았기 때문이었다. 황제는 열강으로부터 광산개발에 필요한 투자유치에 노력하였다.

이와 동시에 서울을 황성으로 면모를 일신시키기 위해 미국 워싱턴을 모델로 한 도시개조사업에 착수하였다. 도심지역에 경운궁慶運宮(현 덕수궁)을 신축하고 그 동쪽 문 앞을 방사상도로체계의 기점으로 삼았다. 미국 워싱턴의 대통령궁(나중의 백악관)이 방사상 도로의 결절점이 된 것을 본 딴 것이었다. 거리를 침범한 가가들을 철거하여 길을 넓히고 전차를 달리게 하였다. 1899년 5월의 전차 개통은 일본 동경보다 3년이 빠른 것이었다. 도심에는 세 곳에나 공원park이 만들어졌다. 극장, 활동사진관, 상설시장, 관영공장 지대 등도 설치되었다.

1899년 대한제국 정부는 자력으로 서울~의주 간의 서북철도 사업을 일으켰다. 프랑스로부터 자본과 기술을 도입하였다. 1901년에는 벨기에와

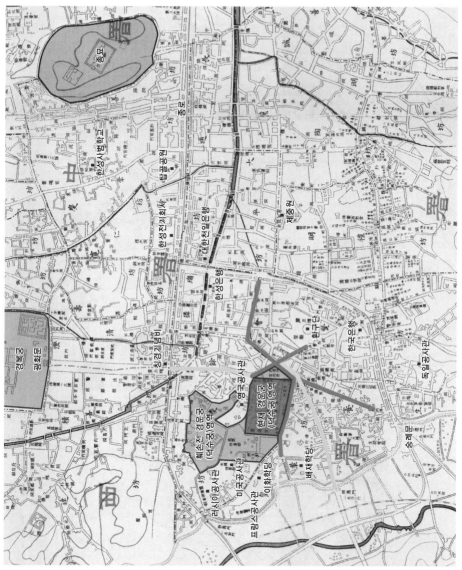

경운궁 앞에 새로 형성된 방사상 도로체계
고종황제는 서울을 황성으로 면모를 일신시키기 위해 미국 워싱턴을 모델로 한 도시개조사업에 착수해,
도심지역에 경운궁을 신축하고 그 동쪽 문 앞을 방사상 도로체계의 기점으로 삼았다
(『최신경성전도』(1907년)의 부분, 서울역사박물관 소장).

우리나라 최초의 전차 개통식
1899년(광무 3년) 5월 4일 동대문과 흥화문 사이를 잇는 전차가 처음으로 개통되는 모습을 보기 위해 많은 사람들이 운집해 동대문 성벽까지 올라가 있다(서울역사박물관 소장).

대한제국기 기차
고종황제는 서북철도국을 설치해 국가 자본으로 철도를 부설하고자 하였으나 자금부족과 일본의 방해로 좌절됐다.
1877년(고종 14) 일본에 수신사로 다녀온 김기수는 '화륜거(火輪車)'라는 이름으로 철도를 처음 소개하였다.

수호통상조약을 체결하면서 자본을 유치하였다. 같은 해에 정부와 민간이 협조하여 국고은행으로 대한천일은행을 발족시키고 1902년에는 지폐발행을 위한 중앙은행 조례를 발표하였다. 이 은행 설립에 필요한 자본을 벨기에로부터 약속받기도 하였다. 대한제국의 산업근대화는 주한 일본공사가 본국정부에 대책을 건의할 정도로 급속하게 성과를 올리고 있었다.

1899년 대한제국은 대청제국과 동등한 독립국으로서 한청조약을 체결하였다. 1880년대에 겪은 시련을 말끔히 씻는 외교적 성과였다. 이 해에 대한제국의 정체를 밝히는 국제國制가 거의 동시적으로 반포되었다. 고종황제는 대한제국을 출범시킬 때, 조선이란 국호는 선대왕들이 500년 간 사용해온 아름다운 이름이지만, 태조 때 이 국호를 처음 정할 때 명나라로부터 추인을 받는 절차가 있었기 때문에 중국으로부터 완전한 독립을 꾀해야 하는 지금에서는 취할 것이 못된다고 하였다.

그리고 조선 다음으로 우리 민족이 많이 사용한 호칭이 한韓이라 하면서 이를 새기는 호칭으로 대한제국을 제안하여 신하들로부터 절대적 찬성을 받아냈다. 고종황제는 그만큼 중국과의 전통적 관계를 청산하는 것을 크게 의식하였다.

고종황제는 한편으로 대한제국이 영세 중립국으로 자리 잡기를 희망하였다. 1901년의 벨기에와의 국교 수립은 이에 대한 지원을 받는 것에도 목적이 있었다. 벨기에는 당시 스위스와 함께 국제사회가 인정하는 중립국이었다.

고종황제는 근대화의 지표에서 자주 독립국가로서의 면모를 중요시한 것에 못지않게 구본신참舊本新參을 강조하였다. 여기서 본으로 삼는다는 옛 것은 조선왕조 500년간 쌓아온 문화적 성과를 뜻한다. 전통적 문화를 근

대한천일은행 창립 청원서 및 인가서

대한천일은행은 1899년(광무 3)에 조선의 상인들과 대한제국 황실의 강력한 지원을 통해
설립된 민족은행이다. 설립 초기에는 황실과 고위 관료들이 주로 이용하는 특수은행
의 성격을 띠다가 1906년(광무 10) 은행 경영을 실업인들이 담당하면서 민간은행의
면모를 갖추었다. 1909년(융희 3) 서양식 본점 건물을 신축하였다
(우리은행 은행사박물관 소장).

1909년 이후의 대한천일은행 모습
(우리은행 은행사박물관 소장)

간으로 하여 서양의 새로운 기술 문명을 수용하여 거듭나기를 도모한다는 것이었다.

　이런 취지는 대한제국의 본궁으로 건립한 경운궁의 구성에서도 드러냈다. 이 궁이 도심에 세워진 것은 이진의 궁들이 군주 남면설南面說에 따라 북쪽 산 밑에 배치된 것에 비추면 파격적이었다. 그러면서 궁 안의 건물들은 선원전과 중화전을 축으로 하여 서편에는 서양식 건물, 동편에서 전통 한식 건물을 배치하였다. 동서 문명의 융합을 통한 새로운 문화의 모색의 의지를 담은 설계였다. 서울 도시개조 사업 역시, 전통적인 구조를 크게 훼손하지 않으면서 서양의 최신 설계 개념인 방사상도로 체계를 도심에 집어넣는 의지를 반영하고 있었다.

1904년(광무 8) 화재가 있기 전 경운궁의 모습

명성황후와 고종황제의 최후
대한제국의 좌절

2009년 2월에 『조선왕비 살해와 일본인』(高文研, 일본 동경)이란 책이 일본에서 간행되었다. 명성황후 시해의 주체를 밝히는 새로운 연구 성과였다. 저자 김문자金文子 씨는 재일교포 역사학자였다. 저자는 이 책에서 다음과 같은 사실을 밝혔다.

청일전쟁을 끝낸 뒤 일본 대본영의 군부 세력은 삼국간섭으로 요동반도를 내놓은 뒤 한반도에 대한 지배권 확립은 반드시 획득해야 할 과제로 내세웠다. 그리하여 한반도의 전신 시설을 일본군이 계속 장악하기 위해 1개 대대 규모이상의 병력을 잔류시킬 것을 주장하였다. 일본 측의 이 주장

고종의 승하 1년 전인 1918년경에 찍은 고종과 순종의 모습

에 대해 조선의 군주 고종은 거듭 완전 철수를 강력히 주장하였다. 이에 대해 일본 군부가 맞서 내놓은 것이 왕비 살해였다는 것이다.

왕비 살해는 조선 군주에 대한 위협의 효과가 있는 동시에 이를 대원군의 소행으로 돌리면서 어시러운 시국 수습을 명분으로 친일정권을 수립하여 일본의 영향력을 계속 유지한다는 음모의 소산이었다는 것이다. 이 연구는 지금까지 활용되지 못한 군부 자료를 활용해 신빙성이 대단히 높은 성과로 정설로 받아들일 만하다. 이 학설에 따르면 군주 고종이나 왕비는 강력한 주권 수호자였으며, 그러한 투쟁 의지 때문에 보복을 받게 되었던 것이다.

한편 고종황제가 주도한 대한제국의 근대화 사업은 1901년 일본의 이른바 고무라小村 노선에 의해 저지당하기 시작하였다. 일본은 1900년까지 타이완 식민경제 체제 수립을 마쳤다. 그리고 이듬해부터 다시 러일전쟁 수행을 위한 전초로서 한반도 진출을 위한 계획으로 외무대신 고무라 쥬타로의 이름을 딴 이 정책을 수립해 착수하였다. 이는 이후의 대한정책을 서북철도 부설권을 탈취하는 데 집중한다는 것이었다. 이를 위해 대한제국이 그 사이 달성한 자본 유치를 파약시키는 데 전력을 쏟았다.

특히 일본은 대한제국 정부가 관세를 담보로 자본을 유치한 것에 동의할 수 없다는 이유로 한국에 관심을 가진 서양 열강국의 투자가들을 물러나게 만들었다. 그리고 1904년 2월에 러일전쟁을 일으키면서 대한제국이 달성한 근대화 성과를 무력화 하면서 국권 탈취에 나섰다.

고종황제는 1905년 11월의 보호조약 강제에 맞서다가 1907년 7월 헤이그 특사 파견 사건으로 일본 통감부에 의해 강제로 퇴위 당하였다. 황제는 1909년 10월에 통감에서 물러난 이토 히로부미가 만주 하얼빈을 간다는 소식을 듣고 연해주의 항일 독립운동세력에게 그의 제거를 명령하여 안중근을 중심으로 한 특파대원의 활약으로 그를 제거하는 데 성공하였다. 황제의 이러한 움직임은 일본의 안중근 배후에 대한 탐문 조사에서 드러나게 된다. 일본 내각의 군부대신 데라우치 마사타케寺內正毅는 이 사건 처리의 중심으로서 이러한 사실들을 모두 보고받고 있었다.

그는 이후 제3대 통감으로 부임하여 한국 병합을 강제하고 초대 조선총독으로 부임하였다. 그는 1916년에 본국 내각 총리대신으로 영전하여 갔다. 그런데 그의 총리대신 재임 중에 미국 윌슨 대통령은 민족자결주의 선언을 준비하고 있었다. 윌슨 대통령은 1918년 1월 8일에 이를 발표하였다.

한일협약도(韓日脅約圖)
1910년 한일조약이 일본의 위협 속에 이뤄진 것을 묘사한 삽화. 이 삽화는 1919년 공립신보가 편찬한 『한일관계 됴약류취』에 실려 있다.

데라우치 총리대신은 이 과정을 주미공사관으로부터 이미 보고 받았을 가능성이 많다. 데라우치 마사타케는 1918년 8월에 쌀 소동으로 퇴임하였지만 민족자결주의 발표 이후 조선문제에 대한 대비책을 이미 강구하여 후임 총독 하세가와 요시미치에게 지령한 상태였다.

데라우치 마사타케는 1907년의 헤이그 특사 사건이나 10년 전 하얼빈 사건에 비추어 볼 때 민족자결주의 선포에 따라 고종황제가 다시 해외 독립운동세력과 연결을 가지고 움직일 것으로 판단하였다. 이 움직임은 당시 영국, 미국으로부터도 고립되어 가던 일본의 국제적 입지에 대단히 불리하게 작용할 것으로 판단하였다. 그는 하세가와 총독에게 고종황제(이태왕)에게 1905년 보호조약의 추인을 요구하고 이에 응하지 않으면 독살하라는 지시를 내렸다. 이러한 사실은 당시 일본 궁내청의 장관직에 있던 구라토미 유자부로倉知勇三郎의 일기와 이방자李方子 여사의 『動亂の中の王妃』(1968, 講談社) 등에서 확인이 된다.

명성황후와 고종황제는 결국 일본의 침략 앞에 국가의 원수로서 주권 수호에 불굴의 정신을 발휘하던 끝에 일본의 침략의 마수에 유명을 달리하게 되었던 것이다. 일본의 침략주의는 결국 이런 만행을 은폐하기 위해 고종 시대에 대한 역사왜곡으로서 유언비어 성의 악평을 퍼뜨렸던 것이다.

대한민국은 대한제국의 계승이다

1919년 3월 1일 경운궁 대한문 앞 광장에서 고종황제의 장례식 예행연습에 참석하기 위해 전국에서 올라온 인파가 가득했다. 행사가 끝나자마자 대한문 앞에 운집한 군중이 시위에 들어갔다. 곧 여기저기서 함성이 울리는 가운데 시위 군중은 광화문 방향으로 이동하여 고종황제 즉위 40주년 기념비전 앞에 진을 쳤다. 서울 도시개조 사업의 일환으로 생긴 탑골 공원에서는 기미 독립선언서가 낭독되고 있었다. 서울시에 울려 퍼진 만세의 함성은 이튿날부터 전국 방방곡곡으로 퍼져갔다. 4개월에 걸친 만세 시위 운동이 벌어졌다.

이해 9월에 상해에서 임시정부 수립 행사가 준비되고 있었다. 임시정부 헌법 기초위원들은 새로 세울 나라의 국호를 조선공화국朝鮮共和國으로 준비해 놓고 있었다. 그런데 의정원 회의에서 신석우 의원이 긴급동의로 다음과 같은 제안을 하였다.

"우리는 지금 4개월 전 경운궁 대한문 앞에서 시작된 만세의 함성으로 새 나라를 세우려 하고 있다. 그런데 그 함성은 일본에 의해 독살된 광

대한문 앞 조문객
1919년 1월 21일 고종의 승하 이후 일본 경찰의 삼엄한 경비 속에서도 많은 인파의 조문행렬은 밤낮으로 이어졌다.

무제光武帝(고종황제)의 죽음을 애도하면서 그에 대한 충성을 표시하는 소리였다. 그렇다면 우리가 지금 새로 세우려는 나라는 당연히 대한제국을 계승하는 민국으로 대한민국으로 해야 할 것이다."

이 긴급동의는 절대 다수로 채택되었다. 그리고 임시정부 제1차 강령은 제4조에서 대한민국은 대한제국의 영토를 승계한다고 규정하고 제7조에 구황실을 존중한다고 밝혔다. 대한민국은 이렇게 대한제국을 승계하는 나라로서 탄생하였다. 상해임시정부를 세운 사람들은 대한제국의 역사나 고종황제에 대해 어떤 부정적 견해도 가지고 있지 않았다.

오늘 날 많은 한국인들이 고종 시대, 대한제국의 역사를 혐오하다시피 하는 것은 결국 상해 임시정부 수립 이후의 일이라고 하지 않을 수 없다. 그것은 곧 3·1운동 이후 이른바 문화정치 표방아래 가일층 강화된 한국사에 대한 왜곡 작업의 결과였다.

고종의 장례식
1919년 3월 3일 고종의 혼령을 모시는 영여(靈轝)가 대한문을 나가 훈련원 봉결식장으로 향하고 있다.

동경제국대학 및 경성제국 대학의 역사학자들을 중심으로 한국사 연구가 강화되는 속에 식민주의 해석은 날로 더 강성해 졌다. 한국인으로서 역사학자를 칭하는 자들 가운데도 이들의 왜곡에 대해 무지하든가 의식적으로 편승하여 이를 더 조장하는 경우도 없지 않았다. 어느 쪽에 의해서든 이렇게 왜곡된 민족사에 대한 바른 인식으로의 교정은 시급한 당면과제라고 하지 않을 수 없다.

또한 대한제국시기의 황실문화와 예술, 건축, 음악 등 대한제국을 총체적으로 인식할 수 있는 다양한 분야의 연구와 조명이 필요한 시점이다.

제 1 부
대한제국의
'독자노선'은 왜 좌절됐나

대한제국의 성립과 체제 정비

황제국의
위상을 갖추다

임소연 · 국립고궁박물관 학예연구사

"음력 정유년 9월 17일에 환구단에서 친히 천지에 제사지낸 연후에, 황제위에 오르시고 태극전으로 돌아가셔서 백관의 하례를 받으셨다. 드디어 국호를 고쳐서 대한이라 하고, 건원하여 광무라 하며, 태행왕후를 추가로 책봉하여 황후로 삼고, 왕태자를 책봉하여 황태자로 삼았다."

– 『대한예전』

대한제국의 성립

조선왕조는 중국에 대해 사대事大관계를 유지하였다. 조선의 국왕은 왕위에 오르자마자 중국 황제에게 즉위사실을 알려 인신印信과 고명誥命을 받았고, 중국의 달력[册曆]과 연호年號를 따랐다.

19세기 이후 조선사회는 일본 및 서구 열강의 침입과 갑신정변·을미사변이라는 내우외환을 겪으며 이전의 전통적인 대외관계에 변화가 생기기 시작하였다. 고종은 자주독립과 부국강병의 의지를 다지고 1897년 2월 러시아공사관에서 경운궁(현 덕수궁)으로 환궁한 후 10월 12일 환구단[1]에서 황제 즉위식을 거행하고, 대한제국을 선포했다.

고종은 이를 통해 국내외에 국가의 위상을 높이고 권력을 강화하여 화이론적 세계관에서 벗어나 대한제국이 자주독립국가임을 선언하는 한편 근대국가로의 발전을 위한 기회로 삼았다.

고종을 황제로 높이고 우리의 연호年號를 사용하자는 주장은 1884년 갑신정변 당시 김옥균이 처음 제기하였다. 고종의 칭제는 청일전쟁 때 일본 공사 오토리 게이스케大鳥圭介도 제의하였고, 을미사변 직후 조정에서도 잠시 논의된 바 있었다. 하지만 고종은 이러한 시도가 조선을 청으로부터 분리하여 일본의 침략을 쉽게 하려는 의도임을 파악하여 거절하였다. 그러나 1897년 2월 고종이 경운궁으로 환궁한 직후부터 황제 즉위 논쟁이 다시 가열되기 시작하였다. 고종이 외국 공사관에 머무르는 사이에 떨어진 국가의 위상을 높이는 일이 시급했고, 당시 청일전쟁과 러시아의 견제로 청국 및 일본의 간섭으로부터는 한층 자유로워졌기 때문이었다.[2]

결국 고종은 8월에 연호를 '광무光武'로 개정하고, 10월에 국호를 '대한大韓'으로 제정한 후 환구단에 나아가 황제 즉위식을 거행하였다. 그리고 황제국에 맞는 의례와 법률을 정비하고 각종 의장과 제도를 황제국의 위상에 맞게 높여 나가면서 황제권을 강화하였다.

독자 연호의 사용

연호年號는 황제가 자신의 치세년에 붙이는 칭호로, 조선은 명나라의 제후국을 자처해 독자적 연호를 사용하지 않았으나 갑오경장의 개혁조치로 1896년부터 '건양建陽'이라는 연호를 사용하였다.

그러나 이 개혁은 1895년 을미사변 이후 친일내각이 주도한 개혁으로, 일제의 세력 확대를 위해 조선과 청나라와의 관계를 청산하는 의도를 내포하고 있었다. 때문에 고종은 칭제稱帝운동이 활발하던 1897년 8월 12일 일본의 위압 하에 정해졌던 '건양'이란 연호를 취소하고, 이틀 뒤인 8월

14일 부국강병의 의미를 담은 '광무光武'로 쓸 것을 명하였다. 8월 16일에는 갑오경장에 대한 무효와 외세의 간섭을 배제하고 전통문화를 기반으로 외래문화를 자주적으로 받아들이겠다는 의지를 천명하였다.

> "… 그 때 역신逆臣들이 제 마음대로 권력을 휘둘러 절문節文은 대부분 무너지고 향사享祀를 폐지하는 지경에 이르렀다.
>
> 짐이 마침내 옛 법도를 회복하고 선대 임금들이 성헌成憲을 받들어 정사를 잘하여 일신할 것을 바랐다. 이웃 나라들과 화목을 도모하여 맹약을 맺었고 자주의 권강權綱을 세우며 지금 것을 참작하고 옛 것을 기준으로 삼아 이에 전장典章을 가감함이 있었다.
>
> 대체로 주나라가 일어난 후 예절은 성왕成王과 강왕康王의 시대에 처음 정비되었고 한漢나라가 나라를 세운 다음 문제文帝와 경제景帝의 연간에 연호를 처음으로 썼다. 올해 8월 16일 삼가 천지의 신과 종묘사직에 고하고 '광무光武'라는 연호年號를 세웠다."
>
> 『고종실록』36권, 고종 34년(1897) 8월 16일

천제를 위한 환구단 건립

제천례祭天禮란 하늘에 제사를 드리는 의례로 우리나라에서도 삼국시대 이후 고려시대까지는 군왕이 당연히 시행하는 행사로 인식되었다. 그러나 조선왕조 개국 직후인 1392년(태조 1) 8월 예조전서 조박趙璞이 환구의례는 천자가 하늘을 제사하는 의례라고 하면서 환구의례의 폐지를 요청하였

다. 이후 복설과 혁파가 반복되었으나 결국 환구의례는 제후국에서 거행해서는 안 되는 참례僭禮로 인식되어 『국조오례의』에 등재되지 못하였다.

이러한 환구의례는 고종대에 복설될 때까지 시행되지 못하였고, 다만 농경과 관련한 기우제祈雨祭 성격의 제천의례만을 계승하였다.

연호를 제정한 고종은 칭제 운동이 활발하던 9월 21일 제천祭天을 위한 환구단 제도를 연구한 뒤 환구단 건립지를 물색할 것을 명하였다. 그리고 10월 1일 환구단 위치를 현재 소공동 자리로 결정한 후 다음날부터 공사를 시작하였다. 이곳은 중국 사신이 머물던 남별궁이 있던 자리로 이곳에 환구단을 세우는 것은 청과의 사대 관계를 청산하고 완전한 자주독립국임을 알리는 의미였다. 특히 고종의 황제 즉위 의식 절차 논의에서 종묘나 사직보다 먼저 환구단에 고유제를 지내도록 하였다는 점은 국가 의례가 환구단 건설에 의해 전면적으로 개편되었음을 말해준다.[3]

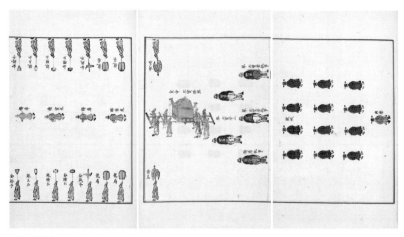

대례 때 황제 옥보를 올리는 행렬을 그린 반차도
1897년(광무 1) 대한제국 선포와 관련된 여러 행사와 작업들을 기록한 『대례의궤(大禮儀軌)』에 실려 있다(서울대학교 규장각한국학연구원 소장).

"지금 우리 황상폐하皇上陛下께서 천지天地를 합사合祀하여 '대한大韓'
이란 이름에 부응하게 하고, 단군檀君·기자箕子이래로 없었던 대업大業을
세우고 선대에 끝내지 못한 뜻을 이룩하셨다. 모든 의절儀節과 문장은 옛
세왕을 본받으시되 세사에 있어서는 너욱 공경하고 삼가하셔서, 빛나는
정전定典을 해와 달처럼 내거셨으니 이 편의 순서를 어찌 옛날 그대로 하겠
는가? 따라서 환구 이하는 이제 모두 정전에 의거하여 아래와 같이 고쳐서
기록한다."[4]

즉위식 전날 국호를 삼한을 다 아우른다는 뜻의 '대한大韓'으로 결정
한[5] 고종은 1897년 10월 12일 신하들과 더불어 환구단에 나아가 천지신天地
神께 조선이 황제국이 되었음을 알리는 제사를 올리고 마침내 황금색 어좌
에 앉았다. 그리고 황제가 입는 12장章의 문장이 새겨진 곤면袞冕을 갖추
고,[6] 국새를 받아 황제로 즉위하였다.

고종의 황제 즉위에 따라 제사 의례도 바뀌게 되는데 황제의 격에 해
당하는 궁현宮懸[7]의 제도를 정하고, 환구와 종묘 등의 제사에 8일무八佾舞[8]
를 채택하였다. 조선시대는 제후국의 예로 6일무를 사용해 왔는데 이때 와
서 8일무를 사용한 것이다. 또한 악현樂懸의 명칭도 바꾸어 '헌가軒架'라는
명칭을 '궁가宮架'라 칭하였다.

『대한예전』에 따른 황제국 의례 정비

『대한예전大韓禮典』은 대한제국을 선포한 이후 새롭게 규정한 예전禮

典이다. 고종은 황제로 즉위하기 이전인 1897년 6월 3일 사례소史禮所라는 기관을 설치하고 장차 출범할 대한제국의 체제에 맞는 국가전례의 정비를 맡게 하였는데 이때 만들어진 것이 『대한예전』이다.

기존의 조선시대 국가의례는 1474년(성종 5)에 편찬된 『국조오례의』를 따랐다. 『국조오례의』는 『경국대전』과 더불어 조선시대 의례의 기본 예전이다. 이후 부분적인 수정 보완이 있었으나 기본적인 체제나 핵심 내용은 바뀌지 않았다. 때문에 황제국으로서 의례에 맞지 않는 부분이 많았다. 그러던 것이 고종의 황제 즉위와 함께 의례가 대폭 바뀌게 되었다.

『대한예전』은 『국조오례의』의 체제를 기본으로 하였지만, 우리 의례에 없는 황제국 고유의 의례들은 『대명집례大明集禮』와 『명회전明會典』을 참고하였다.

『대한예전』「수편首篇」에서는 고종이 황제위에 올라 황제국으로 국체를 변경함에 따라 온갖 법도를 일신하여 국가의례를 정비하게 되었다는 명분을 천명하였다.

> "… 이에 음력 정유년 9월 17일에 환구단에서 친히 천지에 제사지낸 연후에, 황제위에 오르시고 태극전(지금의 중화전)으로 돌아가서서 백관의 하례를 받으셨다.
>
> 드디어 국호를 고쳐서 대한이라 하고, 건원하여 광무라 하며, 태행왕후를 추가로 책봉하여 황후로 삼고, 왕태자를 책봉하여 황태자로 삼았다. 나머지는 모두 그에 의거하여 온갖 법도를 일신하니, 이것이 『대한예전』을 지은 까닭이다. 이에 모든 의례를 기록하여 본 예전의 첫머리에 싣고, 별도로 한 편을 만들어서 특별히 천 년에 한 번 있는 성대한 일을 보이노라." [9]

따라서 『대한예전』은 즉위식 부분에 있어 황제가 드리는 천지에 대한 고유제가 상당 부분을 차지하게 되고, 황제국의 의주가 추가되었다.[10] 반면 조선 건국 이래 유지되었던 제후국의 의례는 폐지되었다.

『대한예전』이 『국조오례의』와 다른 점은 왕·왕비·왕내비·왕세사 등으로 쓰였던 명칭을 황제·황후·황태후·황태자 등으로 고쳐 쓴 것이다. 또 평상시에 근정전 등에서 거행하던 즉위식을 천제를 지내는 환구園丘에 나가서 즉위하도록 하였고, 환구단에서 매년 동짓날에 제사를 지내도록 천제의 제도를 신설하였다. 이밖에 아부악현雅部樂懸, 의장儀仗, 면복과 관복제도 등도 황제의 위의威儀를 갖추었다는 것도 이전과 차이가 난다.

반대로 정월과 동짓달 및 중국황제의 탄일에 궁중에서 북경 쪽을 향해서 행례하던 망궐행례望闕行禮 등과 조서와 칙서를 받던 영조迎詔·영칙迎勅의 절차, 표문을 올릴 때 행하던 배표拜表의 절차, 중국 사신을 접대하기 위하여 행하던 영조정사迎朝廷使의 절차, 중국 황제의 죽음을 거애擧哀하던 위황제거애爲皇帝擧哀의 절차 등 조선이 제후국으로서 중국 황제에게 행했던 각종 의례는 폐지하였다.

「대한국국제」 반포

조선왕조는 『경국대전』을 기본으로 통치의 기틀로 삼았다. 그러나 고종은 황제국 지위에 맞는 의례 정리를 위해 『대한예전』을 편찬하는 한편 대한제국에 맞는 새로운 규범체계를 발표하였다. 1899년 「대한국국제大韓國國制」가 바로 그것이다. 「대한국국제」는 대한제국이 자주독립국가임을 내외에 알리고, 정체가 전제정치임과 황제가 막강한 제권帝權을 가진다는 것을 천명하기 위해 제정·선포된 것이다. 이어 1905년 우리나라의 법에 외국 규례를 참작한 『형법대전刑法大全』을 반포하였다.

고종은 1899년 6월 23일 의정부에 임시 교정소를 설치하여 규정을 세울 것을 명하고, 7월 8일 교정소를 법규교정소法規校正所라 이름하고 관리를 임명하였다. 이에 법규교정소 총재 윤용선尹容善이하 여러 의정관議政官과 위원 등이 검토, 토의한 끝에 8월 17일 「대한국국제大韓國國制」 9조를 채택하여 황제명으로 반포하게 되었다.

『경국대전』과 「대한국국제」의 차이를 보면 크게 다음과 같다.

첫째, 『경국대전』 예전禮典의 사대事大조항에서는 중국을 섬기는 규정들을 명시하고 있다. 예컨대 조선의 왕과 문무백관은 주요 절기 때마다 중국 황제의 승인을 얻어야 했다. 이에 비해 「대한국국제」는 대한제국이 외교관을 파송하고 외국에 선전포고를 하고 강화조약을 체결하는 등 '자주독립한' 제국帝國이라고 규정하고 있다. 종래 조선왕조의 위계적인 사대질서가 대한제국의 탄생으로 수평적인 공법질서로 바뀐 것이다.

둘째, 『경국대전』은 재상들에게 '위임'하는 것을 원칙으로 하고, 사간원·사헌부·경연 등으로 국왕에 대한 견제와 검증 장치를 두는 것과 달리 「대한국국제」에서는 황제가 육해군통솔권을 갖고, 법률을 제정·집행·사면까지 할 수 있을 뿐만 아니라, 관료들의 임명·평가·봉급까지도 정할 수 있게 되어 황제의 무한한 군권君權을 규정하고 있다.

5대조 추존과 친왕 제도

조선왕조가 창업되었을 때 태조 이성계의 4대조에 대한 추존작업이 있었던 것처럼 황세국이된 내한세국에서는 5대조에 대한 추존이 이뤄져 1899년 고종의 직계 4대조(장조·정조·순조·문조[익종])와 조선왕조 창업주인 태조에 대한 추존작업이 이루어졌다.

이에 따라 태조는 태조고황제太祖高皇帝, 장조는 장조의황제莊祖懿皇帝, 정조는 정조선황제正祖宣皇帝, 순조는 순조숙황제純祖肅皇帝, 문조는 문조익황제文祖翼皇帝로 추존하고, 왕비는 황후로 추존하였다.

조상의 황제 추존과 함께 고종은 아들들을 친왕親王으로 봉하였다. 친왕親王이라는 용어는 중국 남북조시대 이전에는 종실宗室과 유사한 개념으로 사용되었으나 수隋·당대唐代에 와서는 봉왕封王된 황자皇子·황제皇弟라는 개념으로 친왕이라는 호칭이 공식적으로 사용되었다.

또 친왕은 봉왕이라는 작위를 매개로 정치적 의미를 부여받고 관계官界에서 특수한 지위를 인정받았다. 이는 황제체제의 기본적인 질서로서 동아시아의 일반적인 현상이었다.

조선시대에 친왕의 성격을 나타내는 기사를 보면, 권근이 찬한 태조 건원릉 신도비명에 명나라 황제가 태조를 조선의 국왕으로 임명하였는데 품계가 친왕과 같다고 하였고, 효종 8년 효종 임금이 청나라 사신과 의논하는 자리에서 '친왕'을 조선 왕실로 치자면 '대군大君'에 상응하는 개념이라고 말하고 있다.[11]

숙종 29년 연잉군(후일 영조)의 관례冠禮를 위해 구례舊例를 살펴보게 하였는데 『대명집례大明集禮』에는 태자太子의 관례와 친왕親王의 관례가 있

『의왕·영왕 책봉의궤(義王·英王冊封儀軌)』, 1900년
(서울대학교 규장각한국학연구원 소장)

지만, 우리나라에는 대군大君과 왕자王子의 관례는 빠졌다고 하여 명나라에서도 친왕의 제도가 있었음을 알 수 있다. 또한 정조대 서유문徐有聞의 『무오연행록戊午燕行錄』에서도 친왕을 황제의 형제나 아들을 일컫는 말이라고 언급하여 청나라에서도 친왕제가 시행되고 있었음을 알 수 있다.[12]

영친왕부지인(英親王府之印)과 인면

의친왕부지인(義親王府之印)과 인면

황제국이 된 대한제국에서도 황제국의 지위에 맞춰 친왕제도가 만들어졌다. 황제로 즉위한 고종은 광무 4년(1900) 아들 이강李堈에게 '의義', 이은李垠에게 '영英'의 봉호를 내리고 친왕으로 책봉하였다. 이 때 제작된 의왕·영왕책봉의궤에서는 의왕·영왕이란 용어를 사용하였다. 당시 여러 기록들과 의친왕부·영친왕부에서 사용했던 관인을 통해 정식명칭은 '친왕'이었으나 의왕, 영왕과 의친왕義親王, 영친왕英親王 등의 호칭이 함께 사용되고 있었음을 알 수 있다.[13]

국경일 제정

황제국 선포 이전 1894년부터 청의 개국기원이 사용되었고, 1895년 7월 16일에는 처음으로 개국기원절 경축연회가 열렸다. 1895년부터는 고종의 탄신일에 만수성절이라는 용어를 사용하기 시작하였지만 대한제국기에 들어오면서 국경일 기념행사가 본격화되었다.

고종이 황제로 즉위한 1897년에는 중국 황제만 있던 황제탄신일을 만수성절로 공포하는 등 국경일 제정을 통해 황제의 위상 제고도 추진하였다. 명의 예에 따라 황제 탄신일인 음력 7월 25일을 만수성절로, 황태자 탄신일인 음력 2월 28일을 천수경절로 정하였으며, 황제 즉위일인 음력 9월 17일은 계천기원절, 태조고황제 등극일인 음력 7월 16일은 개국기원절로 삼았다. 그 밖에도 고종 등극일인 음력 12월 13일은 홍경절로 정하였다.

1897년~1898년경부터는 만수성절, 천추경절, 계천기원절, 개국기원절 등 국경일이 되면 관청과 학교, 민가에 태극기가 게양되고 황제의 내탕

금이 하사되며 관청과 학교, 교회 등에서는 축하연회가 열려 경축하는 분위기가 고양되었다.[14]

대한제국 황제의 시각적 상징 변화

대한제국은 '왕'은 '황제'로, '전하'는 '폐하'로, '과인寡人'은 '짐朕'으로, '천세千歲'는 '만세萬歲'로 또한 왕의 명령 '교'와 '교서'를 황제의 명령인 '칙'과 '칙서', '조서'로 바꾸는 등 왕과 관련하여 사용되던 용어를 황제의 격에 맞게 바꾸었을 뿐만 아니라 시각적인 상징물 또한 황제국의 위엄에 맞게 바꾸어 나갔다.

• 어보, 어책

어보의 인문印文은 보통 '보寶'나 '새璽'로 끝난다. 원래 '보'나 '새'는 황제가 쓸 수 있는 것으로 제후국인 조선은 '보'를 쓸 수 없었고 '인'을 써야만 했다. 실제로 중국에서 제삭해 준 노상은 '조선국왕시인朝鮮國王之印'이었다. 그러나 조선은 국내 정치에서 주체적으로 '보'를 사용해왔으며 대한제국 시기에는 '보' 뿐만 아니라 '새'도 사용하였다. 『대례의궤大禮儀軌』(1897)나 『보인부신총수寶印符信總數』를 보면 대한제국 시기에 '새'를 제작한 예는 '대한국새大韓國璽'와 '황제지새皇帝之璽'가 있었다. 현존하는 유물로는 '황제어새皇帝御璽'가 있다.

조선시대 어보의 형태는 거북이 손잡이 형태가 주였던 것이 대한제국 시기에는 황제를 상징하는 용으로 격상되었다. 어책의 경우 명나라의 제도를 따라 책봉시에 옥책에서 금책으로 바뀌는 등 형태와 재질에 변화가 나타났다.

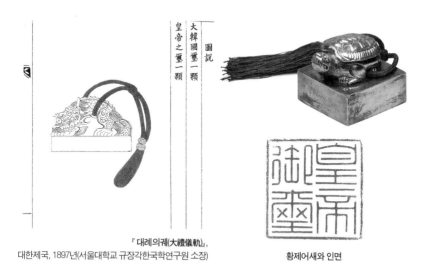

『대례의궤(大禮儀軌)』,
대한제국, 1897년(서울대학교 규장각한국학연구원 소장)

황제어새와 인면

표1 _ 어보 · 어책의 변화[15]

구분		조선	대한제국
책봉(추봉)		거북모양 손잡이 금보 / 옥책	용모양 손잡이 금보 / 금책
상존호 (추상 존호)	生	거북모양 손잡이 옥보 / 옥책	용모양 손잡이 옥보 / 옥책
	死	거북모양 손잡이 금보 / 옥책	용모양 손잡이 옥보 / 옥책

명성왕후 책봉 시 금보, 조선, 1866년

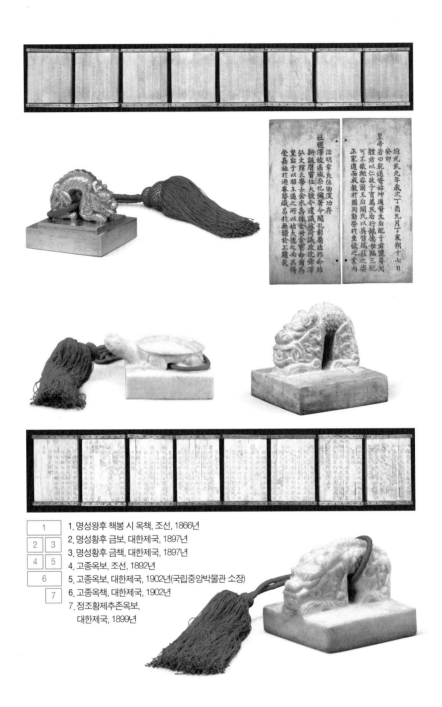

維光武元年歲次丁酉九月丁亥朔十七日
皇帝若曰乾道資始坤道資生后配于祖德愈尊
　癸卯
體若以仁效于盲萬民后行嬀德母臨三紀
可不敵鱗谷閭王后以㳟首端莊正家
正后遺風民勤榮其重德之業内
社稷浮被邇域染化彌普令聞孔彰屬效邦令雄
弘文館大學士金永壽撰竟丹臺命爲
皇后之所以昭大德之所以始大德之姈其時
愛嘉越杅迺養慶昌杅無䙝故之不離狀
治明章良佐勳沒功存

1. 명성왕후 책봉 시 옥책, 조선, 1866년
2. 명성황후 금보, 대한제국, 1897년
3. 명성황후 금책, 대한제국, 1897년
4. 고종옥보, 조선, 1892년
5. 고종옥보, 대한제국, 1902년(국립중앙박물관 소장)
6. 고종옥책, 대한제국, 1902년
7. 정조황제추존옥보,
　대한제국, 1899년

1	
2	3
4	5
6	
7	

복식

왕의 복식은 크게 면복, 조복, 상복으로 구분되었다. 면복은 장복과 면류관으로 구성되고, 황제는 십이장복, 왕은 구장복을 착용하였다. 이들은 의복의 형태와 구조는 같으나 장식하는 문양의 수와 면류관에 늘이는 유의 수 등에서 차이를 보인다. 조복은 강사포를 입되, 황제는 통천관을 쓰고 왕은 원유관을 썼다. 상복은 곤룡포와 익선관으로 구성되는데, 황제는 황룡포, 왕은 홍룡포를 입었다.

대한제국 황제복식의 경우 『대한예전』4권 「제복도설祭服圖設」에 황제·황후·황태자의 대례복인 면복에 관한 도해와 설명이 있고, 5권 「관복도설」에 황제의 조복에 관한 내용이 실려 있다. 대한제국기에는 황제의 예에 따라 면복은 십이류면과 십이장을, 조복은 통천관복을 상복은 황룡포를 착용하였다. 십이장복은 일日, 월月, 성신星辰, 산山, 용龍, 화火, 화충華蟲, 종이宗彛, 조藻, 분미粉米, 보黼, 불黻의 12가지 문양으로 장식한 옷으로, 조선시대 왕이 착용하던 있던 구장복에서 일·월·성신 세 가지 문양이 추가된 것이다.

『대한예전』에 십이장문에 대한 기록이 있는데, 12개의 장문 중 일·월·성신·산·용·화충의 여섯 가지는 '의'에 그리고 나머지 여섯 가지는 '상'에 수놓는다고 하였고, 성신문은 산문 위에 다섯 개의 둥근 원으로 표시하고 있다. 황제의 십이장복의 착용모습은 순종황제의 사진에서 확인할 수 있다.

통천관은 12량에 12수의 부선이 있고 각 양마다 황, 적, 록, 백, 흑 5색 구슬을 12주씩 꿰어 장식하고 관에 옥잠을 꽂는다고 하는데, 원유관은 9량

에 금잠을 꽂았다고 한다.[16]

황룡포는 황제만이 입는 것으로 왕의 곤룡포 색은 홍색 계통이었다는 점에서 차이가 있다. 이는 『대한예전』의 상복 규정에도 명시되어 있으며, 『궁중발긔』에도 1897년 이후 기록부터 용포가 황색으로 표현되는 것이 일치한다.

곤룡포의 경우는 색깔뿐만 아니라 황제와 왕의 보문양이 달랐다. 황

12장복을 착용한 순종(최규순 제공)

곤룡포와 오조룡보 부분
20세기 초(세종대학교박물관 소장)

표2 _ 왕과 황제의 복식 변화

	조선	대한제국
면복	구장복 / 9류 면류관	십이장복 / 12류 면류관
조복	강사포 / 원유관	강사포 / 통천관
상복	홍룡포 / 익선관	황룡포 / 익선관

1 _ 황룡포를 입고 있는 고종
2 _ 강사포에 통천관을 쓴 고종황제어진(高宗
   皇帝御眞), 대한제국, 1918년 경
3 _ 황룡포에 익선관을 쓴 고종황제어진(高宗
   皇帝御眞), 대한제국, 1918년 이전(국립중
   앙박물관 소장)

제의 보에는 황제의 상징인 일월문을 추가하였다. 가슴과 오른쪽 어깨에 부착된 보에는 붉은색 일문을 넣고 등과 왼쪽 어깨에 부착된 보에는 백색 월문을 추가하였다. 대한제국기 황룡포의 색과 보의 문양은 세종대학교 박물관 소장의 순종 황룡포 등에서 확인할 수 있으며, 그 착용 모습은 비록 흑백이지만 고종과 순종의 사진을 통해 확인할 수 있다.

황제를 상징하는 대표적인 상징물인 어보·어책, 복식 외에도 궁궐의 문양, 의장, 의궤 표지, 왕릉의 형식 등 많은 부분을 황제의 격에 맞게 바꿔 갔다. 조선시대에 왕이 주로 기거하던 창덕궁의 인정전과 대한제국기 법궁으로 사용된 중화전 및 환구단의 답도와 보개의 문양이 봉황에서 황제를

창덕궁 인정전 쌍봉황문의 답도
조선, 1804년

덕수궁 중화전 쌍룡문의 답도
대한제국, 1906년

황궁우 쌍룡문의 답도
대한제국, 1899년

창덕궁 인정전 당가 쌍봉화문 보개, 조선

황궁우 쌍룡문 보개, 대한제국

상징하는 용으로 바뀌었고, 깃발 등 의장은 군왕천세기가 군왕만세기로, 홍개와 홍양산은 황개와 황양산 등으로 바뀌었다.

황제의 가마와 깃발은 황색으로 표현되었고, 의궤도 어람용 표지가 초록색 표지에서 황색으로 바뀌면서 황태자를 위한 붉은색 표지의 예람용이 새로 나타났다.

이와 같은 상징물 외에도 고종황제의 위상을 높이고 권력을 강화하며, 대외적으로도 대한제국의 자주독립을 알리는 역할을 하기 위해 즉위 40주년 축하행사와 함께 기념장, 기념우표 등의 기념물도 제작하였고, 국기와 국가, 훈장 등 근대적인 국가 상징물도 제정하였다.[17]

『황제추존의궤(追尊儀軌)』
대한제국, 1899년(서울대학교 규장각한국학연구원 소장)

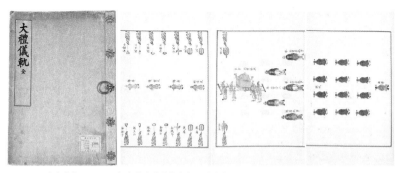

『대례의궤(大禮儀軌)』의 내 황색 가마와 깃발들, 대한제국, 1897년(서울대학교 규장각한국학연구원 소장)

대한제국 체제 정비 과정 연표

1897년	2월	20일	고종이 경운궁으로 환어(還御)하다.
	5월		이최영, 권달섭, 임상준, 강무형 등이 황제로 칭할 것을 청하다.
	6월	3일	새 시대의 국가전례(國家典禮)를 정비하기 위해 사례소(史禮所) 설치하다.
	8월	14일	연호를 '광무(光武)'로 개정하다.
	9월		권재형, 유기환, 심노문, 김두병, 김재현 등이 황제로 칭할 것을 청하다.
		21일	환구단의 의제에 대하여 일정한 규례를 만들 것을 명하다.
			환구단 위치를 회현방 소공동으로 선정하고 다음날부터 공사하다.
	10월	1일	심순택, 김선주, 곽선곤, 정재승 등이 황제로 칭할 것을 청하다.
		2일	조정 백관, 유학, 시민 등이 황제로 칭할 것을 청하다.
		3일	황제 즉위 및 황후와 황태자 책봉 길일(10월 12일)을 선정하다.
		7일	경운궁 중심 전각인 즉조당(卽祚堂)을 태극전(太極殿)으로 개칭하다.
		9일	사직단의 위패를 태사, 태직으로 격상시키다.
		11일	국호를 '대한'으로 제정하다.
		12일	고종이 환구단에 나아가 천지신(天地神)께 제사를 행하고 황제로 즉위한 뒤, 궁으로 돌아와 태극전에서 황후와 황태자를 책봉하다.
		13일	조령(詔令)을 내려 국내외에 황제 즉위와 국호를 대한으로 정한 배경 등을 발표하다.
		14일	왕태자비 민씨를 황태자비로 책봉하다.
		20일	종묘, 경기전, 준원전, 선원전, 화령전, 조경묘의 기물과 의장들을 천자의 의식대로 고치라고 명하다.
	11월	22일	명성황후를 홍릉에 안장하다.
	12월	2일	황제즉위일인 10월 12일을 계천기원절(繼天紀元節)로 정하다.
1899년	6월	17일	조령(詔令)을 내려 훈장 규정을 제정할 것을 명하다.
	7월	14일	「표훈원(表勳院)관제」를 반포하다.
	8월	17일	「대한국국제(大韓國國制)」를 반포하다.
	12월	7일	태조, 장조, 정조, 순조, 문조를 황제로 5대 추존하다.
1900년	4월	17일	「훈장조례」를 반포하고, 조서를 내려 각 훈장의 이름과 뜻을 밝히도록 하다.
	8월	17일	중화전에서 의왕·영왕을 책봉하다.
1901년	12월	11일	황태자가 상소하여 동짓날에 망육순(51세)·즉위 40년 축하문을 올리겠다고 청하다.
		22일	황태자가 상소하여 황제의 성수가 51세가 되고 등극한 지 40년이 된 것을 축하하여 존호를 올리고 연회를 베풀 것을 청하였으나 고종이 사양하다.
		25일	황태자는 백관을 거느리고 세 번째 정청에 나섰고, 황태자의 두 차례 상소와 두 차례 정청을 모두 허락하지 않은 고종이 이번에는 존호를 올리는 것은 부득이 따르되 진연은 내년 가을에 해도 늦지 않을 것이라고 하여 사실상 허락하다.
		26일	자신의 존호만 올리지 말고 부모와 황실 어른의 존호를 먼저 올릴 것을 논하여, 문조 익황제와 신정 익황후의 추상존호도감과 명헌태후의 가상존호도감을 합쳐서 설립하다.
1902년	1월	27일	문조익황제에 대한 추상존호, 익황후에 대한 추상존호, 고종황제에 대한 가상존호(건행곤정영의홍휴乾行坤定英毅弘休) 명헌태후에 대한 가상존호, 명성황후에 대한 추상존호 등을 결정하다
	2월	8일	국가(國歌)를 제정하도록 명하다.

1902년	3월	19일	고종이 중화전에 나가 망육순과 즉위 40년에 대한 축하를 받고 대사령(大赦令)을 반포하였다.
	5월	4일	고종이 의정부, 궁내부, 예식원, 장례원에서 가을에 거행하기로 한 즉위 40주년 경축의식 절차를 논의해서 보고하란 지시를 내리다.
			기로소에 들다. 중화전에서 입소식을 거행하다.
		30일	기로수를 들어감을 기념하여 함녕전에서 외진연(外進宴)이 거행되다.
		31일	기로소를 들어감을 기념하여 함녕전에서 내진연(內進宴)이 열리다.
	6월	19일	기로소를 들어감을 기념하여 각국 공사, 영사, 신사를 초청한 연회가 대관정에서 열렸다.
		21일	어진과 예진이 완성되어 표제를 서사하다.
	8월	18일	어기(御旗), 예기(睿旗), 친왕기(親王旗)제작을 명하다.
	9월	20일	10월 18일로 계획했던 즉위 40주년 기념행사를 콜레라 유행으로 내년으로 연기하다.
		22일	고종이 내외진연도 연기를 명하다.
	10월	19일	경운궁 중화전이 완성되어 축하를 받고 대사령(大赦令)을 반포하다.
	11월	10일	기로소에 들어가는 해 어진을 그렸던 영조 때 전례에 따라 어진도사 명하다.
	12월	3일	12월 10일 어진 완성하다.
			고종의 망육순을 기념하는 외진연을 거행하다.
		7일	경운궁 관명전(觀明殿)에서 내진연 거행하다.
1905년	11월	17일	을사늑약 체결되다.
1906년	4월	25일	대안문(大安門)을 대한문(大漢門)으로 고치다.
1907년	7월	18일	고종 강제 퇴위되다. 순종에게 대리청정을 명하다.
		19일	순종이 대리 청정하다. 선위하다.
		24일	한일신협약(정미 7조약) 체결되다.
	8월	27일	순종황제 즉위식을 거행하다.
	11월	18일	순종이 종묘와 사직에 황제 즉위를 고하다.
1910년	8월	22일	한일병합조약 체결되다.
		29일	순종이 황제의 자리에서 물러나다.

자주독립국가의 위상 정립

지금까지 대한제국 성립과정과 황제국 체제 정비에 관해 살펴보았다. 고종은 대한제국 성립과정에서 독자적인 연호인 '광무'를 사용하고 '대한'이라는 국호의 제정하였다. 황제에 올라 대한제국을 선포한 후에는

「대한국국제」의 발표 등을 통해 막강한 황제의 권력을 가졌다. 또한 조상을 황제로 추숭하고 친왕제를 도입하였으며, 환구단을 중심으로 국가 의례를 정비하였다. 따라서 황제와 관련되는 용어뿐만이 아니라 시각적인 상징물 또한 황제국에 맞게 바뀌었다. 왕의 명령인 '교'와 '교서'를 황제의 명령인 '칙'과 '칙서'로 바꾸고, '전하'는 '폐하'로, 자칭용어 '과인寡人'은 '짐朕'으로, 산호山呼는 '천세千歲'에서 '만세萬歲'로 바꾸는 등 황제와 관련하여 사용되는 용어를 사용하였다. 또 황제국과 관련된 국경일 제정을 통해 황제의 위상을 높여갔다. 아울러 시각적인 상징물인 궁의 보개나 답도 등의 문양을 봉황에서 용문양으로 바꾸고 어보의 장식도 거북이에서 용으로 바꾸었다. 그 외에도 의복과 의장·의궤 등 생활 전반에는 황실을 나타내는 황색을 사용하였다.

고종의 황제국 체제 정비를 통한 대한제국의 위상 제고 사업은 대외적으로 중국 중심의 세계에서 벗어나 자주독립국으로서 각국 국가와 대등한 외교를 하고, 이로써 일본의 침략을 견제하고자 한 것이었다. 뿐만 아니라 대내적으로는 황제의 절대적인 군권君權을 중심으로 광무개혁이라는 자주적인 근대문물제도 도입과 근대 국가 건설을 주진할 수 있었다.

대한제국시기 외교

고종의 중립화정책, 왜 실패했나

현광호 · 전 고려대학교 연구교수

"고종은 중립화 추진을 위해 1899년 10월 주한미국공사관 서기관 샌즈William F. Sands를 궁내부고문으로 고빙하였다. 샌즈는 한국을 스위스·벨기에 같은 영세중립국으로 만들려 하였고, 열강의 보장을 통해 평화조약이나 국제협약을 체결하려 하였다. 샌즈의 중립화안은 1880년대 제기된 중립화안과 유사한 것이었으나 중립화 실현을 위해 세부적인 계획을 수립했다는 점에서 진일보한 것이었다."

- 본문 중에서

고종의 대러, 대일정책이 대한제국 외교노선 핵심

　대한제국은 열강의 침략에 맞서 독자적으로 자주독립을 유지하기에는 국력이 미약하였다. 따라서 대한제국은 한반도에 진출한 열강의 대한정책을 잘 파악해 대응해야 하였다. 대한제국에 영향력을 행사한 주요 국가는 러시아·일본·영국·미국·프랑스·독일이었다. 대한제국의 최고 주권자인 고종황제는 직접 외교를 주재하였다. 고종은 해외주재 공사를 통해 국제정세를 파악하는 한편 대한제국에 주재하고 있던 열강국의 공사들을 통해 국제정세를 파악하기도 하였다.

　열강 중에서도 특히 대한제국에 많은 이해를 가지고 접근한 국가는 러시아와 일본이었다.

　러·일은 동북아 국제정세의 변동에 따라 한반도를 분할하거나 만주와 한반도를 교환하려는 논의를 거듭하였다. 따라서 국가주권 수호를 국가의 최고 목표로 설정한 고종은 러시아와 일본의 대한정책을 주시하였다.

고종은 러·일의 대립을 인지하고, 러·일의 대립 속에서 국권을 수호하기 위하여 나름대로의 외교정책을 구사하였다.

고종은 어느 국가보다도 러·일을 중시하여 다른 열강국보다 먼저 전권공사를 파견하는 등 러·일의 동향에 주목하였다. 고종은 러·일 사이의 협상을 주시하는 한편 대한제국의 운명을 좌우할 수 있는 러·일의 전쟁 가능성에도 촉각을 곤두세웠다. 따라서 고종의 대러정책과 대일정책을 이해하는 것이 곧 대한제국의 외교노선을 이해하는 지름길이라 할 수 있다.

고종, 한국의 중립화 정책을 펴다

고종은 대한제국의 외교를 주관하였다. 고종은 외국어에 능통한 측근을 통해 직접 외국사절과 접촉하는 한편 정세의 변동에 대응하면서 외국에 특사를 파견하였다. 고종은 외압으로부터 국가를 보호하기 위해 중립화를 염원하였다. 고종은 이를 위해 역대 주한미국공사들에게 빈번히 미국 정부가 열강에게 한국의 중립화를 제의해줄 것을 요청하였다.

주한미국공사들은 중립화의제가 공식화되는 것을 극력 회피하였다. 그럼에도 고종은 1899년 봄 알렌H.N.Allen 주한미국공사가 미국으로 출발하려 하자 그에게 미국 정부가 주도하여 열강에 의한 한국의 독립과 영토 보전을 보장해 줄 것을 요청하였다.[1] 그러나 미국은 이후에도 한국문제 불개입원칙을 견지하였다.

고종이 계속해서 미국에 기대를 가진 것은 유사시 거중조정을 의뢰하려 했기 때문이다. 실제로 미국은 1894년 청일전쟁 시기 고종의 거중조정

Le Petit Journal

TOUS LES JOURS
Le Petit Journal
5 Centimes

SUPPLÉMENT ILLUSTRÉ
Huit pages : CINQ centimes

TOUS LES DIMANCHES
Le Supplément illustré
5 Centimes

Cinquième année   LUNDI 13 AOUT 1894   Numéro 195

LES EVENEMENTS DE CORÉE
Agitation à Séoul

1894년 청일전쟁이 발발했다는 소식을 들은 서울의 외국인들이 모여 정세를 논의하는 장면을 그린 표지 삽화.

요청을 수용하여 일본 정부에 압력을 행사한 바 있었다.[2] 또 고종은 1899년 6월 독일 빌헬름 2세의 친동생인 하인리히Heinrich친왕이 금성 당현금광을 시찰하기 위해 내한하자 거액을 지출하여 서울에서 당현까지의 30여리에 전화를 가설하고 도로를 수축하는 등 세심한 배려를 하였다. 고종은 이후에도 주요 열강의 주권자에게 훈장을 보내거나 국서를 발송하는 방식으로 열강의 한국에 대한 관심을 이끌어내려 했다.

한편 고종은 중립화 추진을 위해 1899년 10월 주한미국공사관 서기관 샌즈William F. Sands를 궁내부고문으로 고빙하였다. 샌즈는 한국을 스위스·벨기에같은 영세중립국으로 만들려 하였고, 열강의 보장을 통해 평화조약이나 국제협약을 체결하려 하였다. 샌즈의 중립화안은 1880년대 제기된 중립화안과 유사한 것이었으나 중립화 실현을 위해 세부적인 계획을 수립했다는 점에서 진일보한 것이었다.

고종은 의화단사건으로 열강이 출병한 가운데 청이 분할위기에 놓이자 1900년 8월 조병식을 특명전권공사로 임명한 뒤 일본에 파견하여 일본외상에게 한국을 스위스·벨기에와 같이 중립화하는 데 동의해 줄 것을 요청하였다. 그러나 일본 외상은 스위스·벨기에가 중립을 유지할만한 국력을 갖추고 있다고 지적한 뒤 한국은 이러한 조건을 충족시키지 못하고 있다고 주장하며 조병식의 제의를 거부하였다. 이후 조병식은 주일미국공사 버크Buck에게 미국 정부가 열강과 협력해서 한국의 독립과 중립에 대한 국제적인 보장을 확보하는 데에 노력해 줄 것을 요청했으나 실효를 거두지 못하였다.

한반도는 지정학적 위치상 러·일간의 전쟁이 발발할 경우 군사적 통로가 될 가능성이 많았다. 따라서 한국은 영세중립국이 되어야 전쟁이 발발하더라도 전장화를 회피할 수 있고 국가의 안전을 보장받을 수 있었다. 문제는 열강이 이를 승인할 것인가, 특히 러·일이 이를 수용할 것인가의 여부였다.

유럽국가와 직접 교섭에 나서다

종래 한국은 상대 정부와의 직접 교섭보다는 특사 파견을 통한 간접 교섭에 치중하여 외교력의 한계를 노정하였다. 따라서 이 시기 한국 외교의 과제는 주요 유럽국가와의 직접 교섭을 통해 중립화를 실현하는 것이었다. 고종은 이 같은 한계를 인식했음인지 유럽의 주요 열강과의 직접 외교를 추진하기 시작하였고, 그 중재 역할을 한 국가는 프랑스였다.

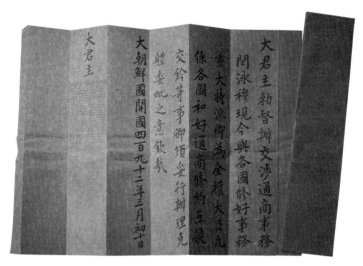

1883년(고종 20) 4월 고종이 독판교섭통상사무 민영목에게 서양 각국과의 통상조약 비준교환에 대해 전권을 위임한 위임장(서울대학교 규장각한국학연구원 소장).

플랑시Collin de Plancy 주한프랑스공사는 1897년경부터 적극적으로 고종에게 접근하였다. 고종은 1897년 한국분할설이 유포되자 민영환을 프랑스에 특명전권공사로 파견하여 한국독립에 관한 비밀협정을 체결할 것을 지시하였다. 프랑스는 로젠·니시 협정 이후 러·일이 한국 내정에 직접적인 간섭을 하지 않을 것을 약정하자 적극적인 대한외교를 전개하였다. 프랑스가 적극적인 대한정책을 전개한 것은 극동에서의 현상유지를 기대했기 때문이었다.

델카세Délcassé 외무장관은 플랑시를 대리공사에서 특명전권공사로 승진시키는 한편 외교계의 중진인 주청프랑스공사 피숑M.S. Pichon을 서울에 파견하여 고종에게 외교에 대한 자문을 하게 하였다. 그 결과 프랑스는 한국에서 급속히 영향력을 신장할 수 있게 되었다. 프랑스인은 군사고문직에 해당하는 기기창사관 및 무기조사원·서북철도국 감독·궁내부 도기소 기사·궁내부 검찰관·궁내부 광산기사 등 요직에 속속 취임하였다.[3] 이에 따라 러일전쟁 이전까지 한국 정부에서 근무한 서양인 고문은 미국인 1명, 벨기에인 1명, 영국인 2명, 독일인 3명에 비하여 프랑스인은 14명에 이를 정도였다.

고종은 의화단사건을 통해 일본의 군사력을 명확히 인식하게 되었고, 이에 따라 러일전쟁의 가능성까지도 상정했다. 고종은 유럽열강과의 관계 강화를 통해 독립을 보장받으려는 목적으로 거액의 내탕금을 지출하여 유럽에 특명전권공사를 파견하였다. 종래 정부에서 구미각국에 공사를 파견했으나 대부분은 부임하지 않아 대외교섭에 한계를 노정하고 있었다.

고종은 1901년 3월 종래 러시아·프랑스·오스트리아공사를 겸직하고 있던 이범진을 러시아공사로 임명하여 러시아와의 외교에 전념하게 하고, 민영찬을 주프랑스공사로 파견하였다. 또 영국·독일·이탈리아 특명전권공사를 겸직했던 민철훈을 독일과 오스트리아공사로 임명하고, 민영돈을 영국과 이탈리아 특명전권공사로 임명하였다. 그 결과 한국은 러시아·프랑스·독일·영국 등에 상주공사관을 두게 되었고, 미국 일변도의 외교정책을 탈피하게 되었다.

고종이 유럽에 특명전권공사를 파견한 것은 유럽국가들이 한국에 파견한 외교관의 지위를 변리공사·대리공사에서 전권공사로 승격하도록 유도하려는 의도가 깔려 있었다. 승격된 유럽의 전권공사들이 러시아·일본공사의 강경한 대한정책을 조정하게끔 하려는 의도가 있었던 것이다. 또 유럽에 파견한 특명전권공사들이 중립화 등을 해당 국가와 협의하게 하려는 의도도 내포되어 있었다. 고종은 미국 정부가 주한공사를 전권공사로 승격시킨 데 대해 크게 만족을 표명하였다. 이는 자신의 의도가 결실을 거두었다고 판단했기 때문이었다.

국제회의에 적극 참여 추진

한국은 열강과의 외교에 치중하는 한편 국제법이나 국제기구를 통한 중립화를 추진하였다. 집권층은 만국공법을 준수할 경우 주권국가로서 외국의 침략을 모면할 수 있다고 판단하고 있었다. 한국이 만국공법체제에 참여한다는 것은 다른 국가들이 만국공법의 틀 내에서 한국의 주권을 인정해야 함을 촉구한 것이었다. 특히 만국공법에 포함되어 있는 국외중립 조항은 중립화를 추진할 수 있는 근거를 마련해주었다.[4]

한국은 만국평화회의·적십자회의 등 국제회의에 적극적인 참여를 추진하였다. 한국은 만국평화회의가 국제분쟁을 평화적으로 해결하기 위해 각국 대표들이 조약을 체결하여 만든 기구로, 분쟁이 발생할 경우 참여국들이 거중 조정한다고 인식하였으므로 이에 큰 관심을 가졌던 것이다.

한국이 만국평화회의와 함께 관심을 기울인 것은 적십자회의였다. 적십자회의는 1864년 스위스에서 채택된 제네바조약을 기초로 전시부상자 보호를 표방하였고, 적십자사의 활동지역은 중립지역으로 공인받았다. 한국 정부가 1901년 스위스 정부로부터 제네바협정안을 입수한 것은 전쟁이 발발할 경우 적십자를 이용하여 한국을 중립지역으로 인정받으려는 의도였다.

고종은 벨기에와 수교를 적극 추진하였다. 이는 벨기에의 중립정책을 파악하려는 의도 외에 벨기에에 소재하고 있는 각종 국제기구 사무국을 통해 국제사회에 진출하려는 의지가 깔려 있었다. 고종은 1900년 6월 주일한국공사에게 주일벨기에공사와 조약체결을 교섭할 것을 지시하였다. 그에 따라 주일프랑스공사관에서 벨기에와 교섭을 벌였고, 1901년 3월에는 한백수호통상조약이 체결되었다. 고종은 벨기에와의 통상조약이 비준되기도 전인 5월 외부대신 박제순에게 지시해 벨기에 전권대신에게 헤이그평화회의에 참석할 수 있게 협조를 의뢰하게 하였다. 뱅카르Léon Vincart 벨기에 총영사도 이를 수용하여 본국 정부로부터 만국평화회의에 관한 모든 문서를 교부받아 한국 정부에 전달한 뒤 계속 협의할 것을 제의하였다.

한국은 의화단사건 이후에도 지속적으로 중립화를 추진하였다. 고종은 1901년 중반 만한교환설이 유포되자 미국공사와 빈번하게 상의하는 등 중립화에 더욱 열의를 보였고, 한국에 주재하고 있는 벨기에·프랑스·독일공사관측과 긴밀한 외교적 관계를 맺으려고 하였다. 그 과정에서 고종은 1902년 1월 벨기에 국왕에게 자신의 중립화안을 설명하고 이를 지지해 줄 것을 요청하는 친전을 보냈다. 고종은 벨기에 국왕이 '한국이 벨기에처럼 영세중립국이 되는 것에 찬성한다'는 회답을 보내오자 프랑스·독일·이탈리아·미국 등에 같은 안을 제의하였다. 그러나 독일만이 검토 의사를 표명했을 뿐 다른 나라들은 중립화안을 진지하게 접수하지 않았다.

이 같은 사실을 통해 고종은 한반도에 직접적인 이해관계를 갖고 있는 러시아·일본보다 다른 열강에 접근하여 중립화를 타진한 것을 알 수 있다. 즉 제3국가들로부터 중립화에 관해 보장을 받은 뒤 러시아·일본에 이를 제의하려 한 것이다.

영일동맹과 이에 대응한 노불선언露佛宣言은 한국의 중립정책에 상당한 영향을 주었다. 러시아에 대항한 영일동맹은 전쟁 가능성을 제고시켰다. 따라서 자위력이 미약한 한국은 중립화를 지상과제로 삼을 수밖에 없었다. 고종은 1902년 2월 영일동맹을 인지하고 충격을 받았으나 3월 노불선언이 발표되자 안정을 되찾았다. 고종

1902년 2월 12일 일본 귀족원이 영일동맹에 대해 논의하고 있다.

은 두 동맹들로 인해 중립화의 가능성이 높아졌다고 인식하고 중립화 실현에 강한 의지를 보였다. 총세무사 브라운도 고종에게 한국을 벨기에와 같이 국외중립국으로 만들어야 한다고 건의하였다.

고종은 일본공사관 측의 반대에도 불구하고 1903년 2월 벨기에 총영사와 벨기에인을 3년간 궁내부 고등 비밀고문으로 고빙하고, 해관세로 봉급을 지불한다는 내용의 고빙계약을 체결하게 하였다. 한편 고종은 동맹당사국들을 중립화 추진의 주요 대상국으로 중시하게 되었다. 이 때문에 한국외교에서 러시아 · 프랑스 · 영국 · 일본이 차지하는 비중이 높아진 것과는 달리 미국의 비중은 낮아졌다. 그 가장 중요한 이유는 미국이 한국의 중립화에 무관심한 입장을 견지했기 때문이었다.

고종은 열강의 보장에 의한 중립화가 실현되지 않자 더욱 국제기구에 기대를 갖게 되었다. 고종은 1902년 초 민영찬을 주프랑스공사 및 주벨기에공사로 임명한 뒤 네덜란드 소재 만국평화회의 사무국과 긴밀한 관계를 맺도록 지시하였다. 이는 국제기구를 통해 중립화를 실현시키려는 의도였다. 이후 고종은 민영찬을 만국평화회의 총재에게 보내 적십자회 가입과 만국평화회의에의 사절단 파견 등을 타진하였다. 민영찬은 이 기구들을 방문한 뒤 프랑스 · 벨기에 · 스위스 · 덴마크 등이 협정한 제네바 육전병상군인구제협정에 서명하였다. 그리고 1902년 12월에는 스위스대통령에게 적십자회 가입에 대한 국서를 봉정하고 1903년 1월 가입 허가를 받았다.[5]

이후 고종은 7월 2일 민영찬을 적십자회의 위원으로 임명하고 9월 개최되는 제네바회의에 참석할 것을 지시하였다. 국외중립 선언 직후인 1904년 1월 30일에도 민영찬에게 적십자회의에 참석할 것을 지시하였다. 한국에 주재하고 있던 벨기에 외교관도 각종 국제기구에 한국의 참여를 알선하는 등 한국의 외교에 도움을 주었다.

일면 경계, 일면 협조 정책을 편 고종

고종은 1897년 알렉세예프 고빙문제를 계기로 러시아가 한국에 야심을 갖고 있다고 인식하고 러시아와의 관계를 재검토하였다. 고종은 독일이 교주만을 강점하고, 러시아가 여순·대련을 강점하자 일련의 사태를 동양의 위기라 인식하였다. 고종은 러시아가 시베리아철도를 대련까지 부설한 뒤에 한국에 대한 침략전쟁을 개시할 것이라고 경계하였다.

러시아의 여순·대련 강점은 청국과 국경을 인접한 한국에게 큰 위협으로 다가온 것을 보여준다. 고종은 러시아의 '함경도 조차租借' 추진설이 유포되자 함경도 북청에 경비대를 설치하게 하였다. 고종은 서구 열강으로부터 국권을 수호하기 위하여 '동양평화론'에 관심을 표명했다.[6] 고종이 일본에게 경부철도를 허여한 것은 일본의 강경한 요구 외에도 동양평화론의 측면에서 바라볼 필요가 있다. 고종이 경부철도부설권을 허여한 것은 일본의 지원으로 러시아의 침략을 저지하고, 아울러 일본의 강경한 대한정책을 완화해보고자 하는 이중적 목적이 개재되어 있었다.

한편 러시아가 마산포를 조차하려 한 것도 일본을 견제하려는 목적이 개재되어 있었다. 고종이 러시아에 마산포를 조차한 것은 러시아의 요구도 있었지만 일본을 견제하기 위한 의도로 보아야 할 것이다. 따라서 러시아의 마산포 조차 요구는 한국이 러시아를 경계하도록 했지만 다른 한편으로는 러시아에 의지하게 되는 요인으로 작용했다.

고종은 1900년 의화단봉기가 확산되자 내란의 발발과 이에 편승한 열강의 한국 출병을 우려하였다. 고종은 의화단사건을 계기로 청국이 분할 위기에 놓이자 이를 동양의 위기로 인식하고 동양국가인 일본과 제휴하여 위기를 극복하려 하였다. 고종이 일본이 그동안 줄기차게 요구했던 직산금 광 채굴권과 경기지방 어채권을 허여한 것은 이 같은 방침과 연관이 있는 것으로 여겨진다. 고종은 일본의 군사력에 관심을 보였고, 이는 일본의 군 제도입 추진으로 이어진다. 고종은 일본의 징병제 도입을 위하여 일본군 장교를 군사고문에 고빙하려 하였고, 일본제 무기를 도입하였다.

의화단사건 이후 하야시 주한일본공사가 한일동맹을 체결하려고 획 책하고, 한국군의 통제를 기도하며 타국의 한국에 대한 차관 제공을 강력 히 저지한 것은 궁극적으로 한국보호국화를 기도했기 때문이었다. 한국 정 부는 이러한 하야시의 의도를 간파하지 못하고 하야시와 외교, 군사문제 등을 상의하였다. 이는 한국이 러시아의 침략 가능성을 지나치게 의식하였 고, 한편으로는 러시아가 한국의 군사력 증강을 반대한 것이 일정 부분 작 용했다. 아울러 하야시가 한국에 대외 정보를 선별 제공한 것도 지대한 영 향을 주었다고 여겨진다. 또 하야시는 고종이 지나치게 매달리고 있는 망 명자문제를 역이용하여 한국과의 교섭에서 유리한 입장을 확보하려 했다. 그 결과 한국은 차관 도입이나 군사력증강 사업 등 시급히 개혁을 필요로 하는 부분에서 차질을 빚었다.

한편 고종은 러시아가 지속적으로 한국의 군비증강을 반대하자 러시 아를 경계하였다. 한 국가의 주권 수호의 보루인 군사력 증강을 강력히 반 대한 것은 러시아의 진의를 의심하기에 충분한 것이었다. 한국은 한국분할 설을 인지하자 러시아의 대한정책을 경계하였다. 고종은 러시아가 한국에서 의화단사건과 유사한 사건이 발생할 경우 한국의 영토를 분할할 것을 우려했던 것이다.

또 러시아의 러청밀약 강요는 한국이 러시아를 경계하도록 하는 요인으로 작용했다. 고종은 일본공사에게 일본이 러청밀약 체결에 항의하여 이를 좌절시킨 것에 사의를 표명했다. 고종은 러시아의 국경진입 가능성을 인지하고, 군사력 증강조치를 취하기도 하였다.

러시아, 일본에 유화책 내놓고 중립 보장 요구

이 같이 고종에게 러시아는 한국의 독립을 위협하는 국가였다. 한편으로 러시아군의 만주 주둔은 한국이 러시아에 접근하게 하는 결과를 가져왔다. 고종은 러시아공사로부터 군사 자문을 받는데 그치지 않고 러시아군제의 수용을 추진하였다. 고종은 다시 러시아 군사교관단을 고빙할 것을 희망하였다.

고종은 일본에 편향된 군사외교를 탈피하고 단절되다시피 한 러시아와의 군사외교를 복원시키려 하였다. 이는 고종이 일본에 유학을 다녀온 한국인 사관들이 망명자와 연계되어 있다고 의심하여 군부 내 일본의 영향력을 축소시키려 했기 때문이었다.

이와 같이 러시아는 일본의 침략을 견제해주고, 중립화를 보장해줄 수 있는 국가이기도 하였다. 고종이 러시아에 대해 한국의 중립화에 협조해 줄 것을 요청한 것은 러시아를 중요한 중립화 보장국으로 인식한 것을 보여준다. 따라서 고종은 러시아를 부단히 경계하는 한편으로 러시아와 긴밀한 관계를 유지하려 하는 이중정책을 구사하였다.

고종은 1902년 제1차 영일동맹 체결을 한국과 만주에서 러시아정책을 방해하려는 의도라고 판단하였다. 고종은 하야시 공사의 한일비밀조약 체결 요청을 거부하였다.[7] 이와 같은 고종의 조치는 영일동맹으로 러·일 사이의 대립이 심화되는 상황에서 한 국가에 편향된 외교노선을 취하지 않으려 했다는 것을 의미한다. 이러한 조치는 고종이 이전부터 추진해온 중립화정책과도 부합되는 것이라 할 수 있다. 영일동맹으로 일본의 한국 진출이 강화되자 고종은 러시아와의 외교관계 개선을 모색했다. 고종이 재차 러시아 군사고문단을 고빙하려 한 것은 러시아와의 군사외교를 강화하여 일본을 견제하려 한 것을 의미한다.

고종은 영일동맹 이후 제일은행권 유통문제, 군함 구입문제 등으로 일본의 강압을 받았다. 고종은 만주의 러시아군이 일본의 한국 진출을 견제해줄 것으로 기대하였다. 일본의 압력을 견제하기 위하여 러시아와의 외교를 강화하려 했던 것이다. 고종이 1903년 러시아의 용암포경영을 묵인하는 모습을 보인 것은 바로 이러한 대일견제의 시각에서 볼 필요가 있다.

한편으로 고종은 일본의 의주개항 요구를 수용하려 하였다. 고종은 러일의 대립과 협상이 교차하는 동아시아정세를 반영하여 러·일의 반발을 사지 않으려는 입장을 보였다. 고종은 8월 러·일을 상대로 중립외교를 전개하였다. 그 때문에 러·일로부터 한국의 중립화를 보장받기 위해서는 이들 국가에 대해 유화책을 쓰지 않으면 안 된다고 판단하였다. 고종은 영·일공사의 강력한 요구에도 불구하고 러일협상의 결과를 기다려야 한다며 용암포 개항을 완강히 거부하였다. 일본은 러일협상이 타결되지 않는 한 고종의 재가를 얻는 것은 쉽지 않다고 보아 용암포 개항을 강력히 추진

1904년 러일전쟁을 앞두고 일본군이 인천에 상륙하고 있다.

하지 않았다. 이러한 측면에서 용암포사건에 대처한 고종의 조치는 일정한 성과를 거두었다.

고종은 용암포사건의 와중에서 러일전쟁의 가능성을 인지하였다. 고종은 러일전쟁이 발발할 경우 국외중립을 지키려는 의사가 강했다. 고종이 미국공사관으로 파천을 시도한 것은 러·일 사이에서 중립을 지키겠다는 의사 표현으로 볼 수 있다.

한편 고종은 위기에 처할 경우 러시아공사관으로 피신하려 하였다. 고종이 러시아를 신뢰한 것은 일본을 극도로 불신한 결과였다. 고종은 일본이 청일전쟁 당시와 같이 한국의 주권을 유린할 것을 우려한 것이다. 고종은 러일전쟁이 발발할 경우 국외중립을 준수한다는 성명을 발표한다는 방침을 정하고 파블로프 주한러시아공사에게 협조를 요청하였다. 결국 고종은 러시아의 도움을 받아 러일전쟁 직전인 1904년 1월 21일 국외중립을 선언하는 데 성공하였다.

1905년 7월 26일 러일전쟁을 승리로 이끈 일본의 장군들이 중국 봉천에서 기념촬영을 하고 있다.

이용익 등 중립파는 2월 초순 일본 육해군이 행동을 개시한 것을 인지하고, 일본군의 마산·부산 상륙설이 전해지자 러시아공사, 프랑스공사가 서울을 국외중립지로 제의하게 하는 방안을 논의하였다. 중립파는 서울에 주둔 중인 평양진위대에게 고종의 호위를 맡기고, 보부상을 동원하여 프랑스공사관으로의 파천을 시도했으나 일본군의 승리로 무산되었다.

중립화, 동양평화론
러·일의 정략상 실현성 희박

고종은 통상조약을 체결한 유럽국가에 상주공사관을 설치하는 동시에 특명전권공사를 파견하였다. 이는 유사시 열강들의 거중조정을 받는 한편 중립화를 타진하려 한 것이다. 또 고종은 국제법이나 국제회의·국제기구에 대해 신뢰를 부여하였다. 이는 스위스·벨기에가 국제회의·국제기구에 적극적으로 참여하여 영세중립을 유지해나가고 있다고 판단했기 때문이다. 고종이 이들 국가를 통하여 만국평화회의·제네바회의 등에 적극참여하려고 했던 것도 이와 같은 판단에 기초했다고 봐야 할 것이다.

그러나 만국평화회의·국제법 등은 제국주의 국가들이 침략성을 은폐하기 위해 만든 것이거나 제국주의 국가의 활동을 제약할 수 없는 것들이었다. 따라서 고종이 이들에 큰 기대를 가졌다는 사실은 자위력을 확보하는 등의 내실 있는 중립정책을 추진하는 데 있어 장애 요인으로 작용하였다.

고종은 러·일을 적대시하지 않았고 러·일 모두와 우호관계를 유지하려 노력하였다. 그러므로 고종의 외교노선은 흔히 알고 있듯이 친러반일은 아니었다. 대한제국은 러시아의 중립화론, 일본의 동양평화론에 지나치게 기대하는 등 외세의존적 방식으로 국권을 유지하려 하였다. 그런데 중립화론, 동양평화론은 러·일의 정략상 실현성이 희박하였다.

대한제국에게 남은 유일한 국권수호방안은 국민통합이었다. 국민통합을 위해서는 황실을 포함한 지배층의 대폭적인 기득권 양보를 통한 국가시스템의 전면 개혁이 필수였다. 그러나 지배층은 기득권을 양보하려 하지 않았고, 그 결과는 러일전쟁 발발과 동시에 이루어진 일제의 국권 유린으로 나타났다. 이후 1910년 강제 병합까지 5년 동안 의병전쟁 등의 국권수호운동이 전개됐지만 수포로 돌아갔다.

대한제국의 영토정책

고종은 왜
간도를 지키지 못했나[*]

최장근 · 대구대학교 일본어일본학과 교수

"양국 경계는 백두산정계비를 표준으로 하지만 후일 정식으로 양국 정부에서
위원을 파견하여 감계한다. 감계 이전에는 도문강(조선의 두만강)을 경계로 하여 각각 그
구역을 지키고 무기를 가진 병사가 월강하여 분쟁을 일으키지 않도록 한다."

- '한중변계선후장정' (1904.6.15)

대한제국 영토주권, 심각한 위기에 처하다

조선은 일제의 침입으로부터 망국의 위기를 극복하기 위해 1897년 여러 제국과 같이 동등한 주권국가임을 대외적으로 천명하여 대한제국을 선언하였다. 그러나 이미 대한제국의 영토주권은 그 이전부터 위기를 겪고 있었다.

북변한계에 해당되는 간도지역은 청국이 일방적으로 1881년 청국영토임을 선언하여 간도 영토주권을 유린당했고, 동변한계에 해당되는 울릉도와 독도에서도 강화도조약이후 일본인들이 불법적으로 침입하여 주권을 유린하고 있었다.

대한제국은 이러한 북변한계와 동변한계에 있어서의 영토수호를 위해 적극적으로 대처하였다. 북변한계에서는 2번에 걸쳐 공식적인 청국과 영토담판을 수행하였다. 그 이후에도 간도지방의 관리를 소홀하지 않았다.

동변한계에서도 일본인들의 울릉도 침입에 적극적으로 대응하여 공도정책으로 관리해오던 울릉도에 일본인들의 철수를 요구함과 동시에 거주민을 이주하여 적극적으로 영토관리에 들어갔다. 대한제국은 울릉도뿐만 아니라 독도에 대해서도 일본의 영토침략 의도를 파악하고 적극적으로 행정조치를 단행하여 영토관리를 하였다. 일본의 불법적인 「죽도」 편입조치에 대해서도 동의하지 않았다.

　　종래 대한제국이 일본에게 멸망당한 것이 영토정책을 포기했기 때문이라는 인상을 주었지만 실제로는 대한제국이 조선의 황실과 영토를 보전하기 위해 나름 노력했다는 흔적을 발견할 수 있다.

　　위기의 대한제국 황제였던 고종이 목숨을 바치면서도 국권을 회복하려는 노력을 기울였지만 국권을 침탈당하고만 것은 조선왕조의 구조적인 폐해가 원인이었다. 특히 이미 유럽의 영향을 받은 일본은 유럽식 경쟁체제를 수용하여 합리적이고 경쟁력 있는 국가운영을 하고 있었음에도 조선은 여전히 국가경쟁력을 약화시키는 왕조의 세습체제에서 벗어나지 못하고 있었다.

　　세습은 특성상 인재등용이 합리적이지 못하고 국왕의 리더십이 확립되지 못한 경우가 많아서 대체로 합리적이고 인재등용이나 능력에 따라 정권을 장악하는 근대국민국가와의 대립에서 이길 수가 없다는 것은 당연하다. 그 결과 청국과 한국이 일본의 지배를 받은 것은 어쩌면 당시의 국가체제로서 당연했다고 하겠다.

19세기 조선의 간도관리 정책-2차례 국경담판

간도지방은 서간도와 북간도로 나눌 수 있다. 이 지역에는 10만여 명의 주민이 살고 있었는데, 8만여 명이 조선인이었다. 특히 많은 조선인이 1869년 함경도지방에 기근이 발생하면서 이곳으로 이주하여 정착하였다. 청국은 조선인들이 거주하는 상황을 알고 1881년 간도가 청국 영토임을 일방적으로 선언하여 조선인에 대해 청국인으로의 귀화 또는 귀국을 강요하였다. 간도 한민들은 백두산정계비를 증거로 간도지방이 조선영토임을 주장하고 조선 조정에 대해 간도영유권 회복을 요청하였다.

이미 청국은 1712년 병자호란, 정묘호란 때에 조청양국 사이에 약속한 봉금지역을 전적으로 청국 영토시하여 종주국으로서 속국인 조선에 대해 백두산정계비를 세워서 「동위토문, 서위압록」이라고 하여 토문강 동쪽과 압록강 서쪽을 일방적으로 청국 영토임을 강요한 적이 있었다.

조선과 청국은 사대-교린관계에 있었다. 근대에 들어서도 청국은 이런 관계를 유지하려고 하였다. 전근대사회에서 조선과 청국관계는 황제권(오늘날의 주권)을 인정하고 있었다. 그러나 변경지역에 대해서는 국경선을 넓혀나갔다.

조선 입장에 본다면 청국의 국경선 확장은 조선의 영토가 축소되는 것이었다. 근대에 들어오면서 이는 더욱 심각해졌다. 서양열강들의 식민지 개척이 본격화되었고, 조선을 식민지화하려는 일본의 움직임이 보이자 청국은 '속국'으로서 조선 영토에 대한 영토 편입조치도 고려하기도 하였다. 청국은 우선 종주국과 속국관계를 유지하기 위해 일본을 비롯한 열강들의 간섭을 피하려고 하였다.

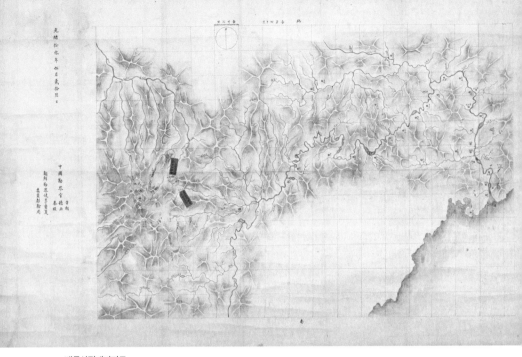

백두산정계비지도

1887년 5월 26일 조청 국경회담에서 조선감계사 이중하와 청의 감계관이 회담 결별 뒤 양측이 주장한 토문강의 수원을 각각 표기한 채색지도다. 지도에는 조선과 청 양국이 주장하는 수원에 "차수정계(此水定界)"라는 표식을 해 두어 간도국경에 대한 양국의 입장을 선명하게 알 수 있다(서울대학교 규장각한국학연구원 소장).

조선파원(朝鮮派員)과 길림파원(吉林派員)이 표식한 토문강의 수원

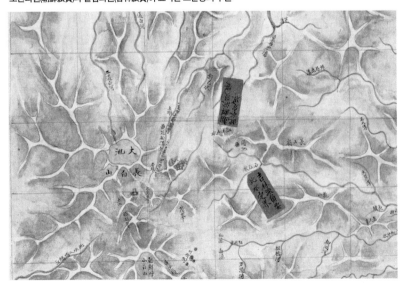

결국 청국은 이러한 체제를 유지하지 못하고 청국과 조선의 종주국-속국관계를 단절하려는 일본의 적극적인 의도에 의해 좌절되었다. 조선에 대한 청국의 영토정책은 일본을 비롯한 열강들의 간섭에 의해 이루어지지 못한 것이다.

그러나 청국은 1881년 7월 간도지역을 전적으로 청국 영토임을 선언하고 주민들을 이주시켰고, 1883년 4월 조선인들의 쇄환을 요구하였다. 간도재주 조선민들은 이에 항의하여 조선 조정의 구원을 요청하였다. 조선 정부는 청국의 조선 간섭정책을 견제하는 국제정세를 이용하여 한민의 요청을 받아들여 어윤중을 서북경략사로 임명해 간도귀속문제를 조사하도록 하였다.

어윤중은 1884년 5월 종성사람 김우식과 오원정에게 토문강과 정계비 그리고 수류가 나누어지는 곳을 답사하도록 하였다. 어윤중은 조사결과 토문강은 두만강과 다르고, 강희제가 설치한 백두산정계비에 따르면 흑룡강으로 흘러들어가는 토문강 동쪽은 조선 영토라는 결론을 내렸다. 한성으로 돌아온 어윤중은 고종황제에게 토문강 이남이 조선 영토라고 보고하고, 청국처럼 완충 무인지대를 해체하고 이민 장려를 건의하였다. 조선 조정은 정식으로 청국 정부에 다음과 같은 입장을 전달하였다.

> "강희 51년(1721년-필자주) 사변하여 분수령상에 입비를 설치하여 토문강 이남과 이북을 청국과 조선의 국경으로 삼았다. 토문강 이남을 비웠으나 변민들이 들어가 거주한 것은 조선 영토이기 때문에 그것은 조선지방관의 책임이다. 조선 영토에 조선인이 들어가는 것은 당연한 일이다."
>
> 최장근, 『간도의 운명』, 백산자료원, 2005. 65~69쪽.

<table>
<tr><td>1</td></tr>
<tr><td>2</td></tr>
</table>

1. 백두산정계비원경

이 비는 1712년(숙종 38년)에 조선과 청나라 사이의 국경을 정하기 위해 청나라의 제안에 따라 세워진 경계비이다. 백두산 정상이 아닌 그 남동쪽으로 4km 지점인 해발 2150m의 분수령에 세워졌다.

2. 백두산정계비 비면에 대청(大淸)이라고 크게 우횡서로 쓰고, 그 밑에 그보다 작은 글씨로 "烏喇摠管 穆克登, 奉旨査邊, 至此審視, 西爲鴨綠, 東爲土門, 故於分水嶺, 勒石爲記, 康熙 五十一年 五月十五日"이라고 세로로 각서하였다. 이는 "오라총관 목극등이 황지를 받들고 변계를 조사한 결과 서쪽은 압록강이고, 동쪽은 토문강이며 분수령 상에 비를 세워 명기한다."라는 내용이다.

고종은 종주국-속국관계를 유지하려는 청국에 대해 적극적으로 영토주권을 주장했던 것이다.

이에 대해 청국은 "이전에 조선은 유민을 본국으로 소환하겠다고 하더니만 이제 와선 간도를 조선영토라고 하여 소환을 거부하는 것은 전후관계가 맞지 않다. 그러나 현안을 해결하기 위해서는 공식적으로 명확히 조사를 해야 하므로 조선왕은 신속히 위원을 파견하여 길림지방관과 함께 조사하여 경계를 분명히 해야한다."는 내용의 공문서를 보내왔다.

이러한 영토분란을 해결하기 위해 조청 양국 간에는 1885년 을유담판, 1887년 정해담판이 두 번에 걸쳐 이루어졌다.

청국은 1885년 을유담판에서 간도지방이 전적으로 청국 영토임을 주장하였다. 이에 대해 조선 조정은 백두산정계를 증거로 토문강 이남은 조선 영토임을 주장하였다. 청국은 토문강과 두만강이 동일한 강이라고 주장하여 간도지방이 전적으로 청국 영토라고 반박하였다.

이에 조선 조정은 백두산정계비에서 토문강을 찾자고 주장했고, 청국은 두만강에서 백두산정계비를 답사하여 토문강과 두만강이 같다고 주장하려고 하였다. 청국은 종주국으로서 속국인 조선의 주장을 전적으로 무시하고 강압적으로 압록강-두만강을 국경으로 하여 영토문제는 두만강 상류의 문제라고 강요하였다. 결국 조선 조정은 청국이 강요한 두만강과 토문강이 동일한 강이라는 주장을 묵인하여 조청간에 두만강 상류문제를 두고 논의하였고 최종적인 결론은 도출하지 못했다.

청국은 1887년 담판에서는 두만강이 조청간의 국경선이라는 것을 일방적으로 단정하여 두만강 상류를 가지고 조선의 함경도를 분할하려는 안을 제시하여 강요하였다.

이에 대응하여 조선은 함경도지방을 지키려고 노력하였다. 결국 조선과 청국의 담판은 의견의 일치를 보지 못하고 결렬되었다. 이렇게 해서 그후 간도지방은 청국의 일방적인 주장에 의해 청국영토시 되었고, 간도 재주조선인들은 청국의 지배를 받게 되었다.

대한제국의 간도관리정책—간도에 경무관리 파견

조선은 1897년 대한제국을 선언하였다. 실제로 2차례에 걸쳐 국경담판을 했지만 최종적으로 조선은 담판성립의 미해결을 통보한 상태에서 더 이상 논의하지 않았다. 그런데 청국은 대략적으로 석을수를 경계로 국경문제가 해결되었다고 선언하였다. 청국은 1894년 간도지방을 4보堡 39사社로 행정구역을 설치하여 각 사에 향약과 사장을 두었다. 1900년 국자가에 연길청을 두었고 태랍자에는 분방경력청을 설치하여 지방행정사무를 개시하였다. 1902년 지타소芝他所에 무민독리사부를 두어 군관을 배치하여 조선인을 통제하였다.

대한제국은 간도지방에 대한 청국의 행정조치에 대항하여 1897년 함경도 관찰사 조재우를 간도현지에 파견하여 간도실정을 조사하여 보고하도록 했다. 조재우는 간도가 대한제국 영토라는 결론을 내리고 조정에 다음과 같이 보고하였다.

"간도지방의 거주자는 대부분 조선인이다. 이들이 이 지역을 조선영토로 알고 있었고 수만의 조선인 가구가 거주하고 있다. 이들은 청국으로

부터 '변발의복'한 청국인이 될 것을 강요당하고 있다. 따라서 청국의 압제로부터 한민을 보호하기 위해서라도 경계문제의 해결이 시급하다."

최장근, 『간도의 운명』, 백산자료원, 2005. 92쪽.

이처럼 조재우는 신속하게 국경문제를 해결할 것을 제의했던 것이다.

또한 1898년 종성사람 오삼갑은 조정에 간도영유권문제를 해결해달라고 상소하였다. 그래서 내부대신 이건하는 고종의 지시를 받아 1899년 함경도 관찰사 이종관에게 영유권 담판을 위한 조사를 실시할 것을 훈령했다.

함경도 관찰사 이종관은 경원부사 박일헌을 경계조사위원으로 임명하여 본부 주사 김응룡을 수행원으로 하여 간도현지 답사를 명했다. 조사후 함경도 관찰사 이종관은 그 결과를 다음과 같이 보고하였다.

"토문강 상류에서 바다에 이르기까지의 하천이 본래의 경계임에 분명하다. 그럼에도 불구하고 조선은 변경 때문에 조청간의 사건이 일어나는 것을 우려하여 유민들의 출입을 엄금하고 그 넓은 지역을 비워두었던 것이다. 청이 이 기회를 이용하여 선점으로 영유권을 주장하여 러시아에 천여리의 땅을 양도했다. 이것은 당초 협정(한청양국이 무인공광지대로 합의한 것)한 경계선에 저촉될 뿐만 아니라 변민에게도 큰 피해이다. 그러므로 이 기회에 현행 각국의 국제법에 의거하여 공평하게 경계선을 판정해야할 것이다."

최장근, 『간도의 운명』, 백산자료원, 2005. 94쪽.

대한제국 정부는 이러한 과정을 거쳐서 1901년 3월 간도 재주한인을 보호하기 위해 회령에 변계경무서를 설치하고 무산과 종성에 분서를 두었다. 경무대신 이종건은 경무관리를 파견하여 경무서의 지휘를 받도록 간도 한민에게 고시하였다.

　　또 1902년 이범윤을 간도시찰사로 임명하여 간도에 파견하였다. 이범윤은 내무대신의 명의로 공고문을 고지하고 토문강과 두만강 사이에 거주하는 한인을 보호하고 주민들을 동원하여 호구와 인구조사를 실시하였다. 1903년 5월까지 호적부 52책을 편제하였고, 그때까지 조사된 한인 소유의 부동산 364만7천 496원34전을 등록시켰다.

　　주한청국공사 허대신許臺身과 청국의 간도지방관 및 청국군대가 이범윤의 간도조사를 심하게 방해하였다. 이범윤은 주한 청국공사의 소개장과 대한제국 군대의 파견을 요청하였다. 청국공사 허대신과 대한제국 정부 모두가 양국 군대의 충돌은 우려하였기에 결국 대한제국 정부는 정책적으로 아무런 조치를 취하지 못했다.

　　그래서 이범윤은 스스로 주민으로부터 후원금을 모금하고 장정을 모집하여 사포대를 조직하였다. 사포대는 종성에 본부를 두고 이도구, 팔도하자, 서강, 훈춘에 지부를 두었다. 또 모자산, 마안산, 서강 두도구에 3개의 병영을 두어 군대를 양성하였다. 각 지부와 병영소에 참리영장 1인을 두어 경비와 행정을 담당하게 하였다. 주민들에게 조세를 거두어 비용으로 충당하였다. 특히 무산간도에서는 매 20호당 1명을 포수로 선발했고, 5호 1포수를 권장하였다.

　　1903년 8월 의정부 참정대신 김규홍은 고종에게 간도지역에 관리를 파견할 것을 상소하였다.

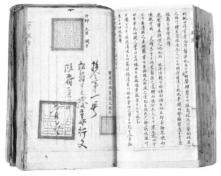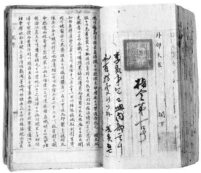

간도는 한국강역이라는 간도관리 이범윤의 보고 제5호(間島管理李範允報告第5號)
1903년(광무 7) 음력 12월 17일 간도관리 이범윤이 국경분쟁과 간도 영유권 문제에 대해 외부에 보고한 문서로, 토문강·두만강을 비롯한 국경 일대 지형과 간도 개척의 역사, 거주민의 국적 등을 설명하고 간도는 대한제국 강역이라는 내용이 담겨 있다(서울대학교 규장각한국학연구원 소장).

> "간도는 수백 년 동안 비워놓은 한청간의 경계지역이다. 수십 년 이래
> 함경북도 연변의 군민이 이주하여 농사를 지으며 수만 호의 거주민이 살
> 고 있다. 분수령 정계비 이하 토문강 이남 구역은 조선영토임에 분명하다.
> 그러므로 토지를 측량하여 세금을 징수하는 것이 마땅하지만 수백 년간
> 비워둔 곳에 갑자기 세금을 징수할 수 없으므로 관리를 파견하여 이들을
> 보호해야한다."
>
> 최장근, 『간도의 운명』, 백산자료원, 2005. 96쪽.

이를 계기로 대한제국 정부는 청국 정부에 대해 "간도시찰사 이범윤
을 간도관리사로 임명하여 정식 공문으로 간도 한인을 조사하고 영토화를
선포하겠다."고 통고하였다.

이에 대해 주한 청국공사 허대신은 한청조약 12조를 지적하여 "간도

에 거주하는 한인은 청국 영토 내에 거주하는 자로서 청국이 월간자의 생명과 재산을 보호하기로 되어있다."고 항의하였다.

대한제국 정부는 다시 "한청조약 12조에 대한 청국의 해석은 부당하며 이범윤이 간도관리사로 임무를 수행할 수 있었던 것도 양국이 상호의 월강자를 보호할 권한이 있기 때문이다."라고 반박하였다. 이렇게 해서 간도지방에서 청국의 지방관과 간도관리사 이범윤 사이에서는 여러 차례 충돌사건이 발생하였다.

1904년 1월 14일 청국은 대한제국 정부에 대해 "경계문제와 육로무역장정은 시국이 안정될 때 논의하기로 하고 우선적으로 이범윤의 소환"을 요구하였다. 주한 청국공사 허대신은 2월 29일 외무대신대리 이지용에게 러일전쟁 중에 간도지방에서 분규를 일으켜서는 안되므로 이범윤의 철수를 요구하였다. 또 3월 16일 허대신은 교체된 외무대신서리 조병식에게 "광서 13년(1887) 양국 간의 감계는 안案의 제시에 머물렀는데, 변경은 오래도록 미정상태이다. 촉발되는 분쟁을 해결하기 위해 즉시 위원을 파견하여 경계획정을 희망한다."고 하여 국경교섭을 요구하였다.

이에 응하여 대한제국 정부는 5월 14일 "청러가 두만강과 토문강 사이의 간도를 엿보고 있으므로 간도에 관리를 파견하여 지형조사로 옛 경계를 고증하고 청국관리와 입회하여 경계설정이 시급하다."고 하여 강토회복을 시도하였다. 그런데 당시는 러일전쟁 중이라서 일본은 러일전쟁 이후에 간도문제 해결을 중재하겠다고 일방적 강압적으로 청국과 대한제국에 선언하여 한청간의 간도문제 교섭을 중단시켰다.

그럼에도 불구하고 한청 양국의 지방관은 1904년 6월 15일 양국 지방관 간의 충돌을 피하고 전후 일본의 간도문제 개입을 차단하기 위해 고육

지책으로 은밀히 '한중변계선후장정'을 체결하여 아래와 같이 합의하였다.

> "양국 경계는 백두산정계비를 표준으로 하지만 후일 정식으로 양국
> 정부에서 위원을 파견하여 감계한다. 감계 이전에는 도문강(조선의 두만강)
> 을 경계로 하여 각각 그 구역을 지키고 무기를 가진 병사가 월강하여 분쟁
> 을 일으키지 않도록 한다."
>
> 최장근,『간도의 운명』, 백산자료원, 2005. 99쪽.

청국은 러일전쟁 때에 일본의 간섭을 피하게 위해 대한제국에 대해 선후장정을 요구하여 간도 영토분쟁의 현상유지를 합의하였다. 이로써 대한제국과 청국은 간도문제를 양국 간에 해결하기로 합의했던 것이다.

러일전쟁 후 일본의 간섭으로 간도영토 상실

그러나 일본의 의도는 달랐다. 일본은 대한제국과 만주를 이익선으로 정하고 영토 확장을 의도하고 있었다. 일본이 가장 경계한 대상은 러시아였다. 러시아 역시 만주와 대한제국에 대한 영토 확장 의식을 포기한 것이 아니었다. 일본에 있어서 간도지방은 만주 진출의 교두보가 될 수 있었다. 러시아에게는 대한제국과 만주 진출의 교두보였다. 이러한 측면에서 일본은 전략적으로 간도지방을 중요시 하였다.

일본은 1903년경 러일전쟁 직전에 한청간의 간도 영유권분쟁이 존재

한다는 사실을 알게 되었다. 일본은 청국이 대한제국 정부에 강요하여 간도지방을 청국 영토로 결정하는 것을 우려하였다. 그래서 청국과 대한제국 정부에 대해 러일전쟁 이후에 일본의 중재로 간도문제를 해결할 것을 강요하였다. 1905년 9월 러일전쟁이 끝나고 일본은 치밀한 계획아래 대한제국민을 보호한다는 명목으로 1906년 청국 정부에 공식적으로 통보하지 않고 심야에 은밀히 간도에 조선인 경찰과 일본 헌병대를 파견하여 파출소를 설치하였다.

청국은 현지에 일본헌병이 도착한 이후에 이러한 사실을 파악하고 일본헌병대의 철수를 요구하였다.

이미 일본이 1905년 11월 대한제국의 외교권을 강제하였고, 이를 빌미로 일제통감부의 요청에 따라 대한제국 정부가 한민보호요청서를 제출한 바 있었다.

일제통감부는 이를 지참하고 '한민 보호'를 위한 것이라고 하여 헌병대의 철수를 거부하였다. 이에 따라 간도지방에서 청국군과 일본헌병이 대립하게 되었고, 외교적으로 일본은 간도가 한청간 미정의 땅이라고 하여 대한제국의 외교권을 갖고 있으므로 동간도(일본이 확보하려고 했던 간도지방의 일부)를 대한제국 영토로 돌려달라고 주장하였다. 이에 대해 청국은 간도지방은 청조의 발상지로 영토문제가 존재하지 않는다는 입장을 관철하려고 하였다.

최종적으로 일본은 실리를 선택하였다. 일본은 간도문제를 둘러싸고 일청간의 분쟁이 발생하게 되면 유럽열강으로부터 일본의 침략성이 표면화되는 것을 우려하고 영유권 주장에서 후퇴하여 그 대신에 철도부설권과 석탄채굴권을 확보하기 위해 간도협약을 체결하여 간도지방을 청국영토로

연도	간도	비고
1869.	기근으로 기민들이 간도지방으로 이주	
1976.		'조일수호조규' 체결
1881.	길림장군 안명, 간도지방 청국영토 선언	
1883.	서북경략사 어윤중 간도파견, 간도조사 조선인 간도 이주허용	
1885.	을유감계담판	
1887.	정해감계담판	
1899. 9.	중한통상조약	
1902. 2.	박제순, 청국주차특명전권대사 임명	
1902. 5.	이범윤, 간도관찰사 파견	
1902. ?	군대설치 좌절-청국 방해	
1903. 3.	변경문제 및 육로통상장정체결요청-실패	
1903. 8.	이범윤, 공식적 '간도관리사' 임명	
1903. 9.	청국 정부에 관리사 파견 통보	
1904. 2.	러일전쟁 발발(일본 선제공격)	
1904. 2.		'일한의정서' 요구-고종황제 거절
1904.	'간도문제교섭' 청국제의 동의(일본이 방해)	
1904. 6.	'회의중한변경선후장정' 체결	
1904. 8.		일본의 '일한협약' 요구-고종황제 거절
1904. 9. 24.		독도망루설치를 위해 군함 新高호 독도파 견(한인 '獨島'라고 씀, 보고서)
1904. 9. 29.		일본어민 中井養三郎 「리앙꼬島領土編入 並貸下願」 외무성, 내무성, 농상무성 제출
1905. 1. 28.		일본閣議 竹島 편입 결정
1905. 2. 22.		「島根縣고시 40호」 죽도 편입
1905.	이범윤, 간도관리사 면함-청국 요구	
1905. 11.	일본의 '보호조약' 강제-고종 거절	
1906. 1.	대한제국 외부(외무부) 페지	
1906. 1.	통감부 및 이사청-사무개시	
1906. 2.	통감부 개청-통감 이토 부임	
1906. 2.	청국주한공사-철폐	
1906. 3. 28.		島根縣 제3부장과 隱岐島司, 울도군수 심흥택 방문 죽도 편입 사실 통보
1906. 10.	간도자료-통감부에 제출	
1906. 11.	통감부에 간도한민보호 요청	
1909. 9. 4.	일본, 간도협약 체결	
1910. 8. 22.		'대한제국합병에 관한 일한조약 황제 동의 없음

인정하였다.

대한제국 정부는 일본에 외교권을 강탈당한 뒤였기에 1910년 대한제국이 병합되기 1년 전 일본이 간도를 청국 영토로 인정했음에도 불구하고 아무런 항의도 하지 못하였다. 대한제국이 이러한 입장을 취했던 것은 이미 국권이 전적으로 일본에 넘어가고 있던 시기였기에 분쟁지역에까지 영유권을 주장할 여력이 없었던 것이다. 이미 고종황제가 일제에 의해 퇴위당한 상태였고, 순종황제는 전적으로 일제의 조정을 받고 있었기에 간도영토에 대해 실질적으로 관심을 가질 여력이 전혀 없었던 것이다.

고종과 명성황후

명성황후에 대한
오해와 진실

서영희 · 한국산업기술대학교 교양학과 교수

"특히 외국과 교섭하는 문제에서도 수원정책綏遠政策을 권하여 사신으로 각국에 갔다가 돌아온 사람들이 말하기를, 이국인들도 모두 감복한다고 하였다. 황후가 일찍이 나에게 말한 것들이 지나고 보니 모두 그 말 대로이니 황후의 통달한 지식과 원려遠慮, 미래에 대한 요량이 고금에 미칠 바 없이 탁월하다. 훌륭한 공덕으로 나를 곁에서 잘 도와주었기 때문에 내가 정사를 다스릴 수 있었다."

— 『어제행록』

명성황후, 개화의 선각자였나 부도덕한 왕비였나?

　우리 근대사에서 명성황후만큼 역사의 파고波高에 따라 변화무쌍한 삶을 영위하고 사후에도 인구에 회자膾炙된 인물도 많지 않을 것이다. 그 생生의 드라마틱함과 비극적 종말로 인해 소설이나 드라마의 단골소재가 되기도 했다. 1962년 영화 「청일전쟁과 여걸 민비」를 비롯하여 TV 드라마로도 여러 차례 만들어졌고, 1995년 뮤지컬 「명성황후」가 상업적으로 크게 성공한 뒤로는 해외에서 우리나라를 알리는 대표적인 문화상품으로 자리 잡기도 하였다.

　하지만 명성황후에 대한 대중적 관심과 달리 학계의 연구는 빈약하기 짝이 없다. 을미사변의 진상도 아직 철저하게 규명되지 않았음은 물론, 명성황후를 직접적인 연구의 대상으로 삼아 그 정치적 위상이나 역할을 조명한 논문도 거의 없었다. 남북한 역사학계 모두 조선왕조 말기의 역사에 대해 철저히 부정적 평가로 일관했기 때문에 망국의 책임 한 가운데 서있는

L'OCCUPATION DE LA CORÉE PAR LES JAPONAIS

LE MINISTRE DU JAPON A SÉOUL IMPOSANT LE PROTECTORAT A L'EMPEREUR ET A L'IMPÉRATRICE DE CORÉE
(D'après le dessin d'un artiste japonais)

이노우에 가오루(井上馨) 일본공사의 조선 왕 · 왕비 알현도
1895년 1월 25일자 동경 도요오도(東陽堂)에서 간행한 『풍속화보』 제84호에 처음 실렸고, 프랑스 "La Viellustee" 1905년 4월 8일자에 다시 실렸다.

왕실 구성원들이 연구의 대상조차 되지 않은 것은 어쩌면 당연한 일일지도 모르겠다. 근래에 대한제국의 역사적 성격을 둘러싼 학계의 논쟁이 치열하게 진행되면서 고종에 대한 재평가가 이루어지고 있지만, 명성황후에 대해서는 여전히 이렇다 할 연구 성과가 나오지 않고 있다.

명성황후 연구가 이렇듯 부진한 데는 자료의 문제도 한 몫 하였다. 왕조시대 사료의 특성상 공식적인 통치사료에서 왕비의 정치적 언행을 찾아보기는 어렵다. 따라서 지금까지 명성황후에 대한 평가는 황현黃玹의『매천야록』과 같은 자료가 기록하고 있는 전문傳聞 기록, 일제시기에 나온 한말 궁중 비사秘史류의 자료 혹은 명성황후를 직접 만나본 서양인들이 남긴 인상기 등에 의존해 왔다.

이들 자료들은 모두 어느 정도 신뢰성에 문제가 있거나 단편적인 사실의 과대해석 등으로 왜곡의 가능성이 상존한다. 특히 일제 강점기를 거치면서 일본인들에 의해 악의적인 이미지 왜곡이 더하여진 결과 명성황후는 총명하나 부덕하고 간악한 왕비상을, 고종은 무능하고 유약한 군주상을 가지고 대중에게 다가왔다. 최근에는 뮤지컬 명성황후의 영향 탓인지 명성황후를 개화의 선각자로 보는 시각도 생겨났지만, 또한 지나친 미화라는 비판도 제기되고 있다.

따라서 명성황후에 대한 평가의 변천사를 일별해보고, 나아가 명성황후에 대한 일반적 이미지가 실제 모습과 얼마나 거리가 있는 것인지 가늠해 볼 필요가 있다. 또한 일본이 시해를 결정할 만큼 한말 정국에서 중요한 역할을 하게 된 배경은 무엇인지도 밝혀야 한다. 지금까지는 대원군 및 고종과 명성황후의 관계를 단순히 전통적인 가족관계의 틀로 보아왔기 때문에 한 역사적 인물로서 명성황후가 개화정국에서 차지하는 위상이나 외교

책략가로서의 면모에 대해서는 연구가 부족했다고 생각된다.

명성황후에 대한 역사적 평가에서 첫 번째 문제는 고종과의 관계에서 그녀의 역할과 비중을 어떻게 설정할 것인가이다. 두 사람을 정치적 동반자로 보거나 고종의 충실한 참모로서 명성황후를 위치지운다고 해도 그것이 곧 고종의 무능을 주장하는 것은 결코 아니다. 즉 개화정책이나 외교정책의 추진에 있어서 명성황후의 영향력을 인정하는 것이 고종을 허수아비로 보거나 저평가하는 것은 아니라는 것이다. 아이디어를 누가 냈든 최고통치권자인 고종이 동의해서 추진한 것이라면 최종 책임은 왕에게 있는데도 지금까지는 오히려 명성황후에게 더 많은 망국의 책임이 들씌워져왔고, 제국주의 열강의 각축이라는 시대의 엄혹함도 전혀 고려의 대상이 안될 만큼 준엄한 심판을 받아왔다고 생각한다.

두 번째 문제는 명성황후가 과연 사치와 부패의 중심인 수구론자였는지 아니면 개항이후 조선을 근대화의 방향으로 이끌어 가고자 한 개화의 선각자였는지 하는 점일 것이다. 그리고 대외적으로는 친청에서 친러로 외세를 바꾸어가며 끌어들인 사대주의자였는지 아니면 조선의 독립유지를 위해 가능한 최선의 방법을 강구한 외교 책략가였는지 판단하는 문제일 것이다.

명성황후가 사실상 외교를 주도했다는 것은 잘 알려진 사실이다. 그런데 고종이 명성황후의 조언을 받아 실시한 각국과의 수교는 균세외교론均勢外交論에 입각해 각국의 세력균형 하에 조선의 독립을 유지하기 위한 정책이었다고 평가하면서 명성황후의 외교책략은 자신의 지위를 보존하고 민씨 척족정권을 유지하기 위해 무분별하게 외세를 끌어들이다가 조선을 외세의 각축장으로 만들고 자신의 운명마저 재촉한 것으로 평가한다면 이는 형평에 맞지 않는다. 이러한 인식이야말로 명성황후를 시해한 일본이 자신들의 행위를 정당화하기 위해 날조한 '간악한 왕비상'을 무의식적으로 답습한 결과는 아닐까 생각한다.

명성황후 인식의 몇 가지 쟁점

• 쟁점1 - 출생과 집안배경
명성황후는 어떻게 황후가 될 수 있었나?

명성황후의 출생과 집안배경에 대해 흔히 접할 수 있는 여러 자료들에는 잘못된 기록들이 매우 많다. 태어나자마자 어머니를 잃고 계모에 의해 길러졌다거나 몰락한 가문의 고아 소녀가 일약 중전마마가 되었다는 식으로 소설 등에서 그려지고 있으나 이는 사실과 다르다. 왕실에서 공식적으로 편찬한 『열성황후왕비세보』와 『선원계보기략』에 따르면 명성황후는 여흥驪興 민씨 민치록閔致祿(1799~1858)의 외동딸로, 철종 2년(1851) 9월 25일(음력) 경기도 여주 근동면 섬락리에서 태어났다.[1]

여흥驪興 민씨는 잘 알려져 있듯이 조선조에 태종비 원경왕후元敬王后와 숙종비 인현왕후仁顯王后를 배출한 노론 명문이다. 장희빈 때문에 매우 유명한 인현왕후의 아버지로서 노론 척신이었던 민유중閔維重이 명성황후의 6대조이고, 좌참찬과 홍문관 제학을 지낸 민진후閔鎭厚가 5대조이다. 명성황후의 고조 익수翼洙는 학문이 높아 유일遺逸로 천거되어 사헌부 장령을 지낸 숙야재夙夜齋 선생이고, 증조 백분百奮과 할아버지 기현耆顯은 대를 이어 문과에 합격하여 각각 성균관 대사성과 이조참판을 역임하였다.

경기도 여주군 여주읍 능현리에 있는 명성황후의 생가
명성황후가(1851~1895)가 태어나서 8세까지 살던 집으로 1687년(숙종 13)에 부원군 민유중(閔維重)의 묘막(墓幕)으
로 건립되었다.

　　이러한 집안배경을 바탕으로 명성황후의 아버지 치록은 문음門蔭으
로 벼슬길에 나갔으나, 과거에 합격하지 못한 탓으로 장릉 참봉을 시작으
로 종 6품의 제용감 주부, 사복시 주부, 사옹원 주부 등을 역임하고 과천현
감, 임피현령, 덕천군수, 영천군수 등 지방 외직을 전전하다가 병을 얻어 철
종 9년(1858) 60세의 나이로 사망하였다. 최고 관직은 종4품의 장악원 첨정
이었다.

　　양자 민승호가 찬술한 민치록의 행장에 따르면, 첫 부인은 그가 스승
으로 모셨던 노주老洲 오희상吳熙常의 딸로서 36세로 요절했고 한 점 혈육도
남기지 못했다. 오희상은 세도정국에 대한 불만으로 관직에 나가기를 거부
하고 은일로 자처했지만, 정조의 지우知遇를 받은 19세기 노론 낙론 학맥의
정통 산림이었다.

그의 문하인 유신환兪莘煥의 제자 중에서는 온건 개화파인 김윤식을 비롯하여 민태호, 민규호, 민영목 등 고종시대를 이끌어 간 개화 인맥들이 나왔다. 오희상은 자신이 칭찬해마지 않던 제자이자 사위인 민치록의 부탁으로 자기보다 먼저 죽은 딸의 묘지명을 지어 애도하기도 하였다. 민치록이 오희상과 사승관계를 맺고 있다는 사실은 그의 집안이 19세기 세도정국을 이끌어가던 경화사족京華士族, 즉 서울과 서울·인근에 세거하는 노론계열의 관료·지식인집단의 범주에 들어감을 의미한다.[2]

민치록의 두 번째 부인은 한산 이씨로 1남 3녀를 두었으나 모두 일찍 죽고 막내딸 하나만 남았다. 그가 바로 명성황후였다. 이에 민치록 생전에 대를 잇기 위해 민치구閔致久의 아들 승호升鎬(1830~1874)를 양자로 삼았다.[3] 고종 친정 초기에 세도가를 자임하다가 대원군이 보낸 것으로 추정되는 폭약상자를 받고 명성황후의 생모 이씨(당시 57세)와 함께 폭사하는 인물이다.

전체적으로 명성황후의 집안은 왕비로 간택되기에 가격家格에 전혀 하자는 없었으나, 아버지 치록의 벼슬이 높지 못했고, 더구나 명성황후가 어려서 사망하는 바람에 경제적으로는 곤궁했던 것 같다. 하지만 인현왕후의 후예라는 자부심은 대단해서 명성황후의 중전 간택은 곧 인현왕후 집안에서 다시 왕비가 탄생하는 것을 의미하는 일이었다.

명성황후의 어릴 때 이름은 자영紫英(혹은 玆暎)이라고 알려져 있으나, 이는 정비석의 소설에 나온 이름이고 사료적 근거는 없다. 아마도 명성황후가 태어날 때 집안에 붉은 빛이 비치면서 이상한 향기가 났다는 전문을 토대로 창작된 이름인 것 같다. 호鎬자 항렬을 따른 이름 정호貞鎬라고도 알려져 있으나,[4] 역시 사료에는 나타나지 않는다.

명성황후가 고향인 여주를 떠나 서울에 올라온 시기에 대해서는 정확

흥선대원군(興宣大院君, 1820~1898)
고종의 부친. 이름은 하응(昰應). 자는 시백(時伯).
호는 석파(石坡). 아버지는 남연군(南延君) 구(球)이며,
부인인 여흥부대부인(驪興府大夫人) 민씨(1818~
1898) 사이에 아들 재면(載冕)과 조선 제26대 왕인 재
황(載晃, 고종)을 두었다.
1863년 고종이 12세에 왕위에 오르자 흥선대원군으
로 진봉되었으며, 신정왕후(神貞王后) 조씨
(1808~1890)에게 섭정의 대권을 위임받아 내정개혁
을 단행하였다. 1907년 대원왕(大院王)에 추봉되었
다. 시호는 헌의(獻懿)이다.

고종(高宗, 1852~1919, 재위 1863~1907)
조선 제26대 왕이자 대한제국 제1대 황제.
아명은 명복(命福), 초명은 재황(載晃), 휘(諱)는 경(㷗).
자(字)는 성림(聖臨), 명부(明夫). 호는 주연(珠淵).
흥선대원군 이하응의 둘째 아들이며, 문조비(文祖妃)
신정왕후(神貞王后) 조씨(1808~1890)에 의해 1863년
문조(文祖, 익종)의 양아들로 입적되었다. 비(妃)는 명
성황후(明成皇后) 민씨이다.
1897년 10월 12일 대한제국 수립을 선포하고 황제에
등극하였다. 1907년 7월 일본의 강압으로 순종에게
황위를 양위하였다. 1919년 1월 21일 덕수궁 함녕전
에서 67세로 승하하였다.

히 알 수 없으나, 양오라버니 민승호를 통해 대원군가와 연결된 시점에는 이미 서울생활을 하고 있었다고 보는 것이 옳을 것 같다.

명성황후의 출세과정에서 매우 중요한 역할을 한 민승호는 대원군의 부인인 부대부인府大夫人 민씨의 친동생으로서 명성황후와 대원군 가문을 이어주는 다리 역할을 하였다. 여흥 민씨 계보도에 따르면, 민승호는 명성황후의 아버지 민치록의 고조인 민진후의 동생 민진영閔鎭永의 후손 민치구의 아들로서, 두 집안은 5대조 민유중에게서 갈려나온 한 집안 간이었다. 민치구에게는 대원군 부인 민씨와 태호泰鎬, 승호升鎬, 겸호謙鎬 세 아들이 있었다. 이 중 승호가 명성황후의 친정으로 양자를 감으로써 대원군가와 명성황후의 인연이 시작된 것이다.

명성황후가 서울에서 생활했다고 알려져 있는 안국동의 감고당感古堂은 현재 덕성여고 자리에 있었다고 한다. 대원군의 사저 운현궁과는 바로 길 하나 건너 정도의 지근거리에 있었다. 감고당은 옛날 인현왕후가 태어나고 또 살았던 집으로, 민유중의 5대 장손인 민치록대까지 대대로 물려받아 서울집으로 사용된 것 같다. 고향인 여주에서도 민유중의 묘막 터에 집을 짓고 살았듯이 명성황후 집안은 민유중과 인현왕후의 직계로서 재산과 가문의 명성 등을 모두 계승했다고 볼 수 있는 것이다.

고종이 친히 지은 명성황후 행록行錄에 따르면, 1865년 감고당에서 명성황후와 어머니 이씨가 똑같이 꿈을 꾸었는데, 인현왕후가 나타나 "나의 뒤를 이어 중전이 될 것이다."라고 했다고 한다.[5]

감고당의 주인으로서 당시에는 낙척했지만 인현왕후 계보의 직계 장손인 민치록가와 한동네에 살면서 역시 몰락한 종친 대원군의 부인 민씨는 비록 촌수는 멀지만 친밀한 관계를 맺고 있었을 것이다. 이 과정에서 자연

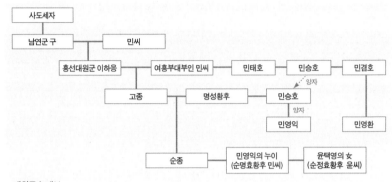

```
사도세자
  │
남연군 구 ── 민씨
  │
흥선대원군 이하응 ── 여흥부대인 민씨 ── 민태호 ── 민승호 ── 민겸호
                                              ↑양자
  고종 ── 명성황후 ── 민승호                          │
                        │양자                        │
                      민영익                        민영환
  │
순종 ── 민영익의 누이        윤택영의 女
         (순명효황후 민씨)   (순정효황후 윤씨)
```

대원군家 계보

스럽게 민승호의 양자 입적이 이루어졌을 것으로 생각된다.

　　그러다가 갑자기 고종이 왕위에 오르자 민승호 역시 친 누님의 배경을 믿고 출세를 꿈꾸게 되었고, 고종의 왕비 감으로 자신의 누이동생을 적극 추천했을 것이다. 흔히 명성황후를 대원군에게 추천한 것은 부대부인 민씨라고 알려져 있으나, 이 과정에서 그녀의 친동생인 민승호가 적극 개입했을 것임은 쉽게 짐작할 수 있는 일이다. 결과적으로 명성황후와 부대부인 민씨는 민승호를 각각 양오라버니와 친 남동생으로 둔 관계이고, 민씨 일가 내에서 촌수로 보아도 12촌 자매지간이면서 다시 며느리와 시어머니 인연을 맺은 매우 특이한 관계였다. 요즘의 통념으로는 좀처럼 수긍하기 어려우나, 왕실의 혼사는 여염집의 그것과 달라서 다른 무엇보다도 정치적 고려가 우선해서 맺어진 정략결혼이었다.

• 쟁점2 - 대원군과의 관계
명성황후는 왜 대원군과 정적이 됐나?

　　처음에 대궐에 들어간 명성황후의 일상은 역대 여느 왕비와 마찬가지로 왕실의 웃어른인 대왕대비 조씨를 비롯하여 헌종비, 철종비 등 대비들을 모시는 일에서부터 각종 제사의례 등에 참석하고 주관하는 일을 수행하였다. 고종이 익종의 후사를 잇는 형식으로 왕위에 올랐으므로 조대비는 황후의 시어머니 격이었다. 조대비는 자신을 지성으로 섬기는 명성황후에 대해 그 효성을 칭찬하고 궁중 내 대소사를 모두 중전에게 맡긴다는 전교를 내릴 정도로 신임했다고 한다.

그렇다면 명성황후가 평범한 왕비의 일상에서 벗어나 본격적으로 국정에 간여하기 시작한 것은 언제부터이며, 또 어떤 연유에서였는가? 왜 그는 자신을 발탁한 대원군을 저버리고 시아버지와 며느리라는 인륜관계를 넘어 영원한 정치적 맞수로 변신하게 되었는가?

일반적으로 얘기되기로는 세자책봉 문제를 둘러싼 대원군과의 갈등이 그 시작인 것으로 알려져 있다. 16세에 결혼한 명성황후는 결혼한 지 다섯 해에 접어들도록 자식을 낳지 못하고 있었다. 그에 비해 고종의 사랑을 받던 궁인 이씨에게서 1868년 4월 완화군完和君 선墡이 태어났다. 손자를 기다리던 대원군이 완화군을 귀여워하면서 세자로 책봉하려는 움직임을 보이자, 이에 황후가 위기의식을 느끼고 본격적으로 대원군 견제에 나서기 시작했다는 것이다. 게다가 후사를 보지 못해 애를 태우던 명성황후가 고종 8년(1871) 11월 드디어 첫 왕자를 낳았는데, 쇄항증鎖肛症이라는 선천적 기형으로 5일 만에 죽게 되자, 그 원인이 대원군이 보낸 산삼에 있다고 믿은 황후의 적개심이 더욱 고조되었다고 전해진다.

원자의 죽음에 얽힌 비사와 후궁인 이씨, 장씨와 명성황후 사이에 얽힌 처첩간 투기 등은 야사의 단골메뉴가 되어 세간의 흥미를 집중시켜왔다. 그러나 과연 한 여인의 한恨이 명성황후의 국정참여를 이끌어낸 결정적인 동인이었을지는 의문이다.

조선왕실의 족보인 『선원계보기략』에 따르면 명성황후는 총 4남 1녀를 생산했다. 태어난 지 5일 만에 죽은 원자의 뒤로 딸(1873년생)이 하나 있었으나 역시 222일 만에 사망하였다. 1874년 2월 두 번째 왕자가 태어났는데, 나중에 순종이 된 세자(황태자) 이척李坧이다. 3남(1875년생, 14일 만에 사망)과 4남(1878년생, 105일 만에 사망)은 오래 살지 못하고 죽었다.

순종은 어려서 천연두를 앓았고 옆구리 담증으로 고생하는 등 잔병치레가 많았을 뿐만 아니라, 세자빈 민씨(閔台鎬의 딸로 1882년 세자와 가례, 1904년 33세로 사망)와 계비 윤씨(尹澤榮의 딸로 1906년 가례)에게서 한 점 혈육도 얻지 못한 걸로 보아 남성으로서의 생식기능에도 문제가 있었던 것으로 보인다.

유일하게 살아남은 혈육인 세자마저 병약하여 어머니로서 명성황후는 매우 불행하였다. 그것이 황후로 하여금 무당에 의존하게 하고 명산대천에 수만 냥 거금을 써가며 기도를 드리게 한 계기가 되었다. 한편으로 명성황후는 세자의 훈육에도 열심이어서 겨우 젖니를 갈 무렵부터 서연書筵을 열어 공부를 가르치게 하고 매번 강론한 내용을 질문하며 확인했다고 전해진다.

고종의 자녀는 명성황후 소생 외에도 귀인 이씨와의 사이에 완화군 선墡과 두 딸이 있었는데, 완화군은 13세에, 두 딸은 어려서 사망하였다. 또 귀인 장씨가 낳은 의화군 강堈이 있었다. 대한제국기에 정비로 책봉된 엄비 소생인 영친왕 은垠은 순종의 뒤를 이어 황태자로 책봉되었다. 또 다른 귀인 이씨 소생의 육墳과 귀인 정씨 소생 우㙔는 어려서 사망했다고 한다. 대한제국 마지막 옹주로 알려져 있는 덕혜 옹주는 귀인 양씨福寧堂 소생이다.[6]

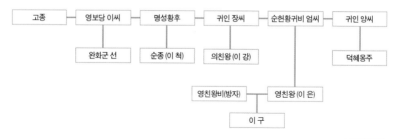

고종	영보당 이씨	명성황후	귀인 장씨	순헌황귀비 엄씨	귀인 양씨
	완화군 선	순종 (이 척)	의친왕 (이 강)		덕혜옹주
				영친왕비(방자) — 영친왕 (이 은)	
				이 구	

고종의 자녀

   정비와 후궁 소생을 모두 합쳐 총 9남 4녀 중 3남 1녀가 살아남았으니, 당시 민간의 높은 영아사망률 못지않게 조선왕실의 영아사망률도 높았던 것을 알 수 있다. 후사가 없었던 철종의 경우도 정비와 여러 후궁들 사이에서 총 5남 6녀를 두었으나 나중에 금릉위 박영효의 부인이 된 영혜옹주(숙의 범씨 소생)를 제외한 나머지 자녀는 모두 일찍 사망하여 후사를 이을 수 없었다. 명성황후의 친정만 해도 많은 자녀들 중 그 자신만이 살아남은 상태였다. 당시의 의료수준으로 보아 명성황후가 생산한 자녀의 단명과 불행은 특별한 것도 아니었고, 더욱이 대원군의 저주 때문도 아니었다고 생각된다. 따라서 이를 계기로 며느리와 시아버지간의 관계가 그토록 뒤틀렸다고 보는 것은 일반 사가의 가족관계에 비추어 최고 권력층 내부의 갈등을 재단하는 난센스에 해당될 것이다.

   그보다는 10년에 걸친 대원군의 철권통치가 성년이 된 국왕 고종에게 큰 불만으로 다가왔고, 고종 자신이 생부인 대원군에게서 빼앗긴 왕권을 탈환해오려고 친정의지를 다지는 과정에 명성황후가 적극 개입함으로써 대원군과의 갈등이 본격화되었다고 봄이 옳을 듯하다.

   명성황후가 대원군과 고종이라는 부자지간의 권력 갈등 속에서 희생양이 되었다는 주장도 있다.[7] 즉 유교적 윤리관에 입각해보면 아버지인 대원군에 대해 정면도전하기 어려웠던 고종이 명성황후를 내세워 아버지를 몰아내고 자신은 뒤에 숨어 불효자의 이름을 벗으려 했다는 주장이다.

고종이 아내를 방패막이로 이용한 것이든 혹은 명성황후가 정치적 야심을 가지고 적극적으로 고종 친정을 권유한 것이든, 대원군과 명성황후의 관계는 이제 피할 수 없는 권력암투의 단계로 접어들었다. 왕비간택이라는 선연善緣에서 시작된 두 사람의 관계가 고종 10년(1873) 11월 친정선언을 계기로 정적관계로 변모한 것이다.

권력을 빼앗긴 대원군 측에서는 곧 반격을 시작하였다. 고종의 친정선언 직후인 1873년 12월 명성황후의 침전에 폭약을 설치하여 경복궁에 대화재를 일으킨 것도 운현궁의 소행이라고 알려져 있고, 1874년 11월 황후의 양오라버니 민승호와 생모 이씨를 폭사시킨 폭약상자도 대원군이 보낸 것으로 알려져 있다. 대원군은 또한 임오군란 당시에 재집권했을 때 중전의 시신이 없는데도 '중전 승하'를 발표하여 국상을 진행시킴으로써 명성황후의 정치적 매장을 시도했다. 장호원까지 피난했던 황후는 결국 생환했지만, 대원군은 오히려 청에 납치되어 3년여의 유폐생활 끝에 귀국할 수 있었다.

목숨을 건 두 사람의 혈투는 결국 을미사변으로 명성황후가 일본인들에 의해 무참히 살해된 후 끝이 났다. 하지만 이날 일본낭인들과 함께 입궐한 75세의 노인 대원군 역시 일본의 꼭두각시가 되어 며느리의 죽음에 암묵적으로 동의했다는 비난을 면치

명성황후의 시신이 잠시 안치되어 있었던 옥호루

못하게 되었다. 양자의 갈등에 지나치게 집착하다보면 자칫 국정운영의 주체였던 고종의 역할을 폄하하게 되고 시아버지와 며느리간의 권력다툼이 망국의 원인이었다는 식민사관의 논리를 뒤따르게 될 위험성이 있지만, 어쨌건 두 강한 캐릭터의 잘못된 만남이 한말 궁정비극의 씨앗이었던 것만은 사실인 것 같다.

- 쟁점3 – 고종과의 관계
  ### 명성황후는 과연 국정을 농단했나?

그 동안 많이 논란이 된 문제가 명성황후와 남편 고종의 관계이다. 명성황후는 과연 고종의 왕권을 유린하면서 국정을 농단했는가? 또 아버지 대원군에게서 천신만고 끝에 왕권을 되찾아온 고종은 또 다시 황후와 그 일족에게 국정을 위임했는가?

결론부터 말하자면 명성황후는 고종의 왕권을 압도하기보다 그의 충실한 참모이자 정치적 반려자였다고 생각된다. 즉 남편인 고종이 황후의 국정간여를 용인하지 않았다면 강력한 친정가문의 배경도 없는 명성황후가 월권행위를 했다가 당장 폐비될 운명에 처하게 되었을지도 모를 일이다. 조선왕조 500년 동안 왕비 자리에 올랐다가 이러저러한 사소한 이유로 혹은 당파싸움의 와중에 휘말려 폐비된 여러 왕비의 운명에서 보이듯이 황후의 자리는 결코 확고부동하게 정년이 보장되는 자리가 아니었다. 그럼에도 명성황후의 국정간여와 정치적 역할이 계속되었다면 그것은 곧 최고 권력자인 고종의 의지가 아니라면 결코 생각할 수 없는 일이다.

주지하듯이 고종은 대원군과 조대비의 협력으로 갑자기 만들어진 왕이다. 안동 김씨 세도를 종식시키고 풍양 조씨 가문의 위세를 세워보려던 조대비가 몰락한 종친 이하응과 결탁하여 그의 둘째아들을 왕위에 앉힌 후 3년간은 수렴첨정을 실시하였다. 다음에는 아버지인 흥선대원군의 세도가 이어졌다. 즉위한 지 10년 만에 성년이 된 고종이 중전과 힘을 합쳐 겨우 왕권을 되찾아오기는 했지만, 그 친위기반은 전무한 실정이었다.

따라서 별다른 정치적 기반을 갖지 못한 고종이 조야에 편만한 대원군세력을 제압하고 스스로 통치기반을 만들어가는 과정에서 명성황후의 정치적 조언과 민씨 일족은 유일한 대안일 수밖에 없었다. 게다가 고종에게 여흥 민씨는 처족일 뿐 아니라 외가이기도 하고, 또 진외가 즉 할머니의 친정가문이기도 하니 오히려 종친보다 더 안전한 친위기반일 수 있었다.

대원군의 서자인 이재선李載先이나 장손자 이준용李埈鎔[8]이 자주 역모 사건에 휩쓸리는 예에서 보이듯이, 종친은 자칫하면 왕권에 위협적인 존재가 될 수 있었다. 고종과 명성황후는 친정 초기에 흥선대원군의 형인 흥인군 이최응李最應과 고종의 형 이재면을 적극적으로 끌어당겨 대원군으로부터 떼어놓았지만, 대원군 10년 세도의 기반은 쉽사리 해체되지 않았다.

이러한 상태에서 고종과 명성황후는 자신들만을 위해 충성을 다할 친위세력이 필요했고, 그것이 자연스럽게 민씨 세력의 등용으로 이어졌다. 즉 명성황후의 국정간여와 민씨 일족의 정계진출은 고종의 동조 내지는 유도에 따른 것이었고, 안동 김씨의 세도나 대원군의 집정처럼 왕권을 압도하는 형태가 아닌 보좌하는 형식이었다는 점에 주목할 필요가 있다. 특히 국구의 역할을 할 수 있는 장인마저 돌아간 상태였으므로 처족인 민씨들이 집결한다고 해서 19세기 세도정권기처럼 왕의 권위마저 누르고 국정을 농단할 세도가가 등장할 가능성은 별로 없었다. 이 점도 고종이 마음 놓고 민씨 세력을 중용한 한 원인이었을 것이다.

고종이 명성황후의 내조에 대해 어떻게 생각했는지는 명성황후 국장 때 편찬된 『어제행록』에 잘 나타나 있다.

"집안이 대대로 의리를 강구하니 황후도 어려서부터 이를 전수받아 옳고 그른 것을 가리는 데 있어서 마치 못과 쇠를 쪼개듯이 날카로웠다. 예지가 타고난 천성이어서 귀신과 같았다. 어려운 때를 만나니 더욱 살뜰히 나를 도와서, 내가 기분이 언짢은 일이 있으면 반드시 아침이 되기를 기다려 앉아있었고, 근심하고 경계하는 것이 있으면 대책을 세워 풀어주었다. 특히 외국과 교섭하는 문제에서도 수원정책綏遠政策[9]을 권하여 사신으로 각국에 갔다가 돌아온 사람들이 말하기를, 이국인들도 모두 감복한다고 하였다.

황후가 일찍이 나에게 말한 것들이 지나고 보니 모두 그 말 대로이니 황후의 통달한 지식과 원려遠慮, 미래에 대한 요량이 고금에 미칠 바 없이 탁월하다. 훌륭한 공덕으로 나를 곁에서 잘 도와주었기 때문에 내가 정사를 다스릴 수 있었다."

30년간 대궐에서 정사를 도와주고도 간고하고 험난한 일만 당하다가 제 명을 다하지 못하고 45세라는 중년의 나이에 돌아간 아내에 대한 고종의 회한이 절절이 묻어나는 『어제행록御製行錄』을 읽어보면, 명성황후의 죽음에 대한 고종의 애도가 결코 형식적인 것에 그치는 것은 아님을 알 수 있다.

인재등용에 대해서도 황후가 괜찮은 인물은 전적으로 신뢰하되 그렇지 않은 인물은 빨리 제거해버려야 한다고 했는데, 고종은 그 말을 듣지 않고 있다가 김홍집, 유길준, 조희연, 정병하 같은 인물을 키워서 을미지변을 당하게 했다고 후회 또 후회하였다. 고종은 명성황후 장례 때는 직접 무덤 속에 들어가는 관의 명정銘旌을 쓰기도 하였다. 황태자가 작성한『예제행록 睿製行錄』에서도 "어머니와 아버지 두 사람은 밤에도 방안의 불빛이 환히 비치고 말소리가 낭랑하게 울려 퍼졌다."고 회고했듯이, 고종과 명성황후 는 여러 내우외환을 겪으면서 동지애로 다져진 정치적 반려자였다.

• 쟁점4 - 여흥 민씨 일족과의 관계
민씨 척족은 세도가문이었나?

명성황후의 정치적 기반 중 첫째가 고종의 전폭적 신뢰였다면, 다음 은 친정가문인 여흥 민씨 일족이었다. 여흥 민씨 일족의 정계 등장을 19세 기 세도정권과 같이 보는 사람들은 흔히 민씨 척족정권이라고 부르기도 하 나, 그들의 정치적 위상은 세도정권의 그것과는 많이 달랐다.

민씨 척족은 세도가문이라기보다 고종과 명성황후의 친위집단이었 다. 세도정권하에서는 원래 세력 있는 가문의 딸이 왕비가 되고 그 친정아 버지나 오빠가 유약한 왕 대신 권력을 장악하는 형태가 일반적이었다. 정 조의 유지를 이어 순조의 국구가 된 안동 김씨 김조순과 그 자손들의 세도 가 대표적인 예이다. 김조순의 직계와 7촌 이내에서 순종비, 헌종비, 철종 비가 연이어 나왔고, 그 아버지나 오빠 등이 세도재상이 되었음은 다 아는 사실이다.

김조순 가문은 김상헌, 김창집을 잇는 조선후기 노론 계보 중 최대 명 문으로서 서울의 북촌 자하동에 세거하여 장동壯洞 김문金門이라고도 불리 던 경화거족이었다. 아들 김유근과 김좌근, 손자 김병기로 이어지는 김조 순 가문의 세도는 1863년 대원군과 조대비 연합세력이 고종을 즉위시킬 때까지 약 60년간 계속되었다. 가히 김조순 가문 3대가 천하를 요리한 시대라고 할 수 있다.

반면 여흥 민씨 일족은 우선 김조순에 비견될 만한 구심점이 없었다. 고종이 아버지 대원군세력에 맞서 처족을 친위세력으로 양성해가는 과정에서 명성황후가 스스로 정치적 역량을 발휘하여 민씨 일족을 끌어 모았을 뿐, 그녀에게는 친정아버지도 없고 남자 형제도 없었다. 장동 김문에 비하면 여흥 민씨는 세력이 미미한 수준이었음은 물론이고 대부분 명성황후와 같은 항렬 혹은 조카뻘에 해당되는 인물들이어서 국왕권을 압도할 세도재상은 나올 수가 없었다.

고종이 친정을 시작한 1873년 11월부터 갑오 개화정권의 수립으로 잠시 뒤로 물러나는 1894년 6월까지 의정, 판서, 참판, 참의, 승지 등 고위관직을 역임한 민씨 일족은 모두 51명이었다. 그중 대다수인 47명은 민종묵閔種默, 민철훈閔哲勳 부자 등 4명만 제외하고는 모두 치致, 호鎬, 영泳, 식植, 병丙자 항렬에 속하였다.[10] 이 시기에 활약한 민씨들은 대부분 17세기 후반의 민시중閔蓍重, 민정중閔鼎重, 민유중閔維重 3형제의 자손으로서 소위 삼방파三房派라 불렸다.

여흥 민씨들은 갑신정변 직후인 1885년 이후 세력을 더욱 확대하여 한때 전체 의정부 당상직의 15%를 차지하기도 하였다. 철종 연간 안동 김씨가 한때 비변사 당상직을 30%까지 차지한 것에 미치지 못하지만, 정권 획득 이후 십 수 년에 지나지 않은 것을 고려한다면 상당히 급속하게 권력을 장악해가고 있었다. 특히 요직인 이조·병조판서와 선혜청 당상직을 독점하고 청요직으로서 왕을 알현할 기회가 많은 규장각의 상위관직, 각 군영의 우두머리, 신설아문 당상직 등에 포진함으로써[11] 세간에 민씨 척족정권이라는 논란을 불러일으켰다. 상대적으로 짧은 기간에 급속히 성장하다 보니 민씨 일족에 대한 민중의 반감도 그만큼 컸던 것이다.

하지만 역시 민씨 일족은 세도재상이 부재했다는 점에서 안동 김씨에 비하면 매우 취약한 세력이었다. 처음에는 명성황후의 양오라버니 민승호가 세도를 자임했으나, 고종 친정 1년여 만인 1874년 대원군에 의해 제거되었고, 이후에 등장한 민규호閔奎鎬는 개화에 앞장서서 민씨 일족 중 가장 능력 있는 인물로 평가되나, 1878년에 병으로 급서했다. 그는 또한 명성황후와 계보 상으로 먼 친척(12촌)에 해당되었기 때문에 세도재상이 될 가능성은 적었다.

이른바 권력을 휘두르기로는 민승호의 친동생이자 대원군의 둘째 처남인 민겸호閔謙鎬가 세력이 있었으나, 선혜청 당상직에 오래 있으면서 부패의 온상으로 지목되는 바람에 임오군란 때 살해되었다. 1882년 딸이 세자빈에 책봉된 민태호閔台鎬는 민규호의 친가 동생으로서 그 아들 민영익閔泳翊을 명성황후의 양오라버니 민승호의 양자로 입적시킴으로써 황후와 밀접한 관련을 맺게 되었다. 하지만 그마저 갑신정변의 와중에서 살해당하자, 명성황후와 가까운 호鎬자 항렬 민씨는 거의 남지 않게 되었다.

민태호 사망 이후에는 황후의 친정조카인 민영익과 민겸호의 아들 민영환閔泳煥 정도가 가까운 친정붙이인데, 그들은 아직 연소하여 정국의 중심역할을 할 수 없었다. 고종과 황후는 겨우 18세인 민영익을 위해 의정부 부유사당상직까지 신설하면서 총애했지만, 그는 개화정책 추진과 대청관계 등에서 황후와 의견충돌을 빚다가 해외로 망명해버렸다. 1880년대 후반에 활약한 민응식閔應植이나 민영준閔泳駿은 계보 상으로 명성황후와 매우 멀어서 척족이라고 부를 수도 없는 인물들로서, 민씨 일족은 척족세도를

명성황후 사후 민씨 일족을 대신해 고종황제의 최측근으로 활동했던 이용익(李容翊, 1854~1907)
을사조약 체결 전에 고종황제의 밀명으로 유럽 출장을 떠나 프랑스, 러시아 등에 지원을 호소하였으나 실패하고 블라디보스토크로 망명하였다. 헤이그 만국평화회의에 참석하려고 준비중이다가 1907년 2월 갑자기 사망하였다.

유지하기에는 사실상 인물난에 허덕이고 있었다고 볼 수 있다.

따라서 안동 김씨 세도정권에 비하면 민씨 일족은 안팎의 도전에 매우 취약한, 명성황후라는 구심점이 없으면 바로 붕괴될 수밖에 없는 운명에 처해있었다. 명성황후가 사망한 이후 대한제국기에 고종은 민씨 일족보다 오히려 이용익李容翊 등 측근 친위세력과 젊은 궁내관宮內官들에 의존하여 정국을 운영하였다.

이처럼 취약한 정치적 기반에 의존하고 있었기에 명성황후는 자신이 직접 전면에 나서 국정운영에 간여하는 경우가 많았고, 그것이 세간에 권력을 탐한 여인으로 황후의 정치적 역할을 부각시키게 한 한 원인이 아니었던가 생각된다.

・ 쟁점5 - 개화파와의 관계
　수구본당인가, 개화당의 영수인가?

혼히 민씨 척족정권을 수구守舊 사대事大 정권이라 평가하고 그 중심에 명성황후가 있는 것으로 오해하지만, 명성황후는 처음엔 오히려 개화당의 영수격이었다. 명성황후가 개화와 서양문물에 남다른 관심을 보였던 사실은 여러 자료들을 통해 확인해 볼 수 있다. 개항 교섭 당시 신헌申櫶이 '중궁中宮'의 교지를 받고 교섭에 임했다는 『매천야록』의 기록은 좀 과장된 것일지는 몰라도 명성황후가 개항과 개화정책을 주도하고 있다는 항간의 인식을 반영한 것이라 생각된다.

그렇다면 명성황후는 왜 개화를 추진하게 되었는가. 명성황후가 개화로 방향을 튼 것은 단지 시아버지 대원군에게 반기를 들기 위해서였는가?

그보다는 기본적으로 명성황후의 친정인 여흥민씨 일족의 학풍을 고려해보아야 한다고 생각한다. 명성황후의 아버지 민치록閔致祿이 노론 산림山林 오희상吳熙常의 애제자였고, 오희상의 문하였던 유신환兪莘煥의 제자 중에서 개화 인맥이 쏟아져 나왔던 점을 고려한다면, 명성황후를 비롯한 민씨 일족은 기본적으로 북학풍의 전통을 이어받은 동도서기론자 집단이라고 볼 수 있다. 이들에게 있어서 개화는 이미 대세였고 다만 방법론이 문제가 될 따름이었던 것이다.

고종 역시 비록 청의 권고가 있기는 했지만 스스로 이미 개항을 결심한 상태였고, 또한 상당한 개화의지를 가지고 서양사정을 탐문하고 있었던 점은 여러 기록들에서 확인된다. 『해국도지海國圖志』, 『영환지략瀛環之略』, 『이언易言』 등의 양무서적들을 읽고 있었음을 미루어 볼 때 아직은 동도서기론적 한계에 갇혀있기는 해도 당시 조야에 편만한 위정척사세력들에 비하면 대단히 진보적인 태도를 가지고 있었음을 알 수 있다.

문제는 이러한 고종의 개화의지에 불을 댕기고 옆에서 북돋운 인물은 과연 누구였는가 하는 점이다. 바로 개화정책의 추진세력을 밝히는 작업이다. 개화파 연구에 따르면, 1872년 제2차 사행 이후 본격적으로 개국통상론을 주장하며 북촌의 양반자제들을 계몽하기 시작한 박규수의 사랑방에 일군의 청년 개화파, 즉 김옥균金玉均, 박영효朴泳孝, 서광범徐光範, 홍영식洪英植 등이 드나들고 있었다. 이들은 이미 과거 합격 이전부터 왕실과 깊은 관련을 맺고 권력 핵심에 접근하여 고종과 명성황후가 개화를 결심하는데 큰 영향을 미쳤던 것으로 파악된다.

이때 고종이 김옥균, 박영효 등을 총애한 반면, 명성황후는 자신의 친정조카

개화파들이 사대당의 거두(巨頭)로 지목했던 민영익

인 민영익閔泳翊을 후원하여 개화정권의 핵심으로 삼으려 하였다. 민씨 척족의 젊은 세도가로 떠오른 민영익(1860년생)은 어려서부터 영리하기로 소문이 나서 명성황후의 친정에 양자로 입적된 인물이었다. 즉 1874년 아들과 함께 폭사한 명성황후의 친정오빠 민승호의 대를 이을 인물로 민영익이 발탁된 것이다.

명성황후에게 그를 추천한 사람은 민승호 사후 일시적으로 세도를 자임한 민규호閔奎鎬로서, 그의 친형 민태호閔台鎬의 아들인 민영익을 황후의 친정에 양자 보냄으로써 자신의 세력 기반을 강화하고자 하였다. 명성황후로서는 아무도 없는 자신의 친정을 지켜줄 조카인 민영익에게 매우 절실한 지원의지를 가졌을 것임은 너무도 자명한 사실이었다.

고종과 명성황후는 젊고 총명한 민영익을 민씨 척족의 핵심으로 삼고 그밖에 신진기예인 개화세력들을 모아 개화정권을 구축하려고 마음먹었던 것이다. 사실 대원군 및 기존의 안동김씨 세도가문에 비해 세력이 미미한

여흥 민씨 일족만으로는 고종도 명성황후도 확실한 정권기반을 갖췄다고
볼 수 없는 상태였으므로 당시의 불가피한 시무였던 개화를 추진하는 것은
곧 자신들의 정권유지를 위한 최선책이기도 하였다.

명성황후는 기회 있을 때마다 민영익을 해외에 보내서 직접 문명개화
의 실상을 보게 하려고 했다. 1881년 12월, 이동인의 일본행 이후 일본의 내
외정세에 더욱 호기심을 가지게 된 김옥균 등이 어윤중의 일본·중국 여행
기인『중동기中東記』를 읽고 드디어 도일을 결심하게 되었을 때, 명성황후
는 민영익에게도 함께 도일할 것을 적극 권유하였다. 여러 여건상 김옥균,
서광범만 도일에 성공하여, 이듬해인 1882년 6월 귀국하기까지 약 6개월
동안 일본의 문명개화의 실상과 고종의 관심사인 일본 조야의 대한對韓 정
책 등을 탐문하고 돌아왔다. 명성황후는 내심 김옥균 등보다도 자신의 분
신과도 같은 민영익이 직접 일본의 서기수용 실상을 보고 오기를 바랐을
만큼 개화정책의 추진에 적극적이었다.

하지만 1881년 영남 만인소 사건 및 1882년 6월의 임오군란에서 보이
듯 개화에 대한 반발은 만만치 않았다. '이재선 사건'으로 타격을 받기는
했지만 대원군세력의 정치적 야심도 여전하였고, 무엇보다 민중의 지지가
전혀 없는 것이 명성황후와 개화정권의 최대 약점이었다.

특히 임오군란은 민씨 척족들을 앞세워 개화를 추진해 온 고종과 명
성황후에 대한 정면 도전이었다. 군란의 와중에서 당시 권력의 최상층부에
있던 주요 인물 즉, 이최응, 민겸호, 김보현 등이 살해되었다. 이최응은 고
종의 중부仲父로서 종친세력을 대표하여 고종 친정체제에 힘을 실어왔고,
민겸호는 민규호 사후 민씨 척족의 세도를 자임해 왔으며, 김보현은 민영
익의 처조부였다. 민영익을 비롯해 살아남은 민씨 일족들은 모두 지방으로

피해야만 하였다.

그러나 봉기에 참여한 난민들의 최종 목표는 개화의 상징이자 민씨 척족세력의 근원인 명성황후였다. 난민들은 대궐을 샅샅이 찾아다니면서 명성황후를 처단하기 전에는 물러가지 않겠다고 버텼으므로 봉기군이 옹립해 입궐한 대원군은 할 수 없이 황후가 살해되었다고 국상을 반포하였다. 사실 시체를 찾지 못했음에도 불구하고 설혹 황후가 살아있다 하더라도 다시 대궐에 돌아올 수 없도록 정치적 사망신고를 낸 것이다.

궁녀의 가마로 변장하고 도성을 탈출하여 장호원에 있는 민응식의 향제에 피신해 있던 명성황후는 자신의 최대 정적이자 시아버지인 대원군에게서 사망선고를 당하는 수모를 맛보아야 하였다. 그런데도 명성황후에 대한 민중의 반감은 사그라지지 않아서 국상을 치르기 위해 설치된 망곡望哭처소에 분향하려는 양반관료들을 길에서 가로막고 봉욕을 주며 가마를 부수는 행위까지 있었다 한다.

이 같은 명성황후에 대한 민중의 반감이 과연 정당한 근거를 가진 것이었는지에 대해서는 논란의 여지가 있겠지만, 개항 이후 물가 폭등으로 인한 하층민의 생활고가 누군가 그 화풀이 대상을 찾아야할 만큼 혹독했던 것만은 사실이었다. 난민들은 자신들의 생활고가 개화비용의 증대와 명성황후가 세자를 위한 기도에 쓰는 국고 낭비 때문이라는 풍설을 믿었다. 게다가 근대화를 추진하기 위해 만들어진 새로운 기구에 주요 요직은 모조리 민씨 척족들이 차지했으니 개화는 오로지 민씨 척족들을 위해서만 필요한 것이라는 불신과 오해를 가지게 되었던 것이다.

따라서 궁궐에 난입한 봉기민들은 궁중 소유의 서적들을 모두 서교서西敎書라고 해서 불태워 버리고 새로이 들여놓은 각종 기기나 물건들을 부쉬버리는 반개화적 행동을 서슴지 않았다.

사실 개화정책의 추진은 당시의 시무였고, 명성황후가 봉기민들이 생각하는 것처럼 친일적인 것도 아니었으나, 민씨 척족의 폐쇄적인 권력 독점과 부패는 정치권의 소외 계층을 양산함과 아울러 개화에 대한 민중의 불신을 조장하는 근본 원인이 되었던 것이다.

하지만 난리를 치른 후 실로 50여 일만에 환궁한 명성황후는 권력에 불안을 느낀 나머지 더욱더 민씨 일족에게 의존하며 적극적으로 근왕세력을 양성하기 시작하였다. 대궐에서 떠나 있는 동안 고종과의 사이에서 연락병 노릇을 했던 함경도 출신 이용익이 파격적인 대우를 받으며 출세가도를 걷기 시작한 것도 이와 같은 맥락에서였다. 김옥균 등 개화파에 대해서는 여전히 신뢰를 보내는 고종과는 달리 점점 의구심을 가지게 되었다. 명성황후에 있어서 개화는 정권의 안정적 유지에 필요한 하나의 수단인 만큼 다른 누가 아니라 민영익을 비롯한 자신의 친정세력이 중심에 있어야 한다는 생각이었던 것이다.

명성황후와 민씨 척족세력이 점차 자신들을 소외시키는데 대해 불안을 느낀 개화파는 서둘러 정변을 일으키고 말았다. 정변 당시 민영익이 개화파에 의해 중상을 입고, 민태호, 민영목 등 민씨 척족과 조영하趙寧夏, 이조연李祖淵, 한규직韓圭稷, 윤태준尹泰駿 등 왕실의 친위관료들이 무참히 살해되는 것을 본 명성황후는 개화도 중요하지만 정치적 도전세력으로부터 정권의 안위를 지키는 것이 더욱 중요하다는 생각을 가졌을 법하다. 따라서 1885년 5월 근대화 추진기구로 설치된 내무부內務府는 대궐 내에 두고 왕실이 직접 개화자강 사업을 이끌어 나가기 시작하였다.

하지만 청의 간섭과 재정부족으로 개화정책의 추진은 지지부진하였다. 고종과 명성황후는 개화파 대신 외국인 고문관과 일부 신진 개화파에게 의지하였으나 이미 개화정책의 추진기반은 상당히 협소화 된 상태였다. 친청 쪽으로 기울어진 민영익이 황후와의 견해차를 좁히지 못하고 1886년 해외로 망명한 이후에는 척족 내에서 명성황후를 직접 보좌해 줄 인물도 부재한 상태였다. 민영준閔泳駿, 민병석閔丙奭, 민응식閔應植 등 나머지 민씨 일족들은 명성황후와 가까운 촌수가 아니었으므로 민씨 척족정권이라고 말하기에는 뚜렷한 구심점도 없는 형편이었다. 개화가 아무리 시대적 과제라지만 절대 다수인 민중의 지지를 전혀 받지 못하는 명성황후가 차지하고 있는 국모의 자리란 허위에 불과하였던 것이다.

• 쟁점6 - 명성황후의 외교책략
친청인가, 반청인가?

명성황후가 국제정세에 대한 깊은 관심과 이해를 바탕으로 외교를 주도했음은 이미 잘 알려진 사실이다. 명성황후의 시의侍醫였던 언더우드 여사는 명성황후가 세계 각국의 사정에 대해 자신에게 많은 질문을 할 정도로 관심이 깊었으며, 황후 자신이 직접 기민하고 유능한 외교관으로서 반대자들도 그 기지를 당해낼 수는 없었다고 평가하였다.

임오군란 당시 명성황후가 난군들에 의해 봉변을 당한 원인도 첫째가 외교를 주지하며 개화정책을 주도했기 때문이라는 김윤식의 주장 역시 이러한 사실을 뒷받침한다. 고종도 황후의 외교정책을 '수원정책綏遠政策'이라고까지 명명하면서 외국인도 그 탁월함을 인정할 정도라고 높이 평가하였다.

따라서 우리의 평가의 초점은 명성황후가 과연 조선의 외교정책을 주도했는가라는 것보다는 그녀가 구사한 외교 책략이 당시 한반도를 둘러싼 국제정세에 얼마나 효과적인 대응이었는가를 판단하는데 있을 것이다.

우선 항간에 잘못 알려진 사실 중 하나는 명성황후가 민씨 척족과 함께 친청 사대주의자였다는 오해이다. 물론 개항초기 고종과 황후의 외교정책은 철저하게 청의 권고에 따른 것이었음은 주지의 사실이다. 1876년 조일 수교와 1882년의 조미조약 체결에 이르기까지 일련의 개항과정은 청의 이홍장이 전통적인 이이제이以夷制夷 정책에 따라 조선에 여러 열강을 끌어들이고 그들의 상호 견제 하에 세력균형을 이루게 하려는 전략에 따라 이루어졌다.

이 과정에서 특히 청은 러시아의 침략 위협을 과장하여 조선의 집권층에게 과도한 공러恐露의식을 불어넣는데 열심이었다. 개항초기 고종도 이러한 청의 의도대로 1880년 제2차 수신사 김홍집이 가져온 『조선책략』을 금과옥조로 삼아 청의 외교전략을 그대로 따르는 태도를 보였다. 그러나 임오군란 이후 청의 속방화 정책이 가시화되자 그로부터 벗어나기 위해 독자적인 외교정책을 추구하기 시작하였다.

그런데도 지금까지 연구들은 대부분 명성황후와 민씨 척족들이 임오

한반도를 둘러싼 중국(청), 일본, 러시아의 각축을 풍자한 외국신문의 만평

군란 이후 친청 수구로 돌아섰으므로 개화파가 갑신정변을 일으키게 되었다는 식으로 서술해왔다. 명성황후는 과연 친청 사대주의자였는가?

기존 연구에서 명성황후가 친청파로 낙인찍힌 결정적인 계기는 임오군란 당시 명성황후나 민씨 척족이 청에 파병을 요청하여 정적인 대원군을 납치하게 하고 이후 정권 유지를 위해 친청 사대로 일관했다는 주장에 근거하고 있다.

하지만 이미 여러 연구에서 밝혀지고 있듯이 청군의 파병은 어디까지나 조선에 대한 속방화 정책 차원에서 청이 결정한 것이지 명성황후나 고종의 요청에 의한 것이 아니었다. 조선 측의 파병 요청이 있었다면 당시 천진에 체류 중이던 김윤식과 어윤중이 청측의 자문에 응해 파병과 대원군제거만이 조선의 혼란을 평정할 수 있는 방안이라고 의견을 개진한 정도이다. 청측에서는 출병을 요청하는 고종의 친서라도 얻으려 했으나 유폐중이라 불가하다는 어윤중의 말을 듣고 고종의 뜻과 상관없이 청군의 출병을 결정하였다. 또한 고종과 사전 상의 없이 파병 전에 이미 대원군을 납치할 계획도 세운 것이었다.

그럼에도 결과적으로 대원군 납치가 민씨 척족정권의 지속과 명성황후의 복권에 결정적 계기가 되었다는 점으로 미루어 청군 출병은 명성황후나 민씨 척족의 요청에 의해서였고, 이후 청의 후견 아래 친청 수구 사대정권을 유지했다는 식의 인식이 계속되어 왔다.

하지만 난민을 피해 구사일생으로 목숨을 구해 시골에 도망가 있는 처지의 명성황후가 어떻게 청나라에 구원병까지 요청할 수 있었을지, 또 당시 민씨 척족의 핵심세력들이 모두 죽임을 당하거나 피난 가 있는 와중에 어떤 민씨 일족이 나서서 청나라에 밀사를 보냈을지 하는 점만을 생각해보아도 명성황후 측의 청군 요청설은 거의 소설에 가까운 얘기라고 판단할 수밖에 없다.

오히려 임오군란 이후 청이 조선에 대한 내정간섭을 강화해 감에 따라 고종과 명성황후는 김윤식, 김홍집, 어윤중, 이조연, 조영하 등 친청세력에게 정국의 주도권을 빼앗기게 되었다. 갑신정변마저 청군이 진압한 이후에는 1885년 10월 주차조선총리교섭통상사의駐箚朝鮮總理交涉通商事誼라는 직함으로 부임한 원세개袁世凱가 조선의 상왕上王처럼 군림하는 것을 지켜보아야만 하였다.

게다가 민씨 척족의 구심점으로 황후가 자신의 분신처럼 믿었던 민영익마저 원세개의 적극적인 포섭으로 친청파에 가담하자 명성황후는 거청拒淸의 방도로 러시아를 끌어들일 수밖에 없었다. 1885년과 1886년 두 차례의 조러밀약이 그것이다. 하지만 원세개 및 친청세력의 강력한 반발로 밀약은 무산되었고, 오히려 고종이 원세개의 폐위 협박에 시달리게 되었다. 청은 고종과 명성황후를 견제하기 위해 보정부保定府에 연금되어 있던 대원군을 환국시키는 등 압력을 강화하였다.

명성황후와 고종의 반청감정이 극에 달했을 때 마침 서울에 부임한 러시아공사 웨베르Karl Waeber 부처와 그 가족 손탁Antoinette Sontag 양의 친절은 황후를 더욱 친러쪽으로 끌어당겼다. 그러나 문제는 제정 러시아 정부의 인식이 조선왕실의 기대에 훨씬 못 미치는데 있었다. 러시아 외무성은 조선 왕실의 보호 요청을 받아들이기에는 기본적으로 조선에 대한 지식이 너무 부족하였고, 무엇보다 청ㆍ일과 군사적 충돌을 피하기 위해 엄격히 중립을 지켜야 한다는 불간섭정책을 고수하였다. 즉 조선이 러시아에 위협이 되지 않도록 다른 열강에 병합되지 않고 독립을 유지하는 것을 지지하나, 이를 위해 러시아가 직접 군사적 동맹국이 되어 과다한 방위비를 지불하는 것에는 반대한다는 것이다.

따라서 1886년 러청협정을 청이 준수하도록 설득하여 조선의 불가침을 보장하는 것이 이 시기 러시아가 조선에 해줄 수 있는 최대치였다. 황준헌의 『조선책략』 출간 이래 러시아의 남하정책은 기정사실인 것처럼 되어왔으나, 사실 19세기 후반 러시아 정부는 본토에서 너무나 먼 태평양 진출은 계획하지도 않았고 더구나 적극적으로 조선정책을 추진할만한 국력이나 재정 여유가 없었던 것이다.

결국 러시아 측 사정으로 볼 때 명성황후의 '인아거청引俄拒淸'은 청의 압력이나 국내 정치세력의 반대가 없어도 실현되기 어려운 방안이었다. 그럼에도 오랜 기간 동아시아 국제사회의 패자로 군림해온 청이 제시한 『조선책략』적 사고를 거부하고, 오히려 그로부터 코페르니쿠스적인 발상의 전환으로 '인아거청'을 시도한 명성황후의 외교적 책략은 그 담대함만으로도 일정한 평가를 받을 만하다고 생각된다.

명성황후의 대러의존책은 청일전쟁 이후 조선의 보호국화를 기도하는 일본을 견제하기 위해 다시 한 번 시도되었다. 즉 청일전쟁에서 승기를 잡은 일본이 이노우에 가오루井上馨를 파견하여 보호국화 정책을 강화하자 이에 반발한 명성황후는 러시아 세력을 끌어들여 왕권을 회복하고 개화정권과 일본세력을 동시에 제거하고자 했던 것이다.

더구나 러시아의 신속한 3국간섭 주도로 일본이 요동반도를 되돌려주는 것을 본 명성황후는 친러책에 더욱 확신을 가지고 러시아공사 웨베르와 은밀히 교섭하면서 일본에 정면 도전을 시도하였다. 명성황후는 3국간섭 당사국 중 독일이 이탈함으로써 국제사회에서 일본의 위치가 불리하지 않게 되었다는 사실도 모른 채, 러시아뿐 아니라 미국을 끌어들여 일본의 보호국화 정책에 대항할 수 있다고 생각하였다. 웨베르나 알렌 등 현지 외교관의 개인적 친절과는 달리 러시아 정부와 미국 정부가 조선 문제에 직접 개입할 의사가 없었던 사실은 전혀 알지 못하였다. 특히 러시아는 시베리아 철도가 완공되기 전까지는 만주가 침해당하지 않는 한 일본과의 충돌을 피하는 것이 기본방침이었음을 명성황후는 알지 못하였다.

일본은 국제정세가 자신에게 유리하게 돌아가는 것을 틈타 을미사변을 일으켰고 장차 조선침략에 가장 큰 걸림돌이라고 생각되는 명성황후를 시해하기에 이르렀다. 시해당한 명성황후의 몸에서 러시아 황제에게 웨베르의 연임을 요청하는 친서가 발견되었다는 기록은 그 사실 여부를 차치하고라도 명성황후가 얼마나 웨베르에게 매달렸는지를 웅변으로 대변하고 있다.

결국 명성황후의 외교책략은 자신의 죽음을 가져왔다. 가까운 이웃 나라인 청나라와 일본은 각각 '속방화'와 '보호국화'라는 명목으로 조선을 병탄하려는 의도를 가지고 있으므로 멀리하고, 영토적 야심이 없는 먼 나라인 미국이나 러시아 등에 기대어 독립을 보전하고자 한 그녀의 책략은 국력이 뒷받침되지 않는 한, 나라 전체는커녕 자기 한 몸의 목숨마저도 지킬 수 없는 허망한 것이었다. 미국은 조선에 대해 야심이 없는 만큼 관심도 없었고, 러시아의 경우도 조선에 대한 관심이 아직은 군대를 동원할 만큼 적극적인 것이 아니어서, 생명이 경각에 달린 명성황후가 매달리기에는 너무나 불안한 것이었다.

『명성황후국장도감의궤』에 실려 있는 명성황후 국장 모습
고종은 1895년 시해된 명성황후의 장례를 2년여 동안 미루다가 1897년(광무 1) 10월 황제로 즉위하자 명성왕후를 황후로 추존하고 황제국의 예의를 갖춰 성대하게 국장을 거행하였다(서울대학교 규장각한국학연구원 소장).

1897년 11월 22일 명성황후의 국장 모습. 프랑스 신부 아레베크가 찍은 사진이다.

명성황후를 둘러싼 남은 쟁점들

해방이후 지금까지 남한학계에서 명성황후에 대한 연구는 연구사 정
리를 할 필요를 못 느낄 만큼 일천하다. 을미사변의 희생자로서 언제라도
한일 간의 민족감정을 건드리는 뇌관의 역할을 할 수 있는 명성황후에 대
한 연구가 정작 이처럼 소략하다는 것은 과연 무엇을 의미하는 것일까?.

우리사학계의 무기력과 나태함을 반성하면서, 동시에 최근 대중문화
계를 중심으로 시도되고 있는 명성황후에 대한 재조명이 과연 실체적 진실
에 접근한 것인가에 대해서도 우려를 하지 않을 수 없다.

명성황후의 이미지가 총명하나 부덕하고 간악한 왕비상에서 개화의
선각자나 반일의 기수로 변신한 것은 어쩌면 우리 사회 일각에서 조용히
일고 있는 여성 정치인에 대한 시선의 변화를 보여주는 하나의 시금석일지

도 모른다는 점에서 긍정적이다. 이제는 명성황후에 대한 평가가 전통적인 가족윤리나 유교 도덕에 입각한 평가보다는 급변하는 국내외 정세에 능동적으로 대처한 한국 근대 최초의 여성 정치인으로서, 그 정치적 역량과 역사적 공과를 냉정하게 따져볼 때가 되지 않았나 생각해 본다.

더불어 명성황후와 관련하여 학계가 합의를 이루어야 할 두 가지 문제가 남아 있다. 첫째, 명성황후에 대한 호칭의 문제이다. 현재 학계와 일반 대중사이에서 가장 흔히 쓰이는 호칭으로 ① 민비, ② 민왕후, ③ 명성황후, ④ 명성왕후 등이 있다. 개인적으로 명성황후明成皇后 민씨閔氏를 민비閔妃 라고 부르기 시작한 것은 일제 식민지시대 일본인들에 의해서였고 암암리에 그녀를 폄하하기 위한 의도가 숨어있었다고 생각되므로 사용하지 말아야 한다는 입장이다. 역대 다른 왕이나 왕비에 대한 호칭의 관례대로 죽은 뒤에 내린 묘호에 따라 명성황후라고 지칭하는 것이 원칙에 맞다.

하지만 명성황후라는 호칭을 1897년 대한제국 선포 이전, 즉 고종이 황제에 즉위하기 이전 시기에 대한 서술에서 사용할 경우에는 고종과 형평이 맞지 않는 문제점이 있다. 즉 명성황후가 역사적 기술의 대상이 되는 살아생전에는 '왕후'의 지위였다가 사후에 황후로 추존된 것이므로 1880년대 정치사 서술에서 그 명칭을 '왕후'로 할 것인지, 아니면 '황후'로 할 것인지가 문제가 되는 것이다.

둘째, 명성황후 사진에 대한 진위 논쟁이다. 논란의 사진들이 과연 명성황후의 것인지 아니면, 궁녀나 기생의 사진을 식민지 시대 일본인들이 의도적으로 둔갑시켜 놓은 것인지에 대해 하루빨리 결론을 내려 일반국민들이나 학생들이 명성황후에 대한 객관적 진실을 알 수 있게 하는 일이 무엇보다도 중요하다.

명성황후 또는 궁녀라고 진위논란이 되고 있는 사진들

    사진이 없다면 그에 대한 합당한 설명을 할 수 있어야 할 것이고, 현재까지 발굴된 여러 종의 사진 중 어느 하나가 명성황후의 사진인지 아닌지에 대해 각각 타당한 근거들을 제시할 수 있어야 할 것이다. 이는 역사학계만의 숙제는 아니고 복식사 전문가, 사진 전문가들도 모두 참여하여 진위를 가려내는 것이 본격적인 명성황후 연구의 첫걸음을 떼는 일이라고 생각된다.

대한제국시기 한일조약의 불법성

고종황제는 침략 조약들에 서명하지 않았다

이태진 · 국사편찬위원회 위원장

"1905년 11월 17일 박제순과 하야시가 서명한 조약에 한국의 황제 폐하께서는 동의하지도 않았고, 또한 서명도 하지 않았다. 한국의 황제 폐하께서는 일본의 언어로 공포된 조약의 조항들을 반대한다. 한국의 황제 폐하께서는 한국의 주권을 선언하였고, 그 주권이 외국 강대국에 넘겨지는 어떤 조치도 반대한다."

- 1906년 고종의 국서國書

1876년 강화도조약의 체결

국제법상 조약Treaty은 두 나라의 국가원수가 각기 협상 대표를 선정하여 그에게 전권위임장을 수여하는 것에서 시작된다. 즉 위임장을 소지한 두 나라 대표는 합의한 장소에서 만나 서로 위임장을 보인 다음, 협상에 들어가 합의 결과를 조약문으로 작성하여 각기의 직명, 이름을 쓰고 사인 또는 날인하는 순서를 밟는다. 그 다음에 국가원수가 그 조약문을 받아 보고 잘못된 것이 없다고 판단하면 비준서를 발부하여 효력을 발생시킨다.

1648년 웨스트팔리아 조약에서 시작된 이러한 절차와 형식은 지금까지 국제사회에서 그대로 준수되고 있다. 국교가 수립된 나라 사이에는 행정적 편의를 위해 주재 공사Legation와 외무대신의 책임 아래 국가 원수의 비준서 발부를 생략하는 약식 조약Agreement, Arrangement을 체결할 수 있었다. 단 이는 국권에 저촉되지 않는 범위의 사안에 한하였다.

한국과 일본은 1876년 2월 「조일수호조규」의 체결로 조약에 의한 근

丙子二月初一日判中樞府事申櫶都
摠府副摠管尹滋承泰將於
本年二月初二日大日本國特命全權
辨理大臣黑田清隆特命副全權辨理
大臣井上馨與臣櫶臣滋承會同江華
府互換條約一招逐款允當乙予批准
行諸久遠益敦親睦其條約內應行各
事凡爾官民悉奉此意一體按照辨理
大朝鮮國主上

李㷩

垂卷推誠得以永敦和好共享休福予有厚望焉

開國四百九十年八月初七日親署名鈐寶

奉
教統理機務衙門交隣司經理事李載冕

1 _ 「조일수호조규」에 대한 조선 국왕의 비준서
　　"대조선국주상"이란 직함을 쓰고 그 아래 날인하였다. 러일전쟁 후, 한국의 국권을 빼앗은 조약들은
　　이런 형태의 비준서가 있어야 했다(일본외교사료관 소장, 필자 제공).
2 _ 1882년 8월 7일자 임오군란 피해에 대한 조선 국왕의 사죄 국서의 어새 날인 부분
　　(서울대학교 규장각한국학연구원 소장)

대적 국교관계를 맺었다. 흔히 강화도 조약으로 불리는 이 조약이 불평등 조약으로 알려진 것은 잘못이다. 이 조약 체결 당시 조선 측은 일본 측이 가져온 초안에 대해 최혜국 조관을 제외할 것을 요구하고, 나머지 12개 중 9개 조에 걸쳐 문안 수정과 용어 변경을 요구할 정도로 능동적이었다. 고종은 아버지 대원군과는 달리 개국, 개화의 뜻을 확고하게 가지고 있었기 때문이었다. 이 조약은 물론 양국 황제의 비준서 발부로서 효력을 발휘하였다.

불평등 관계는 6년 뒤 대원군이 임오군란(1882.6)을 일으켰을 때, 일본 측이 교관 피살과 공사관 소실에 대한 책임을 조선 정부에 물어 압박을 가하면서 생겼다. 이때 최혜국 조관이 들어가고 관세 자주권도 잃게 되었다.

임오군란 후 일본은 「제물포 조약」(1882), 「세칙稅則에 관한 조약」(1883), 그리고 갑신정변 후에는 「한성조약」(1886) 등의 체결을 요구하였다. 이 조약들은 비준서를 포함하여 정식조약의 요건을 모두 갖추었다. 제물포 조약, 한성조약 등은 일본이 큰 피해를 입었다고 하여 사죄, 사과의 뜻을 담은 조선 국왕의 국서國書를 요구하여 이로서 비준서에 대신하였다.

1880년대 일본과의 조약 관계는 이처럼 어느 것도 요건 미달이 없었다. 오히려 일본 측이 요건 충족을 더 강하게 요구하였다. 한성조약 체결 때 조선 대표(김홍집)가 위임장을 잊고 회담장에 나오자 일본 대표(井上馨)는 이를 가져 올 때까지 협상에 임하지 않았다. 일본의 이러한 '준법' 태도는 한반도에 대한 청국의 절대적인 영향을 조금씩 밀어내는 외교 전략의 성과에 대한 법적 근거를 확실하게 해 두기 위한 것이었다.

조선 정부 또한 외국과 체결한 조약의 충실한 이행을 추구하였다. 각 조약들의 내용을 분류한 편람 형식의 『약장합편約章合編』을 여러 차례 편찬

간행하여 실무자들이 이용하도록 하였다. 이는 약소국으로서 조약관계를 통해 독립국으로서의 입지를 확보해 가려는 '성실외교'의 모습으로 일본과는 목적이 전혀 달랐다.

청일전쟁 때부터 본색을 드러낸 일본

일본은 1880년대 후반에 징병제를 확대 시행하면서 국가 예산의 7할을 군비확장에 투입하기 시작하였다. 청국과 결전을 벌여 한반도에 대한 그 영향을 완전히 제거하고 조선을 보호국으로 만들려는 포석이었다. 1894년 6월 초, 동학농민군 진압을 구실로 청, 일 양국의 군대가 조선에 동시 출병하였다.

청군이 동학농민군의 활동지와 가까운 아산만에 상륙한 반면, 일본군 1개 여단 8,000 여의 병력은 인천을 거쳐 서울로 진입하였다. 농민군이 다시 일어나지 않게 하려면 조선의 내정개혁을 촉구하는 것이 더 시급하다는 것이 이유였다. 이는 명백한 내정 간섭이자 주권 위협의 사태였다. 이 난입에 대해 군주와 정부는 강력히 항의하였지만 막무가내였다.

일본군은 7월 23일 새벽 0시 30분에 1개 대대를 경복궁에 무단 진입시켜 왕을 감금하다시피 하였다. 그리고 이틀 뒤 성환成歡 근처에 있는 청군을 공격하여 청일전쟁을 일으켰다. 일본군의 경복궁 침입은 1880년대 중, 후반에 서울에서 의주, 서울에서 부산까지 시설한 전신선을 장악하기 위한 것이었다. 그들은 그 관리 총책인 조선 군주를 움직이지 못하게 하고 경복궁 바로 앞에 있는 전신국을 장악하였다. 첨단 통신 시설의 장악은 일

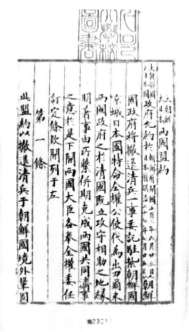

「대조선대일본양국맹약」
군주의 비준서가 없는 강제 조약의 최초 사례이다(서울대학교 규장각한국학연구원 소장).

본군의 승리에 결정적 계기가 되었다. 일본 측은 이 침략의 만행을 은폐하기 위해 친일내각을 구성하여 국왕 몰래 외부대신과 「잠정합동조관」 「대조선대일본동맹」이란 조약들을 체결하였다.

　이 조약들은 군사적 협조에 관한 것으로 국권에 저촉되는 것이 분명한데도 약식을 취하여 군주가 개입하는 것을 막았다. 약식조약으로 조선의 국권을 위협하는 사태는 이때 이미 시작되고 있었다. 왕비 살해란 극악한 만행이 바로 뒤이었다.

　일본 대본영大本營은 전쟁이 끝난 후 삼국간섭으로 요동반도를 내놓게 되자 한반도에 대한 영향력만은 고수하고자 하였다. 그리하여 전신선

관리를 위한 1개 대대병력 잔류를 결정하였다.

이에 대해 조선 군주 고종은 완전 철수를 강하게 요구하였다. 이에 대본영은 왕비 살해로 위협을 가하였다. 이 만행은 대원군을 앞세워 새벽 4시까지 종결 지어 대원군이 한 것처럼 꾸며졌던 것인데, 시간 계획에 차질이 생겨 한 시간 반이나 늦게 동이 튼 뒤에 이루어져 일본인들이 주범이란 것이 드러나 일본 정부는 궁지에 몰렸다.

러일전쟁과 함께 벌어진 국권 탈취 사기극

왕비살해의 만행이 국제사회에 폭로된 뒤, 일본은 한반도에서 손을 빼고 유일한 전리품인 타이완 식민체제 구축에 집중하였다. 고종은 각지에서 의병이 일어난 틈을 타 경복궁을 빠져나와 러시아공사관을 임시 거처로 삼고 국정 주도권을 회복하여 대한제국을 출범시켰다.

청국이 패전으로 물러나고, 일본마저 움츠러든 상황은 대한제국에게 하나의 기회였다. 이때 미국 워싱턴을 모델로 한 서울 도시개조사업이 이루어져 서울 거리에 전차가 달렸다. 프랑스와 벨기에의 자본과 기술을 유치하여 서북철도(서울~의주) 부설 공사가 시작되고, 지폐발행을 위한 중앙은행 설립에 필요한 투자도 이들로부터 약속받았다.

영국이 1899년 금본위제로 바꾼 뒤, 한국은 금광 개발에 많은 이점이 있어 유럽의 자본가들의 관심을 끌었다. 대한제국의 근대화 사업은 일본 공사가 본국 정부에 한국의 변화를 보고할 정도로 빠른 속도로 성과를 올리고 있었다. 고종황제는 영세중립국을 목표로 중립국 벨기에의 외교관들로부터 자문을 받으면서 적십자사 등 각종 국제기구 가입을 서둘렀다. 그러나 일본은 이를 방치하지 않았다. 그들은 이미 타이완 식민지 체제 구축 중에 러시아와의 전쟁을 위한 군비확장을 진행시키고 있었다.

1904년 2월, 러일전쟁이 일어났다. 일본군의 최선발대가 이번에도 인천을 거쳐 서울로 진입하였다. 10년 전에 미수에 그친 한국의 보호국화가 이 전쟁의 가장 중요한 목표였다. 서울에 진입한 1개 사단 병력은 한국 주차군이란 이름으로 상주하면서 조약 강제를 지원하였다. 국권 관련 조약들은 시종 이 주차군의 무력 시위아래 강요되었다.

러일전쟁 후, 일본은 한국에 5개 조약을 강요하면서 국권을 하나씩 빼앗아 갔다. ①「의정서」(1904. 2. 23), ②「제1차 일한협약」(1904. 8. 22), ③「제2차 일한협약」(을사늑약, 1905. 11. 17), ④「일한협약」(1907. 7. 24), ⑤「한국병합조약」(1910. 8. 22, 29) 등이다.

이 조약들 가운데 한국 황제의 비준서를 갖춘 것은 하나도 없다. 국권 관련 사항을 국가 원수의 의사 표명인 비준서가 없이 약식으로 취급되는 것은 있을 수 없는 위법 행위이다. 뿐더러 일본 정부는 강제로 이루어진 조약을 서구 열강에 알리는 과정에서 문서 변조행위를 일삼았다.

일본은 개전과 동시에 ①을 내놓았다(사진1). 한반도의 여러 곳을 군사기지로 사용하겠다는 것이었다. 한국 정부로서는 싫지만 제3조에 한국의 독립을 보장한다는 구절이 들어 있어 부득이 이를 허용하였다.

8월 하순에는 일본 정부가 추천하는 재정고문, 외교고문을 받아들이라는 내용의 ②를 내놓았다. 이 협정은 「제1차 일한협약」이라고 불리지만, 실은 각서memorandum로서 제시된 것이었다. 제3항에는 한국 정부가 타국과 외교 관계를 가지게 될 때는 사전에 동경의 일본 정부와 상의해야 한다

議定書

大日本帝國皇帝陛下ノ特命全權公使林權助
及大韓帝國皇帝陛下ノ外部大臣臨時署理陸
軍參將李址鎔ハ各相當ノ委任ヲ受ケ左ノ條款
ヲ協定ス

　第一條

日韓兩帝國間ノ恒久不易ノ親交ヲ保持シ東
洋ノ平和ヲ確立スル為大韓帝國政府ハ大日
本帝國政府ヲ確信シ施政ノ改善ニ關シ其忠

本協約ニ關聯スル未悉ノ細條ハ大日本帝國代
表者ト大韓帝國外部大臣トノ間ニ臨機協定ス
ル事

明治三十七年二月廿三日
　特命全權公使林權助

光武八年二月廿三日
外部大臣臨時署理陸軍參將李址鎔

明治卅七年九月ニ調印ヲ遂ケタルモノニ有之候

一　韓國政府ハ日本政府ノ推薦スル日本人
　一名ヲ財務顧問トシテ韓國政府ニ傭
　聘シ財務ニ關スル事項ハ總テ其意見ヲ
　詢ヒ施行スヘシ

一　韓國政府ハ日本政府ノ推薦スル外國人
　一名ヲ外交顧問トシテ外部ニ傭聘シ外
　交ニ關スル要務ハ總テ其意見ヲ詢ヒ
　施行スヘシ

一　韓國政府ハ外國トノ條約締結其他重
　要ナル外交案件即外國人ニ對スル特
　權讓與若クハ契約等ノ處理ニ關シテ
　ハ豫メ日本政府ト協議スヘシ

明治三十七年八月二十二日
　特命全權公使　林權助

光武八年八月二十二日
外部大臣署理　尹致昊

在韓國日本公使館

AGREEMENT.

(Signed, August 22, 1904.)

————➤·◄————

I.   The Corean Government shall engage as financial adviser to the Corean Government a Japanese subject recommended by the Japanese Government, and all matters concerning finance shall be dealt with after his counsel being taken.

II.   The Corean Government shall engage as diplomatic adviser to the Department of Foreign Affairs a foreigner recommended by the Japanese Government, and all important matters concerning foreign relations shall be dealt with after his counsel being taken.

III.   The Corean Government shall previously consult the Japanese Government in concluding treaties and conventions with foreign powers, and in dealing with other important diplomatic affairs, such as the grant of concessions to or contracts with foreigners.

HAYASHI GONSUKE, (Seal)
Envoy Extraordinary and Minister Plenipotentiary.
The 22nd day of the 8th month of the 37th year of Meiji.

YUN CHI HO, (Seal)
Acting Minister of State for Foreign Affairs.
The 22nd day of the 8th month of the 8th year of Kwang-Mu.

는 외교 간섭 조항까지 들어 있었다.

〈사진2〉에서 보듯이 이 문건은 약식 조약에서도 반드시 밝히는 대표 선정과 위임에 관한 언급이 전혀 없다. 세 가지 요구사항만 나열한 것이 내용의 전부였다. 이 문서는 조약의 형식을 취한 것이 아니었기 때문에 한국어본이 없다. 일본어로 작성된 것이 일본 외교사료관에만 소장되어 있다.

그런데 일본 정부는 ②를 협조국인 영국, 미국 정부에 알리기 위해 영어번역본을 만들면서 머리에 "Agreement"란 단어를 집어넣었다(당시는 영어번역본 작성이 필수가 아니었다).

각서에 불과한 것을 조약으로 둔갑시키려 한 것이다. 각서는 '약속' 사항이 당사국 간의 문제에 그치는 반면, 조약은 약식이라도 제3국과의 외교 관계에 영향을 미치게 된다. 영국, 미국 정부는 실제로 이 "Agreement"에 근거하여 한반도에 대한 일본의 배타적 지배권을 묵인하는 「제2차 영일동맹」「테프트-카츠라 밀약」을 체결하였다. 국권 탈취를 노린 사기극이었다.

문서 변조행위는 여기서 그치지 않았다. 1905년 9월에 러일전쟁을 종결짓는 강화회의가 미국 포츠머스에서 열렸다. 그리고 일본 정부는 11월 17일에 한국 정부에 대해 ③을 내놓았다. 한국의 외교권을 완전히 빼앗아 보호국으로 만들기 위한 조약이었다. 이 조약문에는 제목이 들어갈 첫 줄이 비어있다.

한국을 불행의 나락으로 떨어뜨린 조약이 제목이 없는 부실 문서라면 누가 믿겠는가? 영어 번역본에는 이 빈자리가 "Convention"이란 단어로 채워졌다. 이 단어는 Treaty와 함께 정식조약에 사용되는, 특히 보호조약에 많이 쓰이는 용어였다. 한국의 황제와 대신들의 완강한 반대에 부딪혀

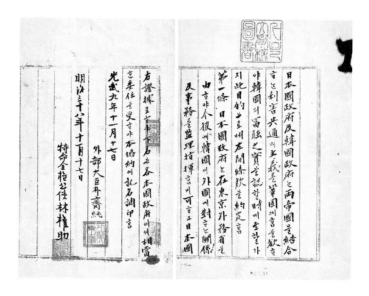

CONVENTION.

(Signed, November 17, 1905.)

The Governments of Japan and Corea, desiring to strengthen the principle of solidarity which unites the two Empires, have with that object in view agreed upon and concluded the following stipulations to serve until the moment arrives when it is recognized that Corea has attained national strength :—

ARTICLE I.

The Government of Japan, through the Department of Foreign Affairs at Tokyo, will hereafter have control and direction of the external relations and affairs of Corea, and the diplomatic and consular representatives of Japan will have the charge of the subjects and interests of Corea in foreign countries.

ARTICLE II.

The Government of Japan undertake to see to the execution of the treaties actually existing between Corea and other Powers, and the Government of Corea engage not to conclude hereafter any act or engagement having an international character except through the medium of the Government of Japan.

ARTICLE III.

The Government of Japan shall be represented at the Court of His Majesty the Emperor of Corea by a Resident General, who shall reside at Seoul, primarily for the purpose of taking charge of and directing matters relating to diplomatic affairs. He shall have the right of private and personal audience of His Majesty the Emperor of Corea. The Japanese Government shall also have the right to station Residents at the several open ports and such other places in Corea as they may deem necessary. Such Residents shall, under the direction of the Resident General, exercise the powers and functions hitherto appertaining to Japanese Consuls in Corea and shall perform such duties as may be necessary in order to carry into full effect the provisions of this Agreement.

1

2

1. 사진4 _ 보호조약인 「제2차 일한협약」 첫장과 끝장
제목이 들어갈 첫줄이 비어있다(서울대학교 규장각한국학연구원 소장).
2. 사진5 _ 「제2차 일한협약」의 영어번역본
원문에 없는 제목(Convention)이 들어가 있다(일본외교사료관 소장, 필자 제공).

생긴 하자를 감추기 위해 또 서슴없이 문서 변조를 감행하였던 것이다.

일본은 러시아와의 전쟁을 위해 미국, 영국으로부터 7억 엔에 달하는 거액의 차관을 얻고 있었다. 부실 조약의 결함이 노출되면 '문명국'의 반열에서 떨어져 나와 채무국으로서 겪을 고초가 더 클 것이 뻔하였다. 저들은 사후에 이런 결함을 은폐하기 위해 조약의 이름에 제1차, 제2차란 차수를 붙이기도 하였다. 「제2차 일한협약」을 둘러싼 일본의 범법행위는 이것이 모두가 아니었다. 국왕과 대신들에 대한 군사적 위협에 고종황제 협상지시설 유포 등 한 두 가지가 아니었다.

보호조약 현장에 남긴 일본의 강제 증거

「제2차 일한협약」(을사늑약, 1905. 11. 17~18)은 가장 중요한 주권인 외교권을 빼앗는 것이었기 때문에 한국 측의 저항은 어느 때 보다 컸고, 일본 측의 강압도 가장 난폭했다. 일본은 총리대신을 네 번 지낸 추밀원 의장 이토 히로부미伊藤博文를 특파대사로 한국에 보내 현장을 지휘하게 하였다.

1905년 11월 15일 이토가 고종황제를 알현하고, 이 자리에서 3시간이 넘도록 쟁론이 벌어졌다. 일본의 요청을 들은 고종황제는 그렇다면 한국은 아프리카의 토인국이나 오스트리아에 병합된 헝가리 신세가 되지 않느냐고 반문하면서 나는 절대로 이에 응할 수 없다고 단호하게 말하였다. 이토는 외부대신에게 협상에 임하라고 지시해 주기를 협박조로 거듭 말했지만 황제는 이런 중대사는 정부에서도 절차가 있고 중추원과 일반 신민의 의견까지 들어야 하는 일이라고 말하면서 거부하였다. 이토는 전제국가에서 황제의 뜻 외에 다른 무슨 절차가 필요하냐고 폭언하면서 협상지시를 거듭 촉구하고 물러났다.

대한제국의 「의정부회의 규정」(최종 규정, 1904.3.4일자) 에 따르면, 조약 은 외부대신이 상대국의 제안을 접수하여 의정부 회의에 회부하여 의정(또 는 참정)이 토론을 주재하여 다수 의견으로 회의록을 작성하여 황제에게 재 가를 구하는 한편 중추원中樞院(초기 의회)에도 동의를 구하도록 되어 있었 다. 11월 16일, 주한 일본공사 하야시 겐조林權助는 외부대신 박제순에게 협 상안을 제출하였다. 고종황제와 대신들은 곧 회동하여 이 안건은 의정부 회의에 아예 회부하지 않기로 결의하였다.

11월 17일 아침부터 일본공사는 한국 대신들을 일본공사관으로 초치 하여 제안을 수락할 것을 회유, 압박하였다. 대신들이 응하지 않자 하야시 공사는 황제와 직접 의논할 것을 제안하면서 황제의 거처인 중명전重明殿 으로 이동하였다. 황제와 대신들은 간담회 형식으로 다시 만나 계속 거부 할 것을 다짐하였다. 저녁 6시 경 하야시 공사는 이토 특사가 있는 곳에 사 람을 보내 대사가 직접 나설 것을 요청하였다. 이토는 종일 한국주차군 사 령부(현 웨스틴 조선호텔 건너편에 있던 대한제국의 영빈관 대관정(大觀亭)을 무단 점 거하여 사용 중)에서 사령관 하세가와 요시미치長谷川好道와 함께 기다리고 있 었다. 이토는 이 전갈을 받고 하세가와와 함께 헌병들을 거느리고 중명전 으로 왔다. 좁은 입구와 마당은 일본군 헌병들로 가득 차다시피 하였다.

이토는 황제에게 알현을 요청했지만 황제는 대사와는 더 할 얘기가 없다고 거절하였다. 이토는 퇴궐하려는 한국 대신들을 불러 세워놓고 한 사람씩 심문조로 찬반 의견을 물었다. 이토는 반대 의견에 대해서도 엉뚱 한 토를 달아 찬성으로 간주하여 찬성자를 다수로 만들었다. 이완용이 조

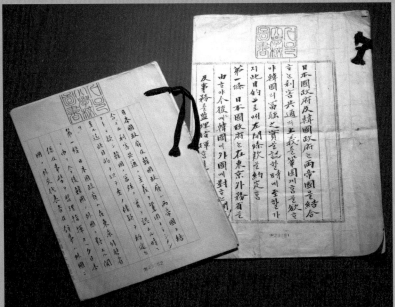

1. 사진6-1 _ 「의정서」의 한, 일 양국어 본 비교
묶음 끈이 한국어 본은 황색, 일본어 본은 청색이 선명하다(서울대학교 규장각한국학연구원 소장).

2. 사진6-2 _ 「제2차 일한협약(을사늑약)의 한, 일 양국어본 첫면
묶음끈이 같은 청색이다(서울대학교 규장각한국학연구원 소장).

약의 시한을 "한국이 부강해 질 때까지"라고 명시하고, "한국 황실의 안녕을 보장한다."는 구절을 넣자고 제안하였다. 이것은 전날 이토와 짠 각본이었다.

이토는 반대자는 참정韓圭卨과 탁지대신閔泳綺 두 사람뿐이라고 선언하면서 이완용의 제안을 반영하여 조약문을 새로 쓰게 하였다. 이즈음 통역관 마에마 교사쿠前間恭作로 하여금 헌병들을 데리고 한국 외부에 가서 외부대신의 직인을 가져오게 하였다. 새로 쓴 조약에 날인을 마쳤을 때는 18일 새벽 1시 30분경이었다. 외교권 이양이라면 「조일수호조규」처럼 한국 황제의 비준서가 반드시 첨부되어야 하는데도 이 조약에는 외부대신 직인만 찍혀 있을 뿐이다.

일본 측은 억지를 부리던 중에 결정적인 강제의 물증을 스스로 남기고 있는 것을 몰랐다. 한국 측의 손으로 작성되고 철해져야 할 한국어 본의 조약문이 일본공사관 측에 의해 처리된 증거가 남겨졌다. 1년 여 전의 「의정서」만해도 조약문은 양측이 각기 외교업무를 주관하는 기관이 주관하여 처리되었다. 즉 한국은 '韓國外部', 일본은 '在韓國日本公使館'이란 글자가 인쇄된 용지를 사용하고, 각기 서로 다른 끈으로 그 문건들을 철하여 교환하였다. 한국 측은 황색, 일본 측은 청색의 끈을 사용하였다.

그런데 「제2차 일한협약」에서는 일본어 본은 「의정서」 때와 같은 용지와 끈을 사용했지만, 한국어 본은 기관명이 인쇄되지 않은 적색 괘지에 (사진4), 일본 측에서 사용한 청색 끈으로 묶어졌다. 「의정서」와의 이러한 차이를 한자리에 모아보면 〈사진7〉과 같다. 이것은 일본공사관 측이 한국어 본까지 직접 챙겼다는 명백한 증거이다.

이토 히로부미는 귀국 후 천황에게 올리는 보고서의 내용까지 조작하

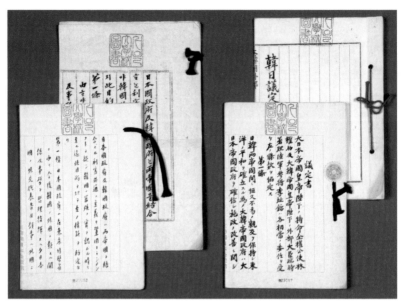

사진 7 _ 「의정서」와 「제2차 일한협약」(보호조약)의 한·일 양국어 본 비교
후자의 한국어 본(왼쪽 뒤편)의 묶음이 잘못된 것이 한 눈에 드러난다.

였다. 추밀원 비서실장[都築馨六]이 작성한 보고서의 초고(일본 국회 헌정 자료
실 소장)에는 이토 특사가 한국 황제를 알현했을 때의 분위기를 "한국 황제
는 이번 조약에 찬성하지 않아"라고 적었다. 그런데 "찬성하지 않아"의 구
절 위에 흑색 선을 긋고 "찬성하지 않을 수 없어─"라고 고치고 한국 황제가
처음부터 협조적으로 임한 것으로 내용을 바꾸었다.

　　이런 조작 후에 '황제 협상지시'를 정론처럼 삼아 한국 정부의 『관보
官報』에 이 조약을 「한일협상조약」으로 게재하게 하는 한편, 한일 양측의
공식 기록들을 모두 이 각도에서 작성하도록 하였다. 역사의 진실을 원천
적으로 은폐하려는 의도였다.

고종황제 퇴위 강제, 순종황제 친필 서명 위조

고종황제는 「제2차 일한협약」이 강제되자 곧 바로 독일, 러시아, 미국, 프랑스 등의 수교국의 국가 원수들을 상대로 조약 무효화 운동을 벌였다. 그러나 일본은 1906년 1월말에 외교권 실행 기구로 통감부統監府를 서울에 설치하고 이토가 초대 통감으로 부임하였다. 이토는 고종황제가 1907년 6월에 비밀리에 제2차 헤이그 만국평화회의에 특사 3인을 파견하자, 이를 구실로 퇴위를 강제하였다. 황제는 이를 거부하였지만, 일본 정부는 7월 20일에 환관 2명을 신구 황제의 대역으로 동원하여 양위식을 거행하였다.

이어서 이토는 24일에 총리대신 이완용李完用을 불러 「한일협약」을 체결하였다. 통감이 대한제국의 내정까지 직접 관여하는 체제를 만들기 위한 조약이었다. 이 조약은 퇴위 강제와 함께 추진된 것이었기 때문에 정상적인 절차를 밟는 것이 될 수 없었다. 한국 황제가 퇴위를 거부하고 황태자가 움직이지 않은 상태에서 전권 위임과 같은 절차가 이루어질 수가 없었다.

이 조약은 말미에 두 사람이 "각기 본국 정부에서 상당한 위임을 받아 본 협약에 기명 조인한다."고 밝히고 있지만 신, 구 황제 어느 쪽도 위임을 허락해 준 적이 없었다. 한마디로 이 조약은 통감이 나서서 대한제국의 통치체제를 통감부의 것으로 바꾸는 것에 대한 요식 행위에 불과하였다.

황제와 황태자는 이토의 강압에 오래 맞섰다. 8월 2일에 통감부가 융희隆熙라는 새 연호를 공표하였지만, 황태자는 나서지 않았다. 일본은 황태자의 이복동생인 10세의 영친왕英親王을 왕세자로 책봉하고 그를 인질로 삼는 계략으로 황제를 압박하였다. 일본의 황태자가 먼저 서울을 방문하는

사진8 _ 이탈리아 사진 잡지 (1907. 8. 4일자)의 표지 사진

'신황제' 대역의 젊은 환관이 '구황제' 대역 환관으로부터 양위를 받고 막 용상에 올라 앉아 있다.
앞 쪽에 일본 장교 복장의 인물이 보인다(출전: Carole Cameron Shaw, The Foreign Destruction of Korean Independence, Seoul National University Press, 2006, 서울대학교출판문화원 소장).

것으로 계략이 가시화 되자 고종황제는 더 이상 버티지 못하였다.

　　황제는 11월 15일 종묘를 방문한 다음 경운궁慶運宮(현 덕수궁)으로 돌아오는 길에 황태자(순종)가 있는 창덕궁을 들렀다. 3일 뒤 황태자가 종묘를 찾고 선대왕들의 신위 앞에서 황제의 위에 오르겠다는 서고誓告를 올렸다. 이때 통감부는 다시 기묘한 계략을 부렸다. 황제의 서고문에 이름자를 친필로 기입하는 난을 만들었다. 새 황제가 李坧이척이라는 자신의 이름을 여기에 써 넣도록 유도하였다. 그리고 이날부터 황제의 결재 방식을 황제가 이름자를 직접 쓰는 친서親署 제도로 바꾸었다. 이 방식은 일본에서 명치유신 이래 해오던 것이다. 서고가 끝나자마자 통감부의 직원들은 서고문을 넘겨받아 이날부터 1910년 1월 18일까지 2개월간 61건의 문서에 황제의 이름자 서명을 흉내 내어 안건을 처리하였다.

(1)～(2) 詔勅1907.11.18.　(3) 詔勅1907.11.19.　(4) 詔勅1907.11.26.

(48)～(53) 勅令1907.12.27.

(5) 勅令1907.12.4.　(6) 詔勅1907.12.13　(24) 勅令1907.12.13.

(7)～(23) 勅令1907.12.13.

(30) 勅令1907.12.20.　(31)～(33) 法律1907.12.13.　(54)～(45) 勅令1907.12.23.

(54)～(58) 勅令1907.12.30.

(59) 勅令1908.1.7.　(60) 勅令1908.1.18.

사진9 _ 서명 위조 상태
하나여야 할 필체가 여섯 가지 정도가 된다. 통감부 직원들이 각기 소관별로 위조 처리한 것으로 입증되었다.

이 문건들은 대한제국의 정부 조직과 재판소, 감옥 제도 등을 통감부 감독체제로 바꾸는 것들이었다. 공문서 위조 행위가 내정권 탈취에서도 대규모로 행해졌다.

순종황제, 병합 조약에 서명하지 않았다.

고종황제가 강제 퇴위 당한 후 무력 투쟁을 벌이는 의병들의 기세는 국내외에서 날로 높아갔다. 1909년 6월에 이토는 이에 대한 책임을 지고 통감에서 물러났다. 같은 해 10월에 일본의 만주 진출에 한 몫 하고자 하얼빈으로 갔다가 거기서 블라디보스톡에 본거를 둔 대한의군의 참모중장 안중근이 이끄는 특파대에 의해 처단되었다. 일본 군부는 이토가 통감에서 물러나기 직전에 한국병합에 대해 이토도 찬성인 것을 확인하였다.

일본 군부는 하얼빈 사건 후 배후 조직에 대한 철저한 탐문 조사를 마치고 1910년 3월에 안중근을 극형에 처한 뒤, 6월에「한국병합준비위원회」를 발족시켰다. 병합에 필요한 모든 절차를 검토하고 문건들을 준비하기 위해서였다. 안중근 사건에 대한 조사를 주관한 육군대신 데라우치 마사타케寺內正毅가 7월 하순 통감으로 부임하여 병합 집행에 나섰다.

일본은 병합조약만은 정식조약의 요건을 다 갖추려고 하였다. 준비위원회는 한국 측의 이름으로 낼 문건들도 모두 준비하였다. 데라우치는 총리대신 이완용에게 사전에 협조를 당부한 뒤, 8월 22일에 위임장부터 내놓고 이것을 순종황제에게 가져가서 서명과 날인을 받아 오게 하였다. 황제는 이완용 외에 친일분자 윤덕영尹德榮, 민병석閔丙奭 등이 지켜보는 가운데 2시간 이상 버텼다. 그것은 침묵 시위였다. 창덕궁 낙선재樂善齋에 갇힌 몸이 된 그에게는 이미 저항할 아무런 수단이 없었다. 「大韓國璽」라고 새겨진 국새를 찍고 그 위에 자신의 이름자 坧을 직접 썼다.

이완용은 이를 받아들고 남산 아래 통감 관저로 달려갔다. 데라우치가 내놓은 조약 본문에 기명날인하였다.

그런데 데라우치는 다시 각서 하나를 내놓았다. 병합의 사실을 알리는 양국 황제의 조칙을 언제든지 발표할 수 있도록 준비한다는 내용이었다. 이 조약은 체결과 동시에 한 나라가 없어지므로 비준 절차를 밟을 시간이 없으므로 병합을 알리는 조칙의 공포로 비준을 대신하기 위한 것이었다.

양국 황제들의 조칙은 8월 29일에 반포되었다. 그런데 한국 황제의 조칙은 '칙유勅諭'로 이름이 바뀌고, 위임장과는 달리 국새가 아니라 「勅命之寶」라고 새겨진 어새가 찍혔다. 그 위에는 반드시 있어야 하는 황제의 이름자 서명도 없다.

이 어새는 황제의 행정 결재용으로서 통감부가 고종황제를 강제 퇴위시킬 때 빼앗아간 것이었다. 따라서 이 날인은 순종황제의 의사와는 무관한 것이었다.

순종황제는 1926년 4월 26일에 운명하기 직전에 곁을 지키고 있던 조정구趙鼎九에게 유언을 구술로 남겼다. 자신은 나라를 내주는 조약의 조칙에 서명을 하지 않았다는 내용이었다. 이 구술 유언 조칙은 멀리 샌프란시스코 교민들이 발행하던 『신한민보』에 실렸다. 이 진술은 「칙유」의 상태와 일치하는 것이었다.

「한국병합 조약」만은 정식조약의 구비조건을 다 갖추려 했던 일본 측

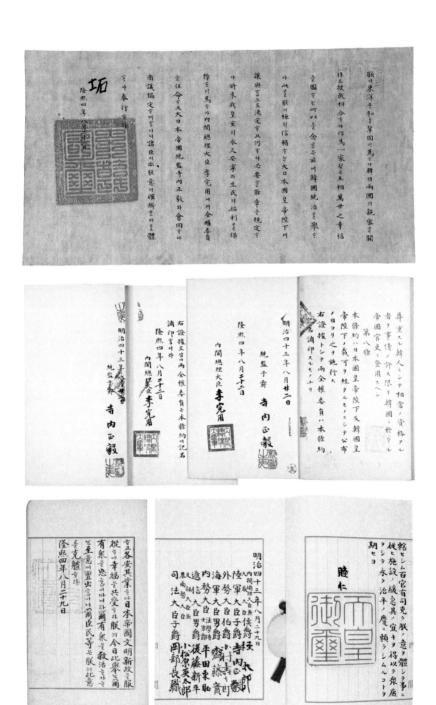

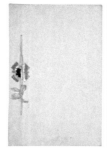

1. 사진10 _ 「한국병합조약」의 한국 측 전권위임장
국새가 날인되고 그 위에 순종황제의 이름 자 서명
이 보인다(서울대학교 규장각한국학연구원 소장).
2. 사진11 _ 「한국병합조약」의 전권위원들의 기명 날
일 상태(서울대학교 규장각한국학연구원 소장)
3. 사진12 _ 「한국병합조약」의 한국 황제의 '칙유(왼
쪽, 조선총독부 홍보용)와 일본 천황 조칙(오른쪽)
전자는 국새가 아닌 행정결재용의 '칙명지보'가 찍
히고 황제의 이름자 서명이 없는 반면(서울대학교
규장각한국학연구원 소장), 후자는 '천황어새'가
찍히고 그 위에 명치 천황의 이름자 서명이 보이고
11명 대신들의 병서도 보인다(일본외교사료관 소
장, 필자 제공).
4. 사진13 _ 「한국병합조약」의 한·일양국어 재질
비교
앞표지, 뒤표지, 그리고 첫 페이지(서울대학교 규
장각한국학연구원 소장).

의 계획과는 달리 비준서를 대신할 한국 황제의 조칙은 발부되지 않은 것
이 되었다.

　　일본 측은 병합조약에서도 결정적인 강제의 흔적을 남겼다. 〈사진
13〉에서 보듯이 이 조약은 한·일 양국어 본이 똑 같은 용지에 똑같은 필체
로 작성되고 똑같은 끈으로 묶여져 있다. 조약이 한쪽 의사로 강제되었다

는 명백한 증거이다. 세계 조약사상 이런 예는 찾아 볼 수 없는 것이다.

'온전'과 '불법'을 넘나든 자기모순의 조약들

1876년 2월에 체결된 「조일수호조규」에서 1910년 8월의 「한국병합조약」까지 한, 일 양국 간에 '체결된' 조약들의 비준 유무를 표시하면 다음과 같다.

근대 한일 간의 조약들의 비준 유무 상황표

연월일	조약명칭	비준유무 (한/일)	연월일	조약명칭	비준유무 (한/일)
1876.1	조일수호조규	○ / ○	1904.2	의정서	X / X
	부록	不要	1904.8	'제1차일한협약'	X / X
1882.7	제물포조약	(國書) / ○	1905.11	'제2차일한협약'	X / X
1882.7	海關稅目	○ / ○	1907.7	한일협약	X / X
1885.1	한성조약	○ / ○	1910.8	한국병합조약	X / ○

위의 표에서 그대로 드러나듯이 일본은 한반도에 근거를 만들 때는 법적 요건을 다 갖추고, 한국의 국권을 탈취할 때는 국가원수의 비준을 구하지 않거나 받아내지 못한 상태에서 조약체결을 기정사실화 하였다. 최후의 「한국병합조약」에서는 비준을 갖추고자 하였지만 한국 황제(순종)의 불응으로 뜻을 이루지 못하고 가짜 칙유문을 공표해 놓고 조선총독이 통치권을 행사하였다. 합법과 불법의 선을 마음대로 넘나드는 것은 법을 무시하는 무법의 지대라고 하지 않을 수 없다.

법의 문제뿐 아니라 윤리적 면에서도 일본에게는 큰 부담이 남겨져 있다. 청일전쟁을 일으키면서 한반도에 시설된 전신선을 무단 사용하기 위해 조선 군주가 있는 경복궁을 한 밤중에 군대를 투입하여 점령하고, 전쟁이 끝난 뒤에 일본군의 완전 철수를 요구하는 조선 군주에 대해 왕비 살해로서 대응한 것은 반인륜적 행위였다.

그리고 1918년 1월에 윌슨 미국대통령의 민족자결주의 선언으로 일본 정부 수뇌부(총리대신 寺內正毅)가 경운궁(현 덕수궁)의 고종황제에게 1905년 보호조약에 대한 추인을 요구하고 이를 듣지 않자 독살을 지시하였다는 언급이 남아 있다. 왕비살해의 예에 비추어 볼 때 이 지적도 전혀 무근한 소문으로 돌려 버릴 수가 없다. 고종황제의 죽음은 곧 조선왕비 살해를 지시한 일본 육군참모부의 쵸슈長州 군벌의 위세가 막을 내리기 직전에 있었다.

순종황제의 유조

1910년 '병합조약', 일제가 불법 조작했다

윤대원 · 서울대학교 규장각한국학연구원 HK연구교수

"지난 날의 병합 인준은 강린(일본)이 역신의 무리와 더불어 제멋대로 해서 제멋대로 선포한 것이요, 다 나의 한 바가 아니라. … 여러분들이여 노력하여 광복하라, 짐의 혼백이 명명冥冥한 가운데 여러분을 도우리라."

- 1926년 순종황제의 유조遺詔

韓日 200여 지식인, '병합조약 무효' 선언

2010년 5월 10일 한일 두 나라 200여 명의 지식인은 '한국병합' 100년에 즈음하여 '병합조약'의 무효를 새삼 선언하였다. 한일 지식인들은 "조약의 전문前文도 거짓이고 본문도 거짓"이며 "조약 체결의 절차와 형식에도 중대한 결점과 결함"이 있을 뿐만 아니라 "'한국병합'에 이른 과정이 불의 부당 하듯이 '한국병합조약도 불의 부당하다"고 지적하였다.

이 선언은 과거사 문제로 불편한 지난 한일관계를 청산하고 두 나라 사이에 "진정한 화해와 우호에 기초한 새로운 100년을 열어"가자고 호소한 두 나라의 양심적 지식인의 진정어린 충고이다.

그동안 우리 학계에서는 병합의 출발이라고 할 수 있는 1905년의 을사늑약에서부터 병합늑약에 이르는 조약 체결과 조약문에 대한 역사적·국제법적 연구와 토론을 통해 강제성과 불법성을 지적해 왔다.[1] 특히 병합조약과 관련해서는 1910년 8월 29일 병합조약의 비준을 대신하여 공포된

순종황제의 칙유가 '날조'되었다는 주장이 나왔다.[2]

또 병합늑약은 국내법 절차를 거치지 않은 점, 조약체결 과정에서 정해진 양식에 따라 작성되어야 할 일련의 공문서가 작성되지 않은 점, 무엇보다도 한일 두 나라의 병합늑약문이 모두 일본 측에서 작성한 점 등을 들어 병합늑약은 일본 측의 일방적 강요에 의한 불법 조약이라는 주장도 제기되었다. 조약 체결에서 가장 중요한 절차인 '전권위원 위임 → 조인 → 비준' 등의 전 과정이 불법 내지 강제, 그리고 '날조'로 이루어졌다는 것이다.

이런 불법은 1907년 7월 강제 체결된 한일협약(정미 7조약)에서 일본이 강제한 절차에서도 확인할 수 있다. 특히 칙령·법령 등 한국 정부의 중요 행정사안을 사전에 통감의 승인을 받도록 규정한 정미 7조약 제2조에 따른 조약 체결 절차와 조약 체결 당사자이자 통감이었던 초대 조선총독 데라우치 마사타케寺內正毅가 1910년 11월 7일 본국 정부에 보고한 「조선총독보고 한국병합시말朝鮮總督報告 韓國倂合始末」을 재검토해 보면 절차상 불법은 물론 「조선총독보고 한국병합시말」 자체가 조작되었을 가능성조차 있다.

일본이 작성한 전권위원 위임장과 황제칙유

병합늑약이 '합법적'으로 체결되었다는 주장의 근거로 알려진 문서로는 ① 순종황제가 내각총리대신 이완용을 조약 체결 전권위원으로 임명하는 위임장인 황제조칙皇帝詔勅, ② 이완용과 통감 데라우치가 기명날인한 병합늑약문, ③ 병합 사실을 알리는 순종황제의 칙유勅諭가 있다. 이 문서는 모두 규장각에서 소장하고 있다.

이들 문서들이 정상적인 효력을 가지려면 주권자인 황제의 재가를 받아야 하고 이를 위해서는 반드시 국내법 내지 국제관습법적 절차를 거쳐야 한다. 또 그 과정에서는 이를 증명하는 공문서가 작성, 보존되어야 한다. 병합늑약이 불법이라는 이유는 이런 절차상의 결점뿐만 아니라 앞서 언급한 병합늑약과 관련된 중요 세 문서 역시 결함이 너무도 분명하다는 점이다.

1910년 8월 22일 한일 두 나라가 작성하여 조인한 병합조약문은 토씨에 있어 한글과 가나의 차이를 제외하고는 글씨체, 종이 재질, 제본 및 봉인 등이 똑같다. 이 두 문서는 동일한 사람이 쓴 것이 분명하다. 이것은 병합조약 체결에서 한국 정부의 의사가 반영되지 않고 일본 측의 일방적 강요로 작성되었다는 것을 반증하는 것이다. 이 사실만으로도 병합조약 자체가 성립될 수 없음을 알 수 있다.[3]

우선 데라우치가 통감으로 부임한 뒤 병합늑약을 체결, 공포하는 과정에서 이완용을 전권위원으로 임명하는 위임장인 '황제조칙'과 병합 사실을 알리는 '황제칙유'에는 어떤 절차상 내지 문서형식상 결함이 있는지 보자.

"본관은 성지聖旨를 받들어 지난(1910년-인용자) 7월 23일에 한국에 착임한 이래 확정된 방침에 따라 시기를 노려 병합의 실행에 착수코자" 한다고 했듯이 데라우치가 통감으로 부임한 궁극적인 목적은 한일병합을 성사시키는데 있었다.

일본이 한국병합 방침을 구체적으로 확정한 때는 1909년 7월 6일이었다. 일본 내각에는 3월 20일 '한국병합에 관한 건'이 제출되어, 7월 6일 내각에서 결의하고 같은 날 일본천황의 재결裁決을 받았다.

이 안건에서 일본은 "내외의 형세에 비추어 적당한 시기에 단연 병합을 실행하고 반도를 명실 공히 제국판도의 일부"로 삼는 것을 목적으로 하였다. 이에 따라 일본은 5월에 육군대신 데라우치를 한국통감으로 발령하였고, 그는 7월 23일 통감으로 부임했다. 그는 8월 13일 본국의 내각총리대신 가쓰라 다로桂太郎에게 '병합조약 체결을 내주부터 착수하여 특별한 지장 없이 진행함에 주말에는 모두 완료시킬 예정'이라는 전보를 보냈다.

데라우치는 8월 16일 '시국 해결의 임무를 떠맡겠다고 결심이 선' 이완용을 통감관저로 불러 병합늑약의 체결을 설득하였다. 그 직후 데라우치는 시국해결은 합의적인 조약으로써 서로의 의사를 표시하는 것이 타당하다고 강조하면서 미리 준비한 각서를 제시, 합의하였다. 데라우치가 제시한 각서란 '한국 황제의 통치권을 일본 천황에게 양여한다'는 내용이었다. 그러면서 그는 이완용에게 병합늑약과 관련하여 먼저 내각회의를 거치고 그 다음 황제에게 조약체결을 위한 전권위원의 임명을 주청할 것을 강조했다.

일본이 이처럼 조약체결의 절차를 강조한데는 나름의 이유가 있었다. 병합늑약 이전 일본이 강제하여 맺은 을사늑약 등에는 절차상의 결함이 있었다. 때문에 일본은 이 조약만은 완전한 형식을 갖추도록 함으로써 이전의 협정들이 가졌던 결함들도 모두 해소될 수 있다고 보았던 것이다.

데라우치는 8월 18일 다시 이완용에게 내각의 의견을 모아 조약체결에 착수할 것을 독촉하면서 한국 황제가 내각총리대신 이완용을 조약체결의 전권위원에 임명하는 칙명勅命을 제시하였다. 그 내용은 다음과 같다.

"짐은 동양의 평화를 공고히 하기 위해 일한 양국의 친선 관계를 돌아보고 서로 합해서 일가가 되는 것이 만세의 행복을 도모하는 소이로 생각돼 이에 한국의 통치를 모두 짐이 가장 신뢰하는 대일본국 황제폐하에게 양여하기로 결정하였다. 따라서 필요한 조장條章을 규정하여 장래 우리 황실의 안녕과 백성의 복리를 보장하기 위하여 내각총리대신 이완용으로 하여금 대일본제국 통감 데라우치 마사타케와 회동하여 상의·협정케 한다."

8월 22일 오후 2시에 열린 어전회의에서 순종황제가 "조약체결의 전권위임장에 친히 서명하여 국새를 누르게 해" 내각총리대신 이완용에게 건네주었다고 한 위임장이 〈도1〉이다. 8월 18일 데라우치가 이완용에게 건넨 칙명과 비교하면 마지막 문장인 "제신諸臣 또한 짐의 뜻의 확단한 바를 받들어서 봉행하라"는 한 줄을 제외하고는 토씨 하나까지 똑같다.

더구나 한일 양국의 병합늑약과 위임장의 글씨체를 비교한 〈표1〉에서 확인할 수 있듯이 전권위원 위임장의 글씨체는 같은 날 조인한 병합늑

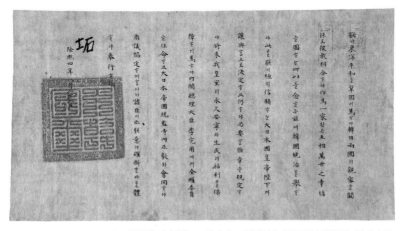

도1 _ 이완용을 전권위원으로 임명하는 위임장(서울대학교 규장각한국학연구원 소장)

표1_글씨체 비교

병합조약 (한국)	병합조약 (일본)	전권위원 위임장
韓國皇帝	韓國皇帝	韓國
日本國皇帝	日本國皇帝	日本國皇帝
東洋平和	東洋平和	東洋平和
倂合條約	倂合條約	

약의 글씨체와 역시 같다. 이것은 병합조약문을 필사한 자가 전권위원 위임장도 필사했다는 뜻이다. 전권위원 위임장 역시 일본이 사전에 준비해 두고 강제한 사실을 알 수 있다.

그리고 병합늑약을 조인한 이완용과 데라우치는 조약을 황제의 조칙詔勅과 함께 공포한다는 각서를 썼다. 조약 체결의 절차상 남은 것은 비준 뿐이었다. 각서에서 약속한 순종황제의 조칙 공포는 곧 절차상 비준을 대신하려는 의도였다.

통감부는 본국 정부와의 협의에 따라 8월 29일 병합늑약을 공표하기로 하였다.[4] 그 사이 데라우치는 비준을 대신할 황제조칙을 준비, 작성하였다.[5] 8월 27일 데라우치는 본국의 총리대신 카츠라와 외무대신 고무라 주타로小村壽太郞 앞으로 "일한병합에 관한 한국 황제의 조칙문은 별지와 같이 결정하여 오늘 재가를 거쳐 오는 29일 병합조약과 함께 발표케

할 것"이라고 하며 병합늑약의 비준서를 대신할 황제의 조칙문을 첨부한 전보 제50호를 보냈다.

이 조칙문에 '황제약왈皇帝若曰'을 첨가하고 어새「칙명지보勅命之寶」를 찍어 공포한 것이〈도2〉이다. 이와 같이 병합을 알리는 칙유 역시 병합늑약과 전권위원 위임장처럼 통감부에서 초하고 수정을 거쳐 작성했다.

〈도2〉에서 확인할 수 있듯이 칙유 마지막 부분에 당연히 있어야 할 황제의 이름(坧), 즉 친서親書가 없다. 또 국새「대한국보大韓國寶」대신 일반 행정 문서에 사용하는 어새가 찍혀 있다. 이 어새는 1907년 7월 정미조약 이후 통감부가 보관하고 있었기 때문에 황제의 재가가 없어도 통감부에서 마음대로 찍을 수 있었다.

이처럼 일본이 병합늑약문뿐만 아니라 이완용을 전권위원으로 임명한 위임장인 황제의 조칙과 8월 29일 공포된 병합을 알리는 황제의 칙유까지도 일방적으로 작성하여 강요한 불법적 행위를 저질렀음을 알 수 있다.

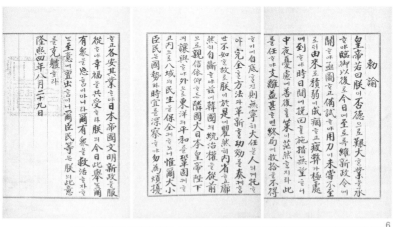

도2 _ 어새(御璽, 칙명지보(勅命之寶))만 찍힌 칙유(勅諭)(서울대학교 규장각한국학연구원 소장)[6]

내각회의와 '지급至急' 조회의 진실

전권위원 위임장과 황제칙유가 일본의 일방적 강제에 의해 '날조'된 불법적 문서라는 사실은 이완용이 통감에게 승인을 요청한 8월 22일과 29일 두 조회에서 더욱 분명히 드러난다.

외교 문서 처리 절차에 대한 명확한 규정은 없지만 한국 정부는 1907년 제정한 「내각관제內閣官制」에 따라 법률안·칙령안 등은 "내각회의를 거쳐야 하는 사항"으로 규정하였다. 통치권 양여와 같은 중차대한 문제는 당연히 내각회의를 거쳐야 하는 사항이다. 이에 따라 황제의 재가를 받기 위한 내각회의는 ① 통감부에서 한국내각에 조약 체결 공문 접수, ② 내각회의에 청의안請議案 제출, ③ 청의안에 대한 참석 대신들의 가부 등을 표시한 회의표제 작성, ④ 상주안을 작성하여 황제 재가裁可 주청奏請 등의 절차를 거쳤다.

일본은 한국 정부의 내각회의 절차에 또 하나의 절차를 강제하였다. 일본은 1907년 7월 맺은 정미 7조약 제2조 "한국 정부의 법령의 제정 및 중요한 행정상의 처분은 미리 통감의 승인을 받는다."는 규정에 따라 내각회의를 거친 칙령·법령 등 중요 안건은 통감의 승인을 받도록 하였다.

이에 따라 한국 정부에서는 내각회의의 주요 안건에 대해 매번 통감의 승인을 요청하는 조회를 보냈다. 융희 원년부터 병합 하루 전인 1910년 8월 28일 사이 열린 내각회의 안건 목록을 정리한 『내각회의안목록』을 보면, 내각회의는 정기적으로 매주 월요일과 목요일에 열렸고, 회의기록은 없지만 매 회의 때마다 취급한 안건명이 기록되어 있다.[7] 이에 따르면 대개 칙령이나 법령은 내각회의를 거친 이튿날 통감에게 조회하면 1~3일 사이

도3-1 _ 照會秘 第408號   도3-2 _ 機密統發 第1678號
(서울대학교 규장각한국학연구원 소장) (서울대학교 규장각한국학연구원 소장)

에 통감이 승인, 통지하고 이튿날 칙령 내지 법률로 반포하는 것이 일반적
이었다.

　이 규정에 따라 이완용은 8월 22일 데라우치 앞으로 '이완용을 전권
위원으로 임명한다는 위임장'인 조칙을 별지에 첨부한 '통치권 양여에 관
한 조칙안'을 조회(조회비 제408호), 당일 승인 통지(기밀통발 제1678호)를 받았
다. 〈도3-1〉과 〈도3-2〉가 그것이다.

　또 병합늑약을 공포한 8월 29일 당일에도 이완용은 데라우치에게 순
종황제의 칙유를 별지에 첨부한 '통치권 양여에 관한 칙유안'을 조회(조회
비 제409호), 당일 승인 통지를 받았다(기밀통발 제1679호). 〈도4-1〉과 〈도4-2〉
가 그것이다.

　8월 22일과 29일 두 조회를 보면 모두 "금반今般 반포건頒布件을 각의
결정閣議決定"했다 하여 이들 안건 역시 내각회의를 거쳐 결정되었음을 알
수 있다. 실제 8월 18일과 22일에는 내각회의가 열렸다. 그런데 8월 18일부

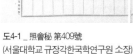

도4-1 _ 照會秘 第409號
(서울대학교 규장각한국학연구원 소장)

도4-2 _ 機密統發 第1679號
(서울대학교 규장각한국학연구원 소장)

터 28일까지 열린 내각회의안 목록을 정리한 〈표2〉를 보면 18일과 22일의
내각회의에 전권위원 위임장건이나 병합늑약건이 없다. 또 마지막 내각회
의인 8월 28일에도 황제칙유건에 관한 안건은 찾아 볼 수 없다.

　　한 나라의 통치권을 좌우할 중차대한 문제가 내각회의안 목록에 왜
없을까? 이 의문은 두 조회안 오른쪽 상단에 붉은 도장으로 찍힌 '지급'이

표2 _ 1910.8.18~28. 내각회의안건(內閣請議)

일자	요일	안건
8월 18일	목	前警視由田幸藏外其他十二人贈勳
8월 22일	월	侍從院副卿李會九外贈勳
8월 25일	목	大韓醫院長菊池常三郎外十六人贈勳 農商工部書記官金治用外一人敍勳 財務官李胤榮外一人敍勳 掌禮院卿成運外十人敍勳 內閣總理大臣秘書官事務囑托學 部事務官上村正己外一人贈勳
8월 28일	임시	大韓醫院長菊池常三郎依免 高野親雄任內部技士 大韓醫院醫官兼敎授內田徒志依免 明石竹次郎外其他十九人任慈惠醫院醫員

란 단어에서 그 단서를 찾을 수 있다. 먼저 이 시기 한국 정부는 어떤 종류의 안건을 통감에게 지급 조회했는지 보자.

융희 원년부터 융희 4년, 즉 병합 때까지 이완용이 통감에게 조칙·칙령안과 관련하여 지급 조회한 건은 총 5건이 있다. 그 가운데 3건이 1909년 이전이고 나머지 2건이 병합늑약과 관련된 것이다. 1909년 이전의 3건을 보면, 1908년 8월 31일의 '지방비경地方匪警에 관한 조칙안', 1909년 1월 4일의 '차가車駕 지방순행에 관한 조칙안', 마지막 지급 조회인 10월 28일의 '태자태사이등박문은전恩典에 관한 조칙안'이 있다.

이 세 지급 조회는 모두 조회를 한 날에 승인이 이루어졌고 대신 세 안건 모두 내각회의 목록에 없다. 이런 사실을 미루어 볼 때 지급 조회안은 정식 내각회의를 거치지 않았다는 것을 알 수 있다. 그렇다면 1910년 8월 22일의 조회비 제408호와 8월 29일의 조회비 제409호도 이런 과정을 거쳤다고 추론할 수 있다.

그럼 왜 지급 조회안은 내각회의안 목록에 없을까? 아마 지급의 경우란 지급을 요하는 안건인 만큼 월·목으로 정례화한 정식회의와 일자 및 시간이 맞지 않았을 가능성이 많다. 예컨대 10월 26일 하얼빈에서 안중근에게 저격된 이토의 장례식에 급히 의친왕을 특파한다는 10월 28일의 '태자태사이등박문은전에 관한 조칙안'이 이런 경우에 해당한다.

따라서 이런 '지급 안건'은 내각총리가 독단으로 처리했거나 아니면 어떤 임시방편의 방법으로 안건을 처리하여 하루 만에 조회, 승인, 반포의 절차가 이루어졌다고 볼 수 있다.

문제는 통치권 양여와 관련된 전권위원 위임장과 황제칙유는 '예측치 못한 상황에서 발생한' 앞의 세 가지 안건과는 근본적으로 성격이 다르다는데 있다. 뿐만 아니라 이 일은 갑작스레 생긴 일도 아니고 최소 8월 18일부터 내각회의에서 논의되어왔고 황제칙유건도 8월 22일 이완용과 데라우치의 각서에서 이미 확정된 것이었다.

이처럼 조회 내용의 중대성이나 이미 내각회의에서 취급해 온 안건이란 점에서 이 두 안건은 지급 처리할 사안이 아니었다. 더구나 데라우치가 「한국병합시말」에서 보고한 대로 8월 22일 어전회의가 있던 날 황제가 "대세가 이미 정해진 이상 속히 실행하는 것이 좋겠다."고 하며 조약안에 대해 "일일이 이를 기꺼이 받아들여 재가"했다면[8] 전권위원 위임장과 순종황제의 칙유를 이렇게 지급 처리할 이유가 전혀 없었다.

사정이 이러한데도 8월 29일 황제칙유가 오전 11시에 공포되었다. 두 안건을 '지급 조회'하여 단 몇 시간 만에 '조회→승인→반포'가 이루어졌다는 사실은 여기에 분명 다른 이유가 있었다는 것이다. 그것은 「한국병합시말」에서 언급한 조약 체결의 핵심 상황인 8월 22일 어전회의와 29일 공포된 황제칙유와 관련된 기록이 조작되었을 가능성이다. 이 가능성은 순종황제가 처음부터 병합 자체를 거부했다는 것을 전제하지 않고서는 생각할 수 없다. 이에 대해서는 다음 두 가지 사실에서 짐작해 볼 수 있다.

대한민국임시 정부가 1919년 9월 국제연맹에 제출할 목적으로 작성한 『한일관계사』에서 '합병늑약' 날인 과정에 대해 '1910년 8월 20일 이완용 등이 양국조讓國詔를 교조矯造하여 황후의 숙부인 시종원경 윤덕영을 보내어 날인을 요구했으나 이를 접한 황제와 황후가 통곡하다가 황제가 침소에 든 틈을 타서 윤덕영이 어새를 잠날潛捺했다'고 하였다.[9] 여기서 언급된 '양국조'란 8월 22일의 전권위원 위임장이다. 이 기록은 당시 소문에 근거한 것이기 때문에 날짜 등 사실 관계가 맞지 않는 부분이 있지만, 최소한 순종황제가 병합조약에 대해 「한국병합시말」처럼 '기꺼이 재가' 하지는 않았다는 것을 짐작할 수 있다.

이런 추정을 더 분명히 해 주는 것이 '순종황제의 유조遺詔'이다. 순종황제는 1926년 붕어하기 직전 궁내대신 조정구趙鼎九에게 유조를 남겼다. 이 유조에 따르면 순종황제는 "과거 병합의 인준은 강린(일본)이 역적의 무리와 함께 제멋대로 하여 제멋대로 선포한 것이며 내가 한 바가 아니다." 라고 하며 자신은 병합을 거부했음을 분명히 하였다.[10]

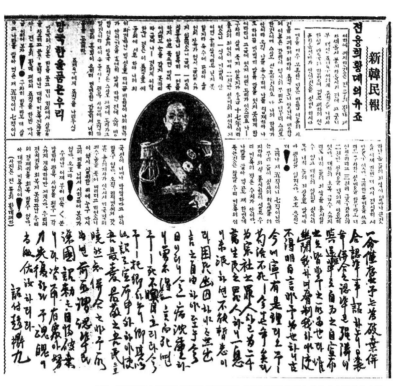

도5 _ 샌프란시스코에서 발행된 『新韓民報』 1926년 7월 18일자에 실린 순종황제의 유조
병합 인준은 일본이 제멋대로 한 것이요 내가 한 바가 아니라고 밝히고 "여러분들이여 노력하여 광복하라, 짐의 혼백이 명명(冥冥)한 가운데 여러분을 도우리라"고 끝맺었다(국사편찬위원회 소장).

이 유조에 따르면 순종황제는 애초부터 병합늑약을 거부했기 때문에 「한국병합시말」에서 황제가 병합늑약을 '기꺼이 재가' 했다는 8월 22일 어전회의 상황은 사실이 아니다. 따라서 이날 황제가 서명하고 국새를 찍은 전권위원 위임장의 서명은 '날조'이며 국새는 『한일관계사』에서 언급한 것처럼 '잠날' 했을 가능성이 있는 것이다. 이러한 추론이 가능할 때야 비로소 전권위원 위임장과 황제칙유에 관한 조회안이 지급 처리된 이유가 분명해진다.

따라서 일본은 황제칙유 역시 황제의 서명과 국새를 받기 위해 압박을 하다가 황제의 거부로 뜻을 이루지 못하자, 결국 8월 29일 병합늑약 공포 당일 통감부에서 서명을 포기하고 대신 어새를 찍어 공포했던 것이다.

이것은 또 다른 사실에서도 확인이 가능하다. 8월 27일 데라우치는 본국 정부에 병합을 알리는 황제의 조칙문을 전보 제50호로 보고하면서 "일한병합에 관한 한제韓帝의 조칙문은 별지와 같이 결정하여 오늘 재가를 거쳐 오는 29일, 병합조약과 함께 발표할 것"이라고 하였다. 즉 데라우치는 전보 발송일인 27일 당일 조칙문에 대한 순종황제의 '재가를 받겠다'고 하였다. 그렇다면 이 조칙문에 대한 조회안은 당연히 27일 내지 28일 이루어져야 하였다. 그런데 이것이 이틀이나 지난 29일 지급 조회로 처리되었다는 것은 곧 황제가 재가를 거부했다는 것을 반증하는 것이다.

마지막 의문은 병합을 알리는 황제의 칙유에 서명이 없고 「칙명지보勅命之寶」의 어새가 찍히고, 글 명名도 조칙詔勅이 아닌 칙유인 점이다. 여기에 대해서는 칙유가 비준서에 해당하는 것이기 때문에 황제의 친서와 국새가 있어야 한다는 주장과 이에 반해 칙유는 단지 병합을 알리는 황제의 유지일 뿐이라는 주장이 있다.[11]

그런데 8월 22일 병합늑약을 조인 한 뒤 이완용과 데라우치는 이를 알리는 '황제의 조칙'을 공포하기로 각서를 작성하였다. 뿐만 아니라 데라우치는 8월 27일 순종황제의 조칙문을 본국 정부에 보고하면서 '칙유'라고 하지 않고 분명 '조칙문詔勅文'이라고 하였다. 이것은 데라우치가 애초 '칙유'가 아니라 황제의 서명과 국새가 있는 조칙을 받아내려고 했다는 것을 뜻한다.

그러면 어떻게 이 조칙문이 8월 29일 '칙유'로 돌변했는가? 이 역시 조회비 제409호가 지급 처리된 이유와 마찬가지다. 즉 데라우치는 8월 27일 순종황제의 재가를 전제로 이 조칙문을 작성했을 것이다. 그런데 황제가 끝까지 재가를 거부하고 29일 공포일이 다가오자 결국 데라우치는 순종황제의 재가를 포기, 즉 조칙이 갖추어야 할 형식인 황제의 서명과 국새를 포기하고 자신들이 소유한 어새를 찍고, 사전 작성한 조칙문 첫머리에 주로 칙유에 사용하던 양식인 '황제약왈皇帝若曰' 네 자를 덧붙여 칙유로 공포했던 것이다.

이상과 같이 병합늑약이 조인, 공포되는 8월 18일부터 29일까지의 과정을 「한국병합시말」과 현재 규장각이 소장하고 있는 내각회의 관련 기록 그리고 통감부와 본국 정부가 주고받은 전보 등의 조각들을 맞추어 재구성해 보면, 8월 22일의 어전회의 상황이나 황제칙유의 작성 과정 등에서 앞뒤가 맞지 않는 상황들을 발견할 수 있었다. 이것은 분면히 「한국병합시말」의 중요 내용들이 왜곡·조작되었을 가능성을 뜻한다. 즉 데라우치는 병합과정의 절차적, 형식적 합법성을 가장하고 나아가 이에 대한 자신의 공을 높일 목적으로 왜곡, 조작한 「한국병합시말」을 본국 정부에 보고했던 것이다.

'병합조약' 거부한 순종황제

「한국병합시말」은 1910년 11월 조선총독 데라우치가 본국 정부에 병합늑약 전말에 대해 보고한 보고서다. 여기에는 그가 7월 23일 통감으로 부임한 후 병합늑약의 체결까지 그 과정을 비교적 상세히 기록하고 있다. 그리하여 병합조약의 강제성과 부당성을 인정하면서도 조약 체결 과정 즉 8월 22일 어전회의에서 황제가 전권위원 위임장에 서명하고 국새를 찍고 병합조약을 인준한 점, 그리고 황제칙유를 재가 받은 점 등의 과정을 대체로 받아들이는 부당전제를 해왔다.

그러나 조약 체결의 가장 중요한 절차인 '전권위원 임명→조인→비준'의 모든 과정이 불법과 강제 그리고 날조로 이루어졌음을 확인할 수 있었다. 한일 두 나라의 병합늑약문이 복사판같이 똑같은 사실에서 일본의 월권과 불법을 확인할 수 있었다. 전권위원 위임장 역시 일본이 준비, 작성하여 일방적으로 강제한 것이었고 황제칙유 역시 마찬가지였다.

더구나 일본은 이런 불법을 합리화할 목적으로 이들 안건들이 당연히 절차상 거쳐야 할 내각회의를 거치지 않고 그것도 전권위원 위임장이 재가되고 황제칙유가 공포되는 당일 단 몇 시간 사이에 지급 처리하는 편법을 동원하여 합법을 가장하였다. 이러한 일본의 불법은 순종황제가 유조에서 명백히 밝혔듯이 처음부터 병합을 거부했기 때문에 일어난 일이었다.

따라서 데라우치가 병합조약을 순종황제가 '기꺼이 재가했다'고 보고한 「한국병합시말」은 결국 사실이 아니다. 오히려 이런 불법을 은폐하고 절차적, 형식적 합법성을 가장하려고 사실을 왜곡, 조작했던 것이다. 때문에 병합늑약은 외교 협정에서 중요한 절차상의 결함은 물론이고 전권위원 위임장, 황제칙유 등이 일방적으로 강요된 '날조'이기 때문에 병합늑약은 유효 · 무효 자체를 따질 가치도 없는 불법 조약인 것이다.

제 2 부
대한제국의 황실문화,
전통과 근대의 조화

황제국의
상징물을 새로 만들다

목수현 · 서울대학교 규장각한국학연구원 학술연구교수

"조선 사람들은 국기가 어떠한 것인 줄은 모르는 고로 국기를 보고 공경하고
사랑할 마음이 업거니와 국기라 하는 것은 그 나라를 몸밭은 물건이라 그러한즉 국기
가 곧 임금이요 부모요 형제요 처자요 전국 인민이라 어찌 소중하고 공경할 물건이
아니리요."

- 『독립신문』 1896년 9월 22일

근대국가 상징물의 제정은
'국가 시각화'의 출발점

　19세기 말~20세기 초 근대 전환기에 조선/대한제국은 국가를 표상하는 시각 상징물을 제정하였다. 사대교린의 관계에서 벗어나 만국공법적 세계에서 여러 나라와 외교관계를 맺고 그밖에도 수많은 타자他者에 노출되는 상황에서 자신의 정체성을 드러내 주는 표식이 필요했기 때문이다. 서구에서도 근대 국가가 수립되면서 국민 통합과 국가 정체성 수립을 위해 국가 상징물들을 제정하였다. 이러한 움직임은 일본을 비롯하여 동아시아로도 확산되었다. 조선/대한제국도 외교 관계를 맺는 여러 나라들과 동참할 수 있도록 국기를 제정하는 등 국가 상징물을 도입하지 않을 수 없었다.

　국가 상징물의 제정은 근대적 제도의 도입과 밀접한 관련이 있다. 대표적으로는 국가를 상징하는 국기와 대외적인 소통의 매개가 되는 우표, 근대적인 화폐경제 제도에 걸맞게 새로운 도안이 삽입된 화폐, 군복 및 문관복의 서구적 변화와 국가에 대한 공훈功勳을 시각적으로 표현해 주는 훈장勳章 등을 꼽을 수 있다.

이 같은 근대적 제도로 수립된 매체에 국가 시각 상징물이 표현된다는 것은 두 가지 의미가 있다. 첫째 반복적으로 국가 상징이 표현되면서 전체적으로 국가의 시각화視覺化(visualize) 작업이 진행되었다는 점이다. 국가의 시각화 작업은 외교관계 등 대외적인 요구로부터 비롯되어 외국기관이나 외국인들에게 국가를 인식시키는 방법으로 시작되었다. 그리고 우표나 화폐 등 대중적으로 유통되는 매체에도 활용되면서 점차 국내에도 적용되는 상황으로 전개되었다.

둘째로 이 시기에 우리나라뿐 아니라 전 세계적으로 사회나 사물에 대해 인식하는 방법이 개념적인 것에서 시각화의 방향으로 진행되는 흐름 안에 있었다는 점이다. 20세기가 시각적인 인식이 중요한 패러다임으로 자리 잡은 시기라면 19세기는 그러한 시기를 준비하고 있었던 시기였다. 국가 간의 소통이 빈번해지고 많은 국가들과 교류가 일어날 때, 여러 번의 과정을 거쳐야 하는 언어적 소통에 비해 시각적 소통 방식은 매우 효과적이었을 것이다.

시각적 상징이 표현된 매체들은 모두 새로운 것이거나 서구적 방식의 것만은 아니었다. 다만 국기, 우표, 훈장 등은 이전에는 유사한 기능을 수행하던 것이 없었던 새로운 개념이었다. 반면 이전 사회에서 기능이 있었으나 시각적인 방식이 새롭게 도입되는 것들도 있었다. 대표적으로 화폐는 이미 존재하던 것이었으나 도안을 삽입하면서 근대적인 화폐 경제 체제를 수립하고자 하는 의도가 있었다.

군복의 경우 서구적인 형식을 빌려 새로운 '부국강병富國强兵'의 이미지를 심고자 하였다. 서구식으로 바뀐 문무관 복식의 경우도 마찬가지였다. 특히 외교관의 대례복은 서구와 동등한 교류를 위해 필요한 것으로 인식되었다. 이처럼 이전에 기능이 존재하던 분야에는 시각적인 요소를 도입하거나, 근대적 이미지로 전환하면서 의미의 변환을 꾀하고자 하였다.

이러한 시각화 작업에 도입되는 상징 문양은 여러 매체에 적용되더라도 일정한 유형의 것들이 반복적으로 제시되는 특징을 보였다. 다양한 매체에 제시되는 반복성은 시각적 상징의 의미를 강화시켜 준다. 대한제국기를 중심으로 한 근대 전환기에 제정된 상징 문양은 대표적으로 태극太極, 오얏꽃[李花], 무궁화[槿花], 매[鷹]의 네 가지를 추출해 볼 수 있다.

이러한 상징물이 등장하는 것은 외교관계가 수립되기 시작하는 1880년대 초반부터였다. 하지만 이것이 집약적으로 나타난 것은 1899년에 대한제국의 틀이 제시된 대한국국제大韓國國制가 선포되고 뒤이어 제정된 훈장제도에서였다.

국기의 제정과 활용

• 근대 국가의 표상물 국기

근대 국가를 시각적으로 상징하는 가장 대표적인 것이 국기다. 국기의 채택은 유럽에서부터 시작되었다. 일본은 막부에서 사용하던 일장기日章旗를 국기로서 사용하였고, 청은 황제를 상징하던 용기龍旗를 전용하여 외교관계에서 국기로 사용하였다.

조선에서 1883년 1월에 반포한 국기인 태극기太極旗는 태극을 중심

도상으로 채택한 것이었다. 태극기의 제정과정에 관해서는 몇몇 논자들의 논의가 있었고, 태극과 사괘四卦를 사용한 배경에 대해서는 이태진 교수가 『계몽도설啓蒙圖說』에 나오는 '선천변위후천도先天變爲後天圖'와 관련하여 정조의 군민일체 이념을 계승한 것이었음을 고찰한 바 있다. 아직 명확한 제정과정이 밝혀진 것은 아니나, 단편적인 자료들을 검토해 볼 때 이 도식은 국기를 제정하는 과정에서 내부적인 논의를 거쳐 준비되었던 것으로 보인다.

조선시대에 왕의 행차에는 수많은 노부鹵簿를 사용하였다. 특히 영 · 정조대에 들어서는 국왕의 통솔권을 상징하는 것으로 교룡기交龍旗와 둑[纛]을 활용하였다. 이는 18세기의 국왕 행차와 관련된 의궤도나 반차도, 도병 등에서 흔히 확인할 수 있다. 다만 통치권을 상징하는 데에는 교룡기가 대표적이었는데, 왜 이를 국기로 채택하지 않았을까 하는 의문이 남는다. 실제로 청淸에서는 1872년에 국기로 황제의 상징이었던 황룡기를 내세웠다. 이는 당시 발간된 국기 관련 자료에서 확인할 수 있다.

그런데 조선이 국기를 제정하는 과정에서 청의 개입과 조선의 대응 과정을 살펴보면 어느 정도 그 의문을 풀 수 있다. 1882년 5월에 김홍집金弘集과 마건충馬建忠의 필담을 정리한 『청사문답淸使問答』에 수록된 청국과의 논의는 이제까지 일본으로 가던 메이지마루호[明治丸號] 선상에서 국기 도식을 만들었다고 하는 박영효朴泳孝의 창안설에 견주어 상대적으로 소홀히 취급되었다. 이 문답에는 조선의 국기에 대한 청의 의도와 그에 대한 조선의 대응이 잘 드러나 있다.

청은 국기 도식을 논의하는 조선에 조선의 국기를 '용龍'기로 하되, 조선이 동쪽에 있으므로 청색으로 하라는 안을 내놓았다. 그러나 이는 청

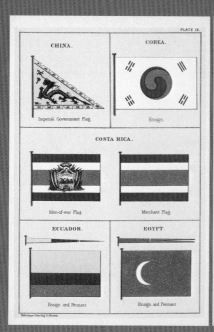

1882년 7월

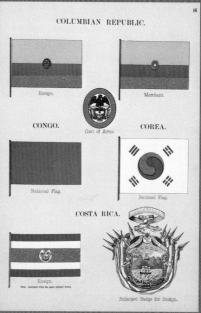

1899년

『해양 국가 국기』에 수록된 태극기
1882년과 1899년 미국 해군성에서 세계 각 나라의 국기를 수록하여 발행한 책에 국가를 상징하는 국기로 태극기가
처음 공식적으로 등장하였다. 1882년 본에서는 중국의 황룡기 옆에 'COREA'라는 국가명으로 표기되어 있으며
'Ensign(깃발)'이라고 적고 있고 1899년 본에서는 국기를 지칭하는 확실한 단어인 'National Flag(국기)'라고 적고 있
다(개인 소장).

의 저의가 깔려 있는 것으로, 조선이 '용' 도상을 채택할 경우 이미 '용기'를 채택한 청의 깃발과 변별력이 거의 없게 된다. 또 청색은 청을 중심으로 해서 동쪽을 의미하므로 이는 청이 중앙에 있다는 것을 전제로 한 화이론적 세계관에서 비롯된 사고였다. 곧 '청룡기'를 권유한 청의 속셈은 조선이 청의 속국임을 도상적으로 보여줄 수 있는 것이기 때문이었다.

또한 5월 22일 마건충과 김홍집이 논의를 시작할 때 수행원이었던 이응준李應俊이 꺼내놓은 도식은 일본기와 비슷하다는 이유로 반대하기도 했었다. 청으로서는 조선의 국기가 일본과 유사한 것보다는 청과의 관련성이 있기를 바랐다는 것이다.

그러나 조선 측이 일본기와 비슷해 보이는 도식을 꺼냈다는 것은 조선의 지향이 청보다는 일본에 가깝다는 것, 다시 말하면 청으로부터의 간섭이나 속박에서는 벗어나겠다는 의지가 들어 있는 것이었다. 다시 말하면 청 중심의 화이론적 질서에서 벗어나 만국공법적 질서 안에서 독립국으로 나가겠다는 의지가 국기 도식에 깔려 있었던 것이다.

조선 측에서는 처음부터 청의 의도와는 다른 도식을 제시했으며, 몇 차례의 논의를 거쳐 태극과 사괘가 있는 태극기로 도식을 결정하게 된 것으로 보인다. 이때의 태극기는 조미수호조규朝美修好條規 체결 때 미국기와 함께 게양되었고, 미국측 대표자인 슈펠트R. W. Shufeldt 제독에 의해 미국에 전달되었던 것으로 여겨진다. 미군 해군성이 1882년 7월에 발간한 『The Flags of Maritime Nations』에 인쇄된 태극기가 이때 제정된 것이라고 생각되며 이는 현재까지 알려진 가장 빠른 태극기 도상이기도 하다.

• 국기의 활용 : 외교 관계의 수립과 국가 개념의 정립

　　태극기는 여러 우여곡절을 거쳤으나, 1883년 1월 27일(양력 3월 6일) 제정 반포됨으로써 국기로서의 지위를 획득하였다. 공문을 통해 정식으로 태극기 제정을 조선 팔도八道와 사도四都에 알린 후 태극기는 조선의 상징으로 국내외에서 활용되었다.

　　태극기의 제정이 대외적인 외교에서 비롯되었기 때문에 태극기는 대외적으로 먼저 활용되었다. 국기는 외교관계 수립 때 서로 교환되었으며, 외교관의 업무 때 숙소나 공관에 게양되었다. 상선이나 군함의 말미에 국기를 달아 국적을 분명하게 하는 것은 말할 나위도 없었다.

　　태극기가 공식적으로 반포되기 전인 1882년 5월에 조미수호조규를 맺은 슈펠트의 회고에 따르면 조미수호조규 조인식에 조선과 미국 양국의 국기가 나란히 게양되었는데, 이는 외교관계가 수립될 때에 대개 국기가 상호 교환되었던 관례에 따른 것이었다.

　　또 외교관들이 임지任地에 나가 가장 먼저 하는 것이 숙소나 공관公館에 국기를 다는 일이었다. 박영효가 1882년 9월 일본에 갔을 때, 고베의 숙소에 태극기를 게양하였다. 그는 9월 23일 각국 공사가 초대된 연회에 참석하였는데, 이때 연회장에는 각국의 국기가 걸려 있었다.

　　태극기가 공식적으로 반포된 뒤인 1883년 8월 대조선국 정부가 미국에 보빙사報聘使로 전권대신에 민영익閔泳翊, 부대신에 홍영식洪英植, 종사관에 서광범徐光範 등을 파견했을 때, 이들이 태극기를 휴대하고 가서 워싱턴에서 외교행사를 할 때 태극기를 사용했던 것도 그 대표적인 예이다. 이때 그들이 머물렀던 호텔의 국기게양대에 태극기를 게양한 것은 『New York Times』에 보도되기도 하였다. 이로부터 5년이 지난 뒤에야 처음 파견된 초대 주미공사駐美公使 박정양朴定陽도 1888년 1월에 워싱턴에 공사관을 개설하면서 공사관 옥상에 태극기를 게양하고, 공사관 대접견실大接見室의 정면에 태극기를 걸었다.

태극기는 외국에서 열린 박람회에 참가했을 때에도 중요한 역할을 하였다. 조선이 만국박람회에 처음으로 부스를 설치하여 참가한 1893년 시카고 만국박람회는 자주적 근대화 추진의 노력과 의식의 근대화의 추진이라는 계기를 마련한 것이었다. 이 박람회장에서 휘날리는 태극기는 독립국으로서 조선의 근대화를 상징적으로 나타냈다.

EXPOSITION DE 1900
Pavillon de la Corée

1900년 파리 만국박람회에 설치한 한국관의 모습을 게재한 『Le Petit Journal』. 중앙에 경복궁의 근정전을 재현한 듯한 한국관의 모습이 제시되고, 한국인들의 모습을 여러 사진 자료로 배치한 위에 태극기를 꽂아 국적의 상징으로 활용하였다.

1900년 파리 만국박람회에서도 태극기가 한국을 대표하는 시각적 이미지로 홍보되었음은 말할 나위도 없다. 파리 박람회에 설치한 한국관의 모습을 신문 전면에 게재한 화보지 『Le Petit Journal』의 일러스트를 보면, 중앙에 경복궁의 근정전을 재현한 듯한 한국관의 모습이 제시되고, 앞쪽으로 마치 서울의 거리에서 보는 듯한 한국인들의 모습을 여러 사진 자료에 의해 배치한 위에 여백 부분에 태극기를 꽂아 국적의 상징으로 활용하였다. 이는 파리 만국박람회에서도 태극기가 국가 적 상징의 위상을 톡톡히 갖추고 있었던 것을 보여준다.

대외적인 표식으로서 중요하게 사용되었던 또 한 예는 기선汽船에 꽂아 국적을 표시하는 방법이었다. 미국의 『The Flags of Maritime Nations』나 청의 『통상약장유찬通商約章類纂』, 우리나라의 『각국기도各國旗圖』 등 책자 는 각국 군함이나 상선의 국기를 식별하는 참고서로 쓰도록 제작되었다. 각 항구에서는 선박이 소속된 국가의 깃발을 보고 국적을 구분하기도 하고 또 세금을 부과하는 판단근거로 삼았다. 이처럼 개항기의 많은 문건들은 깃발이 상선이나 군함의 말미에 달아 국적을 식별하게 하는 것이 중요한 기능이었음을 말해 준다.

외국과 관련되는 문서의 하나로 대한제국기에 발행했던 여권에서도 교차 게양된 모양의 태극기가 그려져 있다. 여권은 해외에 가는 사람에게 그 여권을 가진 사람의 신분을 보증해 주는 주체로서의 국가가 발행하는 것이니만큼, 태극기 도상을 채택한 것은 주권국가를 상징하는 기호로서 당 연히 일이었다.

태극의 이미지는 'KOREA'를 상징하는 것으로 외국인들에게도 널리 알려졌다. 가장 흔히 볼 수 있는 것은 외국에서 만든 우편엽서들인데, 조선 /대한제국의 풍물과 함께 나라를 알아볼 수 있게끔 태극기나 태극 문양을 함께 싣고 있다. 또 한국에서 오래 지내며 의학과 교육에 힘썼던 언더우드 Horace G. Underwood나, 10여 년간 한국에 머물며 선교사로 활동하는 한편 여러 편의 번역서와 조선의 풍물을 소개하는 책을 썼던 게일J. S. Gale도 한 국에 관한 서적 표지는 으레 태극을 사용하여 장식하였다.

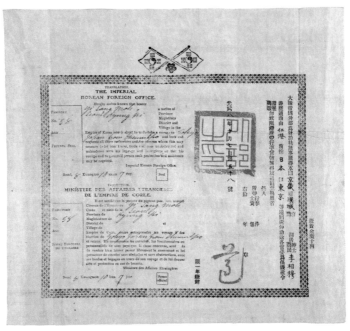

대한제국 여권
대한제국 외부에서 1904년(광무 8) 10월 상인 이상목에게 발급한 여권으로, 맨 위에 태극기가 그려져 있다.

　　태극기는 국내에서도 점차 중요한 행사에 게양되어 자리를 잡아갔
다. 태극기는 이전에 쓰이던 교룡기를 대체하여 군주의 행차나 왕실의 행
사에 쓰였던 것으로 보인다. 황제의 성 안에서의 행렬 때에는 황제의 행렬
인 대전차비大殿差備에는 맨 앞에 수궁守宮 1인을 두고 곧이어 국기를 든 1
인을 배치하였다. 실제로 1897년 대한제국 선포 의식을 위해 고종이 환구
단으로 나아갈 때, 황제의 앞에 태극국기太極國旗를 앞세웠음이 당시『독립
신문』의 기사에 보도되어 있다.

　　또 명성황후의 국장 행렬에도 태극기가 '대대기大隊旗'로 당당히 행렬
의 한 자리를 차지하였음을 반차도를 통해 확인할 수 있다. 1900년에 조선

『명성황후국장도감의궤』에 나타난 태극기(서울대학교 규장각한국학연구원 소장)

태조의 영정을 이모移摹해서 봉안하는 행렬에도 국기를 앞세웠다.

　　왕실의 진연 등 행사에서도 교룡기 대신 태극기가 쓰였다. 1887년에 제작된 「정해진찬도병丁亥進饌圖屛」에는 외진연 장면에 당상의 맨 앞자리에 국왕을 상징하는 교룡기交龍旗가 세워져 있는 장면이 그려졌으나, 1901년에 거행된 명헌태후明憲太后의 망팔순望八旬 기념 진연을 그린 「신축진연도병辛丑進宴圖屛」과 1902년의 고종황제 망육순望六旬 기념 진연을 기록으로 남긴 「임인진연도병壬寅進宴圖屛」에는 그 자리에 태극기가 대신 그려져 있다.

　　이후 기념일이나 여러 행사에 태극기를 활용하게 하면서 점차 국기로

서의 인식이 자리 잡았다. 실제로 대한제국은 조선 태조의 개국을 기념하는 기원경절紀元慶節과 고종의 탄신일인 만수성절萬壽聖節에 상가에 태극기를 게양하게 함으로써 국기를 보급하였다. 1898년에 옥구沃溝 군수가 기원경절에 군민을 모아 국기를 높이 들고 만세를 부르도록 했는가 하면, 1899년에는 인천항의 어상魚商들이 각 회사 앞길에 소나무 가지로 엮어 만든 송문松門을 세우고 국기와 색등色燈을 달아 경축하였다. 또 1901년 명헌태후의 망팔순 행사 때에도 서울의 각 시전市廛에 국기를 걸어 경축하도록 하였다. 『심상소학』에 게재된 태극기를 건 모습의 삽화는 이러한 상황을 보여준다. 또 프랑스인 코펫트가 1907년에 촬영한 종로거리의 모습에서도 집집마다 태극기를 게양하였음을 확인할 수 있다.

1890년대에 보급이 점차 확산되면서 태극기는 민간의 행사에도 활용되었다. 1896년 11월 21일의 독립문 기공식 때에 아치형으로 만든 송문松門에 태극기를 좌우로 단장하였다. 종로에서 관민공동회官民共同會를 열 때에도 태극기를 높이 게양하였다. 1899년에 학부에서 외부에 보낸 문서에 따르면 관립소학교에서 운동회를 할 때에도 국기를 게양했다. 곧 태극기는 이제 황제의 행차뿐 아니라 학교의 운동회에 걸릴 정도로 일반화되었다. 더구나 운동장에서 세계 여러 나라의 국기들이 가득한 가운데 그 하나로 자리 잡은 태극기를 보는 것은 태극기를 통해 대한제국이 세계의 일원임을 시각적으로 확인하는 경험도 되었을 것이다.

국기에 대한 계몽은 신문을 통해서도 이루어졌다. 1896년 9월 22일자 『독립신문』의 논설에서는 국기를 공경하고 사랑하는 마음이 애국하는 것임을 역설하였다.

독립문에 새겨진 태극기 문양

　"애국하는 것이 학문상에 큰 조목이라 그런 고로 외국서는 각 공립학교에서들 매일 아침에 학도들이 국기 앞에 모여 서서 국기를 대하여 경례를 하고 그 나라 임금의 사진을 대하여 경례를 하며 만세를 날마다 부르게 하는 것이 학교 규칙에 제일 긴한 조목이요 사람이 어렸을 때부터 나라를 위하고 임금을 사랑하는 것이 사람의 직무로 밤낮 배워 놓거드면 그 마음이 아주 박혀 자란 후라도 나라 사랑하는 마음이 다른 것 사랑하는 것보다 더 높고 더 중해질지라. (중략) 조선 사람들은 국기가 어떠한 것인 줄을 모르는 고로 국기를 보고 공경하고 사랑할 마음이 업거니와 국기라 하는 것은 그 나라를 몸받은 물건이라 그러한즉 국기가 곧 임금이요 부모요 형제요 처자요 전국 인민이라 어찌 소중하고 공경할 물건이 아니리요."

이 논설은 태극기 보급이 서서히 번져 가고 있었으나 아직 완전히 정착하지는 않은 단계에서 태극기의 위상을 잘 드러내고 있다. 논설의 말미에 국기가 "그 나라를 몸 받은 물건"이라는 표현은 국기가 국가를 표상하는 것으로 이해하고 있었다는 것을 말해 준다.

태극 깃발을 교차 게양한 도식은 지방 관청에서 발행한 공문서에도 삽입되어 국가 권위를 표상하는 기호로도 작동해 나가고 있었다. 이처럼 공문서 형식에 국기가 삽입된 것은, 글씨로만 내용을 서술했던 이전의 문서에 견주어 시각적으로 국가 권위를 인식시키는 새로운 장치였다. 시각적 요소로 사물을 인지하는 태도가 확산되어 갔던 19세기 서구의 시방식視方式이 19세기 말 동아시아에도 밀려들어오고 있었다.

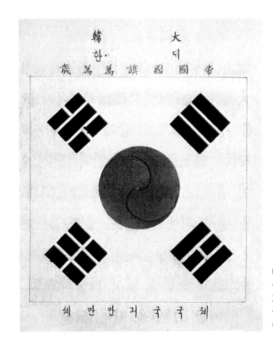

『각국기도』에 수록된 태극기
대한제국 정부가 공식적으로 제시한 태극기 도안이 1900년대에 발간된 『각국기도(各國旗圖)』에 수록되어 있는데, 태극의 양괘가 상하가 아니라 좌우로 나뉘어 있다(한국학중앙연구원 장서각 소장).

우편제도의 도입과 우표 도안의 국가 상징 문양

• 우편제도의 도입과 우표의 사용

　우편제도는 서신을 전달하는 매우 편리한 수단이며, 다른 한 편으로는 지세地稅에 버금가는 이익을 남길 수 있는 근대적인 산업으로 인식되었기 때문에, 1881년 일본을 시찰한 조사시찰단이 귀국한 이후 서둘러 채택하게 되는 근대 제도의 하나가 되었다. 이후 1882년 5월 미국과 통상조약을 맺고 1883년 8월 홍영식이 부사副使로서 미국을 방문하게 되었을 때에도 우정제도에 각별한 관심을 가지고 서부 연합전신국과 뉴욕 체신국 등을 방문하였다. 우정제도의 도입을 적극 추진한 결과 1884년 3월 우정총국郵征總局이 설치되었다.

　일정한 거리에 따라 우편요금을 선납先納하여 국내뿐 아니라 외국과의 안정적인 소통이 가능하게 하는 체계인 우편체계는 소통의 새로운 시스템이었다. 또 우표는 국가마다 독특한 도안을 채택함으로써 국가적 특성을 보여주는 다양성을 지니고 있었다.

체전부
우리나라 최초의 우편배달부의 모습으로 어깨에는 우편가방을 메고 있다. 당시 우편배달부는 '체전부(遞傳夫)' 또는 '체대감'이라고 불렸다.

박람회의 세기였던 19세기 후반에는 여러 나라들에 대한 정보를 모으고 수집한 것을 분류하는 것이 하나의 취미였고, 우표는 그 중의 한 자리를 톡톡히 차지하고 있었다. 이러한 수집가들의 열기로 우표는 통신을 위한 도구일 뿐 아니라 판매 수입이 국가 재정의 한 재원이 되기도 하였다.

당시 조선에는 이미 일본의 우편제도가 개항장을 중심으로 운영되고 있었다. 1876년 2월 맺은 강화도 조약 이후 일본은 이미 자체 통신망 개설을 위해 독자적으로 부산에 우편국을 설치해 운영하고 있었다. 1880년 4월에는 원산, 1883년에는 인천, 1884년 7월에는 서울에도 인천우편국 경성출장소京城出張所를 설치하여 운영하였다.

이처럼 일본이 조선 내에서 독자적인 체계를 구축하고 있었기 때문에, 조선의 입장에서 볼 때는 조선 안에서 이루어지는 우편제도를 완전히 장악할 수 없는 장애로 여겨졌다. 이는 통신의 주권을 위협하는 것이라는 점에서도 경계해야 하는 일이었으므로 우편제도의 자주적인 실시가 중요한 과제이기도 하였다.

• 우표 도안에 채택된 국가 상징 문양

우리나라에서 발행된 우표는 그 도안에 따라 문위文位 우표, 태극太極 우표, 이화李花 우표, 매[鷹] 우표 등으로 나뉜다. 이 우표들이 발행되기 시작한 시기는 각각 문위우표는 갑신정변기, 태극우표는 갑오개혁기, 이화우표와 매 우표는 대한제국기에 대응된다. 문위우표는 우정국이 처음 설치된 1884년에 발행되었으나 갑신정변과 더불어 우정국의 기능이 제대로 수행되지 못하자 유통되지 못한 채 사장되었다.

본격적인 우표의 발행은 그 10년 후인 갑오개혁기에 이루어졌으며 이때 발행된 것이 태극우표이다. 문위우표와 태
극우표는 태극을 중심 모티브로 사용했다는 점
에서 공통점이 있으나 태극의 도상은 달라져 있
다. 문위우표가 주돈이周敦頤의 『태극도설太極圖
說』에 나오는 음양태극인 데 비해 태극우표의 도
상은 이미 널리 쓰이게 된 태극기와 일치한다.

　　20년이 채 못 되는 근대 우표 발행기에 처
음부터 국가를 상징하는 이러한 문양이 삽입된
것에서 우표로써 조선/대한제국의 이미지를 널
리 알리고자 하는 의도를 읽을 수 있다.

　　국가를 상징하는 도안을 우표에 채택한 것
은 우정제도를 세우고 우표를 처음 발행했던 영
국에서 1840년에 나온 빅토리아Victoria(1819~
1901) 여왕의 옆모습을 담은 것이었다. 국왕의 초
상은 고대 로마의 알렉산더 대왕 이래 전통적으
로 사용되었으나, 근대 국민국가에서는 우표의
도안으로도 활용되었다. 특히 영국과 같이 제국
의 범위가 넓은 나라에서는 제국 내에서 두루 통
용되어 통치권을 표상하였다.

　　우표에 국가 상징 도안을 채택한 것은 19
세기 중엽 이래 근대 국민국가에서 널리 채택하
던 방식이었다. 다만 흔히 국왕의 초상을 도안으
로 사용하는 서구와는 달리, 청에서는 용, 일본

위에서 부터 문위우표,
태극우표, 이화우표, 매우표
(우정박물관 소장)

에서는 국화처럼 그에 상응하는 다른 상징 문양을 사용하였다. 이는 황제(천황)에 대해 신성시하는 인식이 남아 있는 동아시아 국가의 특성이었다.

조선/대한제국에서도 국왕의 초상보다는 국가 상징 문양을 우표 도안으로 채택하였다. 이는 단순히 국왕의 통치권을 상징하기보다는 근대적인 제도 수립이 더 강조된 것이다.

1884년 우표 원도(서울대학교 중앙
도서관 고문헌자료실 소장)

1884년에 실제로는 발행되지는 않았으나 도안이 만들어졌던 우표 원도原圖에 대한 기록이 일본인들에 의해서나마 남아 있으며 이것이 당시 사용되던 태극기와 같았다는 것은 흥미로운 일이다. 첫 우표에 태극기를 도안으로 채택하고자 했다는 것은 태극기가 다른 무엇보다도 국가의 상징으로 가장 적합하다는 판단 때문이었을 것이다. 우표가 발행되고 사용되었을 때 조선 국내는 물론 해외에까지 보내진다면, '대조선국大朝鮮國'의 문화적 독자성과 정치적 독립을 표상해 줄 중요한 매체로 작용할 수 있을 것이기 때문이다.

실제로 우표가 사용되기 시작한 것은 10년 뒤인 갑오개혁으로 우정총국이 다시 개설된 뒤였다. 이때 제작된 우표는 태극기 도안이 삽입되어 있어 명칭도 흔히 '태극우표'로 부른다. 이 우표는 오히려 1884년에 인천으로 보내졌다는 우표 원도의 도안을 살리고 있다. 어떤 연유에서인지는 모르나 1884년 당시 쓰이지 않았던 도안이 간직되었다가 이때에 활용된 것으로 생각된다.

이 우표는 1900년에 이화우표가 나올 때까지 전국적으로 널리 사용되었다. 또한 1900년 서울의 주한 미국공관에서 미국의 워싱턴을 거쳐 7월

24일 디트로이트Detroit에 도착한 소인이 찍혀 있는 봉투에 붙여 있는 예를 볼 때 이 우표가 해외로 보내지는 용도로도 사용되었음을 알 수 있다.

따라서 이러한 우표 도안이 조선/대한제국을 대외적으로 알리는 데에 손색이 없는 상징적 역할을 하였음을 알 수 있다. 그렇기 때문에 이 우표는 프랑스 등에서 각국의 풍속을 보여주는 그림엽서 등의 제작에, 한국을 알리는 상징적인 문양으로 많이 채택되었다.

대한제국기에 들어 1897년부터 꾸준히 추진했으나 여러 가지 여건상 이루지 못했던 만국우편연합(UPU)에 1899년 1월 1일자로 가입하게 되자 대한제국은 일본이나 청국을 거치지 않고 독자적으로 국제간 우편 교류를 실시할 수 있게 되었다. 해외 우편 발송 업무를 개시하게 되면서 고액권을 포함하여 다양한 단위의 우표가 필요하게 됨에 따라 1900년 1월부터 11월까지 사이에 2리里부터 2원元까지 가액이 다른 우표 13종이 발행되었다. 1901년 3월 15일 2전 우표 도안이 수정되어 총 14종이 발행되었는데 태극 문양에 더해 오얏꽃 문양이 삽입된 이 우표는 흔히 '이화우표'라고 부른다.

그동안 문위우표는 일본에서, 태극우표는 미국에서 도안이 이루어졌던 것과는 달리 이화우표는 대한제국 내에서 도안된 것이기도 하다. 또 문위우표나 태극우표가 같은 도안을 가액에 따라 색깔만을 달리한 것에 비해, 이화우표는 각 단위의 우표마다 다른 도안을 채택하여 다양성을 구사했다는 점이 특징적이다. 또 발매되지는 않았지만 시쇄우표試刷郵票에는 무궁화가 부문양으로 채택되었던 것도 확인된다.

1903년 1월 1일에 발행된 매 우표는 일명 독수리 우표라고도 하는데 황제의 상징을 채택한 것으로 보인다. 이 우표는 1900년에 제정된 무공훈장인 자응장紫鷹章과 1901년에 제작된 '독수리 주화'를 결합하여 도안화한 것이다. 우표나 화폐가 일본 도안의 영향을 많이 받은 것에 비해, 러시아 황제의 문장을 응용하되 조선 태조의 고사故事에 얽힌 뜻을 반영하도록 만들어졌다는 점에서 주체적인 도안화의 또 다른 면모를 보인다.

고종황제 즉위 40주년 기념우표
(우정박물관 소장)

매 우표에 한 해 앞선 1902년에는 고종의 등극登極 40주년 및 망육순을 기념한 우리나라 최초의 기념우표가 제작되기도 하였다. 우표의 도안은 중앙에 통천관通天冠을 중심으로 마름모꼴 네 귀퉁이에 오얏꽃을 그려 넣은 문양으로 되어 있다. 통천관은 황제가 강사포絳紗袍와 더불어 착용하는 관으로, 이 복장을 한 고종의 초상이 남아 있다. 이 우표의 도안도 황제의 상징인 통천관을 모티브로 했다는 점에서 역시 매 우표와 마찬가지로 제국으로서의 국체와 황제의 위상을 강조하고자 한 디자인이라고 생각된다.

같은 통천관을 모티브로 기념장記念章도 함께 제작했는데, 기념장은 기념행사에 참여하는 한정된 인원에만 수여되는 반면, 우표가 보다 널리 유통되고 수집되는 것을 감안하면 이 역시 국가 상징의 새로운 도안으로 선정된 것이라고 하겠다.

우표 도안이 국가 주권과 밀접한 관계가 있었음은 역설적으로 1905년 4월 1일 일한 통신업무합동조약이 체결됨으로써 더 이상 대한제국이 우정 업무를 독자적으로 하지 못하게 된 이후에 발행된 우표에 잘 드러난다. 이 우표는 위쪽에 휘장을 드리듯이 놓은 '일한통신업무합동기념日韓通信業務合同紀念'이라는 글자가 있지만 오히려 도안에서 우편 업무의 통합이 상징적으로 드러나고 있다. 액면가가 쓰인 이중 원형 구도의 원 왼쪽에는 대한제국의 황실 문장 오얏꽃이 있고, 원 오른쪽에는 일본 황실 문장 국화가 나란히 배치되어 있다. 상하로 평화의 상징인 비둘기가 날고 그 사이를 꽃가지가 둘러 양국을 잇는 가교 역할을 하고 있는 것으로 표현된 이 우표는 실상을 보면 대한제국의 입장보다는 통신업무를 통괄하게 된 일본의 시선이 드러나 있음은 말할 나위도 없다. 더구나 이 우표에는 발행국이 표기되어 있지 않다.

일본의 한 우표학자는 이 우표를 "국명이 표기되지 않은 특수한 우표"로 소개하고 있다. 그는 "이러한 점에서 일본의 식민지 지배가 숨어 있는 것을 볼 수 있다."고 서술하였다.

이처럼 대한제국기 우표에 삽입된 국가 상징 문양은 대한제국이 대내외적으로 근대 국가로서 드러내고자 했던 주권의 표현이었다.

새 화폐제도의 도입과 주화의 도안

근대 국가의 형성과정에서 화폐제도의 정립과 화폐통제권의 장악은 필수적인 과제였다. 그것은 화폐의 공급과 유통을 국가가 관리하여 얼마나 경제를 통제할 수 있느냐의 문제이며, 자본주의 체제가 형성되면서 외국과의 무역에서도 화폐 통용의 문제가 발생되기 때문이다.

또한 근대 국가에서는 화폐가 국가 정체성을 표상하는 것으로서의 의미가 한층 강화되어, 각 나라마다 그 나라를 표상할 수 있는 도상을 채택하는 것이 일반적이었다. 서구뿐 아니라 역사적으로 화폐제도가 이미 존재하고 있던 한국, 중국, 일본도 마찬가지이다.

① ②
③ ④
⑤ ⑥

1, 2 _ 1886년(조선 개국 495년)에 나온
　　을유주석시주화
　　음양이 반원으로 나온 태극장 모양이
　　며 좌우의 꽃가지는 오얏꽃으로 보이
　　지만 분명치 않다(한국은행 화폐금융
　　박물관 소장).

3, 4 _ 1892년(조선 개국 501년)에 나온
　　닷냥 은화
　　오얏꽃 문양이 처음 분명하게 나왔고
　　오른쪽에 오얏꽃가지, 왼쪽에 무궁화
　　가지가 도안화된 것이다(한국은행 화
　　폐금융박물관 소장).

5, 6 _ 반원은화
　　앞면은 1892년에 나온 것과 같은
　　도안인데, 1901년(광무 4년) 발행이며
　　금액이 반원으로 되어 있다.
　　뒷면 도안이 용에서 독수리로 바뀌어
　　있다(한국은행 화폐금융박물관 소장).

　　조선에서 근대적 화폐제도는 개항 이후 당오전當五錢 유통의 문란과 사주私鑄가 남발되는 상황을 타개하고자 그 필요성이 대두되어, 1883년 화폐 주조를 담당하는 전환국典圜局을 설립함으로써 그 첫발을 내디뎠다. 동아시아에서는 일반적인 주화에는 글씨를 넣기는 해도 도안을 삽입하지는 않았다. 일반적으로 통용되는 주화와는 달리 군왕의 송축頌祝, 백성들의 오복기원五福祈願, 생활의 교훈 등 길상吉祥적인 문자와 그림을 넣어 만드는 일종의 기념주화인 '별전別錢'은 고려시대 이래 제작해 왔다. 그러나 통용 주화에 도안을 삽입하는 것은 새로운 시도였으며, 이때 삽입되는 도안은 서구 국가와 마찬가지로 국가 정체성을 드러낼 수 있는 것으로 채택하였다.

1885년에 발행된 을유주석시주화乙酉朱錫試鑄貨는 도안을 삽입한 첫 근대 주화로, 음양태극장과 쌍룡이라는 전통적 요소의 도안과 나뭇잎가지를 교차시켜 리본으로 묶는 서구식 도안을 결합시켜 전통적 문양과 근대적 도안화가 결합되는 과도기적인 양상을 보여준다. 또한 국호를 '대조선'으로 표기하여 청의 영향력을 배제하고 독립적인 국가로서 화폐주권을 행사하고 있음을 강조하였다.

1892년에 발행된 주화에는 처음으로 정형화된 오얏꽃 문양이 등장하였다. 아직 이 시기까지는 오얏꽃 문양에 관한 설명이 제시되지는 않았지만, 8년 뒤인 1900년에 「훈장조례勳章條例」를 발표하면서 왕조의 성씨에서 비롯한 것임을 언급한다. 이미 이 시기부터 왕실 상징으로 오얏꽃을 사용하고 있었음을 파악할 수 있다.

또 하나의 특징은 이 시기의 주화에 무궁화 가지도 새로이 등장하는 점이다. 무궁화 문양은 대한제국기에 개정되는 서구식 군복과 훈장, 문관의 대례복大禮服 등에 들어갔는데, 처음 등장하는 것이 이 시기의 주화이다. 아직까지 꽃으로서의 무궁화가 표현된 것은 아니나, 주화의 문양에 무궁화 꽃가지가 늘어간 것은 이후 복식에 무궁화가 채택되는 중요한 계기로 여겨진다.

주화 도안에서 가장 변화가 두드러진 것은 1901년에 발행된 이른바 '독수리 문양 주화'부터다. 이 주화의 도안에서 앞면은 인천 전환국 시기의 것과 동일하나 뒷면은 용이 사라진 대신, 왕관을 쓰고 왼쪽을 바라보는 독수리 문양으로 바뀌어 있다. 독수리는 머리에 왕관을 쓰고 양 날개를 활짝 벌리고 있으며 양쪽 발에 각각 왕홀王忽(Scepter)로 보이는 봉과 지구의地球儀를 들고 있다. 또한 가슴 한 가운데에 음양의 조화를 보이듯이 부드럽게 원을 그리는 태극 문양이 있고, 그것을 빙 둘러 팔괘가 놓여 있다. 이 원에 이어 날개 쪽으로 각각 5개씩 또 다른 작은 태극이 차례로 놓여 있다.

이러한 도안은 일본 주화에는 전혀 등장하지 않는 것으로 이제까지의 도안과는 매우 다른 개념이어서 주목된다. 러시아 황제의 문장을 응용한 러시아 주화의 독수리 도안에서 힌트를 얻은 것으로 보인다. 이 도상은 서구 제국에서 황제를 상징하는 독수리가 지니는 패권과 가슴과 날개에는 국표國標인 태극과 팔괘, 그리고 양쪽 발에는 힘과 세계화를 상징하는 도상들로 재구성되어, 대한제국의 정통성과 권위를 표상하도록 만든 것이었다.

훈장의 제정과 국가 상징 문양의 위계

• 훈장 제도의 제정

대한제국 반포 이후 제국의 체제를 갖추고자 마련한 제도 가운데 1899년 「대한국국제」와 더불어 일찍이 제정한 것이 「표훈원表勳院관제」였다. 표훈원은 국가의 상벌을 주관하는 곳으로, 훈장을 제정하고 수여하는 일을 주관했다.

훈장은 국가에 일정한 공훈이 있는 이에게 수여하는 표장標章이다. 서구에서는 고대 그리스, 로마에서부터 전사戰士의 가슴에 다는 장식을 수여했던 전통이 있어왔고, 훈장Order은 주로 전쟁에서 무공을 올린 자에게 주어지는 명예로운 것이었다. 훈장은 중세의 십자군 전쟁을 거치면서 기독교적인 여러 영예로운 명목名目들과 결합되었다. 예를 들면 성 요한St. John of Jerusalem이나 성 라자루스St. Lazarus 등이 훈장의 이름에 붙여져 영예를 표현하였다. 서구의 대표적인 훈장으로는 영국의 가터 훈장Star of the Order of the Garter이나 프랑스의 레종 도뇌르Légion d'Honneur 훈장 등이 있다.

대한제국이 훈장 제도를 실시하게 되는 것은 '제국'을 칭함으로써 독립국으로서의 지위를 강조하고 다른 나라들과 어깨를 나란히 하고자 하는 일련의 조처 가운데 하나였다. 당시 서구를 중심으로 하여 수교를 맺는 나라들은 자국에 신임장을 지니고 온 외교관을 비롯하여 수교를 맺은 상대방 국가의 원수들에게 훈장을 수여하는 일이 많았기 때문에, 동등한 외교관계를 맺고 이 같은 관계를 지속해 나가기 위해서 필요한 것이었다.

훈장제도는 1899년 7월 4일 칙령 제30호 「표훈원관제」에 따라 처음 반포되었다. 이듬해인 1900년 4월 17일 칙령 제13호로 「훈장조례勳章條例」를 반포하면서 구체적인 내용이 제시되었다. 이 훈장조례는 국가의 공훈에 등급의 차를 두어서 대훈위大勳位와 훈勳·공功의 세 종류로 구분했으며, 처음부터 모든 훈장이 체계를 갖추었던 것은 아니고 해마다 조금씩 그 종류가 추가되었다.

1900년 4월 17일 칙령 제13호에서는 금척대훈장金尺大勳章, 이화대훈장李花大勳章, 태극장太極章, 자응상紫鷹章이 제정되었고, 이듬해인 1901년 4월 16일 칙령 제10호로 팔괘장八卦章이 태극장과 같은 격으로 추가되었으다. 1902년 9월 11일에는 서성대훈장瑞星大勳章이 이화대훈장의 위에 첨가되었고, 1907년 3월 30일 칙령 제20호로 내외명부內外命婦에게 황후의 휘지徽旨를 경유하여 수여하는 서봉장瑞鳳章이 제정되었다.

훈장은 초기에는 민영환, 이재순 등 내국인부터 수여했으나 수교를 하게 될 때 상대국 원수元首에게 증정하는 등 외교관계에도 활용하였다. 또 공을 세운 외국인들에게도 수여하였다. 예컨대 1900년 파리 만국박람회의 진행에 공을 세운 프랑스인 총무대원 미므렐 백작Comte Mimerel(米模來), 한국위원회 부위원장 멘느 박사Dr. Mèine(梅人), 전시관 건축가 페레É. Ferret(幣乃) 등 6인에게 태극장을 수여했다. 1902년에는 러시아 전권대신全權大臣 베베르Karl I. Weber(韋貝)에게 일등 태극장을 수여했고, 주한프랑스공사 콜렝드 플랑시Collin de Plancy(葛林德)에게도 1906년에 이화대훈장을 수여하였다. 이처럼 훈장은 내국인뿐 아니라 외교관을 비롯한 외국인들에게 수여되는 것으로, 그 안에 삽입된 문양은 국가를 상징하는 것이 채택되었다.

• 훈장 제도에 나타난 국가 상징 문양 체계

훈장은 국가에 공이 있는 자나, 외교관계에 있는 외국인에게 내리는 일종의 기념물로, 패용한 자의 지위를 나타내는 동시에 수여한 쪽의 국체를 드러내는 것이기도 하다. 서구에서는 왕실의 문장을 사용하여 훈장의 도상으로 삼은 것이 많아, 이러한 방식은 유럽의 식민지를 비롯하여 동아시아에도 전파되었다.

훈장에는 국가를 상징하는 문양 및 여러 길상 문양이 삽입되었다. 이는 대한제국에서도 예외는 아니었다. 1900년에 「훈장조례」를 반포하면서 내린 조서詔書에는 훈장의 명칭이 비롯된 연원을 밝히고 있어 주목된다.

"옛날 태조 고황제太祖高皇帝가 아직 왕위에 오르기 전에 꿈에서 금척金尺을 얻었는데 나라를 세워 왕통을 전하게 된 것이 실로 여기에서 시작되었으므로 천하를 마름질해서 다스린다는 뜻을 취한 것이다. 그래서 가장 높은 대훈장의 이름을 '금척'이라고 하였다. 그 다음을 '이화대훈장'이라 하였으니 이는 나라 문장[國文]에서 취한 것이다. 그 다음 문관의 훈장은

'태극장'이라고 하여 8등급으로 나누었으니, 이것은 나라의 표식[國標]에서 취한 것이다. 그 다음 무공武功도 8등급으로 나누고 '자응장'이라 하였으니, 이것은 고황제의 빛나는 무훈武勳에 대한 고사故事에서 취한 것이다."

대한제국의 경우, 훈장의 형식적 구성은 대체로 일본의 훈장 도안을 바탕으로 해서 성립한 것이나, 상징은 정체성과 관련이 되는 것인 만큼 그 도상의 근원은 역사적인 것에서 찾고자 했을 것이다.

먼저 태극장은 국기의 태극에서 취한 것임을 알 수 있는데, 이를 '나라의 표식[國標]'이라고 지칭하고 있다. 이에 비해 이화대훈장은 '나라 문장[國文]'에서 취한 것이라고 하였다. 흔히 '이화李花'가 왕실의 성씨인 '오얏 李'자에서 따온 것이라는 점을 바탕으로 이화문이 왕실/황실 문장으로 쓰였다고 인식하고 있는데 여기에서는 왕실/황실 문장에 국한하지 않고 '나라 문장'으로 밝히고 있어서 흥미롭다.

오히려 황실과 관련해서는 조선왕조를 개창한 태조와 관련한 고사를 바탕으로 도상을 추출하고 있다. 태조가 왕위에 오르기 전에 꿈에서 받았다는 금척은 조선왕조 정립의 정당성을 주장하는 것으로, 이를 상징으로 차용한 것은 대한제국이 조선의 정통성을 이어받고 있는 국체임을 보여준다. 「훈장조례」보다 한해 앞서 1899년 7월에 제정된 「대한국국제」에서는 "대한제국의 정치는 위로는 5백년을 전래하시고, 뒤로는 만세불변의 전제 정치이니라"고 하여 대한제국이 조선을 잇고 있음을 천명하였다. 금척을 최고 훈장의 상징으로 놓은 것은 이러한 인식의 연장선상에서 이루어진 것이었다.

무공이 뛰어난 이에게 수여하는 훈장 명칭인 '자응장' 역시 태조의 무훈과 관련된 이야기에서 비롯한 것이다. 그것은 태조가 어릴 때 화령和寧에서 자랐는데 나면서부터 총명하고 지략과 용맹이 남보다 월등하게 뛰어난 것을 두고, 이 고장 사람들이 매를 구할 때에는 "이성계와 같이 뛰어나게 걸출한 매를 얻고 싶다."고 말했다는 것이다.

훈장의 주요 상징인 금척이나 매를 태조의 고사를 바탕으로 추출한 것은, 이 무렵 태조를 비롯한 7조祖 왕을 황제로 추숭追崇하고 그 능을 재정비하며 어진御眞을 이모移摹해서 다시 봉안하는 등 일련의 황실 추숭사업과도 무관하지 않다.

훈장의 주 문양으로 채택되지는 않았지만 자응장의 한 구성요소로 무궁화도 등장하였다. 이처럼 훈장에는 1899년 제정 당시 금척, 태극, 오얏꽃, 매, 무궁화 문양 등이 제시되었다. 이 가운데 금척은 훈장에만 쓰였으나 다른 문양들은 다른 매체에도 반복되어 사용되면서 대한제국을 상징하는 시각 표상으로 기능하였다. 또 이 가운데 태극을 주 문양으로 삼은 태극기와 무궁화는 대한민국 수립 후에 국기와 국화로 제정되었으니, 대한민국 국가 정체성 상징의 근원이기도 하다.

국가 시각 상징물 제정은 근대국가로의 발돋움

개항기부터 시작된 근대 국가 수립의 노력은 대한제국기에 이르러서 일정한 체계를 갖추게 되었다. 국기인 태극기를 비롯하여 우표, 화폐, 훈장 제도 등에서 살펴본 국가 상징물들은 대한제국으로 결집되는 근대국가 수립 노력의 산물이었다.

국가 시각 상징물의 제정이 요청된 근대 전환기에 발맞추어 조선/대한제국에서는 외교적인 이유로, 또 내적인 국가 이미지 통합을 위하여 국가를 표상하는 세 가지 상징으로 태극과 오얏꽃, 무궁화를 사용하였다. 이 가운데 태극과 오얏꽃에 대해서는 국표와 국문이라는 개념을 적용하였다. 그리고 제도적으로 명시되지는 않았지만 무궁화도 국토의 상징으로서 인식되고 있었음을 확인할 수 있었다. 이에 더해 황제의 상징으로 매 도상이 창안되었다.

　　조선시대에 통치권을 상징하는 용 등이 없었던 것은 아니지만, 전체적으로 국가를 상징하는 이미지가 필요했던 것은 수많은 다른 국가들에 대한 대응의 필요에서였으므로 국가 상징 시각물이라는 것은 새로운 제도였다. 주목할 대목은 이 새로운 제도를 흐르는 상징의 연원이 전통적인 것을 기반으로 하여 추출해 냈다는 점이다. 제도 자체가 전혀 새롭게 도입된 국기나 우표, 훈장 등에 적용된 상징으로 전통적인 우주론적 사상을 도식화한 기호인 태극, 왕조의 성씨에서 창출해 낸 오얏꽃, 국토를 상징하는 것으로 인식되었던 무궁화 등이 그 연원을 전통에 두고 있음은 앞서 살펴본 바와 같다. 황제권을 상징한 매의 경우도 서구의 독수리 도상과 결합하면서도 의미는 조선 태조의 용맹성에 기반하고 있다.

　　시간이 지나면서 정치사회적 변화에 따라 어떤 상징은 생명력을 이어 가고 또 어떤 상징은 의미가 변화해 간다. 과거 국왕 또는 권력의 상징이었던 용은 왕실의 전각이나 의복에는 여전히 문양으로 남아 있었지만, 대외적인 상징으로서의 의미는 퇴색되었다. 그것은 왕을 상징하는 교룡기가 더 이상 국왕/황제의 행차에 쓰이지 않고, 그 자리를 국기인 태극기가 대신한 데에서 잘 드러난다.

이 상징의 의미가 변화하면서 자리 잡는 추이를 살펴보면 상징이 제정될 때에는 위로부터 이루어질 수 있으나, 그것이 사회적, 역사적으로 의미를 지니게 되는 것은 아래로부터의 수용이라는 점도 흥미롭다. 외교적인 필요성에서 제정되었던 태극기가 1890년대까지는 관 주도의 보급에 그치다가 점차 자발적으로 국가와 민족의 상징으로 자리 잡는 모습이 바로 그것이다. 상징이 진정한 의미를 지니게 되는 것은 수용자의 자발성이 뒷받침될 때일 것이다. 정체성이 위기를 맞을 때야말로 정체성을 찾고 표현하고자 하는 욕구가 더 강해지는 것이다.

태극기와 더불어 해방 뒤에 정식으로 국화로 채택된 무궁화도 그러한 경우이다. 무궁화는 1892년에 주조된 주화에 잎과 가지로 처음에 등장하였다. 꽃이 주 문양으로 쓰이게 된 것은 문관복을 서구식으로 채택하면서 대례복에 수를 놓게 된 이후였다. 다른 상징 문양에 견주어 무궁화의 사용은 다소 소극적이었다. 그러나 국권의 상실과 더불어 무궁화는 국토의 상징으로 더욱 깊이 각인되어 나갔으며 민간에서 자발적으로 표현되기에 이르렀다.

반면 국문으로서 공표되었던 오얏꽃은 처음에는 왕실 자체를 표상하기보다는 태극과 함께 국가의 상징으로도 쓰였으나 1905년 을사늑약 이후 많은 제도들이 일제의 간섭을 받게 되면서 그 의미가 점차 변해갔다. 1905년 이후 육군 복장에서 단추나 장식 매듭의 무궁화 문양이 전부 오얏꽃 문양으로 대체되었다. 국토를 상징하는 무궁화는 용인되지 않았으나 왕실을 상징하는 오얏꽃은 존속했던 것은 국권은 침탈당했으나 왕실만은 '이왕가'로 남겨 두었던 당시 상황을 그대로 대변하는 듯하다.

1910년 국권 박탈 이후 오얏꽃 문양은 이왕가의 문장紋章으로 그 의미가 축소되어 사용되었으며 더 이상 국가를 상징하는 것으로는 인식되지 않았다. 황제 상징의 매 문양이야말로 고종이 황제권을 강화하던 1900년에서 1903년 사이에만 쓰였을 뿐이라는 점에서 오얏꽃보다 더 좁은 울타리에 놓였을 따름이었다.

대한제국기에 제정되었던 국가 상징물들은 국가를 시각화함으로써 국가 개념의 성립에 이바지하였다. 또한 우정제도나 화폐제도 등 여러 근대적인 제도들에 도입된 이러한 상징물들은 대한제국이 근대 국가로서 발돋움하고자 했던 노력의 산물이었다.

대한제국시기의 신문물

'근대'는 우리에게
어떻게 다가왔나[*]

최공호 · 한국전통문화학교 교수

"우리는 일본에서 전기용품을 본 적이 있다. 그러나 전기불이 어떻게 꺼지는지 몰랐다. 우리는 인간의 힘으로서가 아니라 악마의 힘으로 불이 꺼지게 된다고 생각하였다. 이제 우리는 미국에 와서야 비로소 그 사용법을 알게 되었다."

- 유길준의 『서유견문』

"나는 암흑에서 태어나 광명 속으로 들어가 보았다. 이제 다시 암흑으로 되돌아 왔다."

- 민영익

낯선 신문물로 시작된 근대
"물건의 개량이 곧 개화"

근대의 발신국인 구미의 자장권磁場圈 밖에 있었던 조선에서 근대가 구체적으로 감지된 것은 개화기에 그들이 가져온 낯선 물건들과의 대면을 통해서였다. 개항장에 산더미를 이룬 '양물洋物'이 경이로운 근대의 시각 이미지였고 달성해야할 개화의 목표가 되었다. 물질을 통해 낯선 근대가 우리 곁에 현실로 다가온 계기였다.

서양인을 '견양지류犬洋之類'로 칭하고, 전차를 '검은 괴물', '축지법을 부리는 쇠바퀴'로 부르던 이들이 머지않아 스스로 그것을 타기 위해 긴 행렬에 합류하는 과정은 근대화 초기단계에서 신문물의 소비가 의미하는 바를 표상하기에 부족함이 없다.

한국형 개화의 수순은 이처럼 인식에 앞서 소비의 패턴을 먼저 바꾸었고, 개화인식은 그에 뒤이어 형성되었다. 정해진 시간에 운행되는 전차와 더불어 근대적 시간의 개념이 유포되고, 연이어 시계의 소비가 늘기 시작한 현상은 개화의 단계별 진행과정을 여실히 보여준다.

'물건의 개량이 곧 개화'라고 주장한 유길준의 말처럼 개화 초기의 근대화는 물질 이미지의 소비와 개량의 수준을 현실적으로 넘어서기 어려웠다. 우리에게 근대가 국민국가의 이념이나 시민사회와 같은 사회구성체에 대한 내적 성찰의 결과가 아니라, 외부의 동력에 기댄 외발성의 한계를 안고 있었기 때문이다. 물건에서 비롯된 근대는 뒤늦게 편입된 세계사적 근대의 시간대를 공유하였을 뿐, 인식의 내면으로 그 본질이 구조화 하는 데는 이후에도 적지 않은 시일이 소요되었다.

준비 없이 맞이한 개화의 시공간에서 최소한의 원칙을 앞세워 근대를 수용한 결과가 바로 서기西器로 지칭되던 신문물이었다. 따라서 시무적時務的 근대를 시대적 과제로 삼아 문물의 개화에 주력해온 것은 자연스런 귀결

서울 시내 중심가에 전차가 지나가는 모습

이었다. 신문물을 통해 형성된 개화기의 지배 담론을 '육적 문명肉的 文明'으로 규정하였듯이, 근대 초기의 사회 문화적 환경에서는 물질의 개량이 근대화와 동일시됨으로써 문물의 대명사로 통용되던 '공예'가 시대적 과제의 중심으로 급부상하였다. 문명개화를 위해 산업의 개념을 포괄했던 공예를 근대화의 요체로 선택한 것도 이 때문이다.[1] 서구형 라이프 스타일로의 전환과 맞물린 신기술과 기능의 확장에 공예의 개량이 최우선 과제로 여겨졌던 이유이기도 하다.

이런 현상은 공예를 말업末業으로 여겨 폄하하던 앞 시기에는 상상조차 하기 어려운 일이었다. 유길준, 장지연을 비롯한 민족 계몽에 앞장섰던 개화기의 지식인들이 앞 다투어 '공예론工藝論'을 개진했던 것도 같은 맥락으로 이해된다. 따라서 공예의 근대는 단순한 공예품의 역사가 아니라, 문명의 근대적 전환기에 작동된 역사적 추동력과 대내외적 역학관계의 구조를 넘는 시야와 과제의식을 지녀야 비로소 실상과 의의를 온전히 파악할 수 있다.

물질→인식→생산의 단계로 구분

이를 위해 개항에서 1930년대에 이르는 근대화 초기의 문명 환경을 재구축하게 되는 과정을 다음의 세 단계로 구분하여 파악하고 한다. '물질의 근대'를 대면하고 난 뒤 그 경험이 '인식의 근대'를 견인하였고, 인식의 단계를 거쳐 비로소 '생산의 근대'로 구조화 하였다고 보는 것이다.

1930년대까지의 한국형 개화의 성격은 근대화 과정에 당연히 포함되지만, 엄밀하게 말하여 근대의 전 단계인 물질의 개량에 더욱 가까운 것이었다. 이 특질을 좀 더 세분화하여 보면, 서양문물에 대한 대면과 관찰이 첫 단계에 해당하고, 이어 물건과 근대의 이미지를 소비하고 일상의 일부를 서구문물로 바꾸는 개량의 단계를 거쳐 실질적인 개화의 단계로 나아간다고 본다. 개량의 단계에서는 긍정적인 개화인식의 전제 위에서 이를 실천하기 위한 일련의 정책들이 제도로써 입안되고 시행되는 형태를 말한다.

따라서 초기의 개화인 물질의 근대는 바로 관찰과 대면의 단계이며, 인식의 근대기는 개량, 생산의 근대에 이르러서 비로소 개화의 요건에 가까운 시도가 이루어진다고 할 수 있다. 물질의 근대(1880년대~1896년)와 인식의 근대(1897년~1910년대)를 거쳐 1930년대 공업화의 기반 위에서 생산의 근대가 개화를 내부에 체화해 갔던 것이다.

이 시기에 이르러서 비로소 공예는 물건의 단계를 넘어 오늘날과 외형이 같은 미술공예의 면모를 갖추게 된다. 근대적 산업시스템이 물건의 생산을 전담하게 되면서 수공예 기술에 기초한 창작의 영역도 존재를 명확히 드러낸 것이다. 이른바 '생산'과 '창작'의 이원구조가 수립되는 시점이 바로 이 때였다. 이와 더불어 1920년대 후반부터 크게 확산된 '모던' 열풍

전차가 들어오기 전과 후의 숭례문

은 근대화의 성과가 우리 삶의 친숙한 일부가 되었음을 상징한다.

이 논점을 끌어가기 위해서 물질의 근대에 대해서는, 개항을 전후한 시기에 신문물을 대면하고 수용하는 태도와 심경의 변화를 잘 보여준 조사시찰단朝士視察團(1881)과 조선보빙사朝鮮報聘使(1883)의 견외사행遣外使行을 주목하였다.

인식의 근대에 대해서는 사행에서 촉발된 개화 인식이 광무개혁을 통해 국내에서 구현된 외국인의 고빙雇聘과 임시박람회사무국의 설치, 신교육을 위한 학교 설립 등 대한제국의 개화정책과 연관 지어 파악하였다.

마지막으로 생산의 근대에 대해서는 '모던' 이미지의 소비와 긴밀히 결부된 대량생산 기반과 함께 그 구현 매개인 근대도안의 수용과 정착, 나아가 근대적 생산시스템의 수립과정을 파악하는데 주력하였다.

이 세 시기에 표방되거나 주도된 개화이념은 단계별로 각각 초기의 부국강병론에서 식산흥업을 거쳐 모더니즘의 적극적 향수의 단계로 전환되었으며, 이 수순을 따라 '개량'에서 '개화'로 이행한다. 이를 통해서 물질의 대면에서 촉발된 근대가 인식의 내면화를 거쳐 제도화되고, 생산 시스템의 구축 단계로 구조화하는 과정을 정리할 수 있을 것이다.

아울러 이러한 문맥으로 개화과정을 파악한다면, 근대화에 내함된 성과와 한계를 물질의 개량에 편향된 한국형 근대의 특수성과 결부시켜 파악할 수 있을 것으로 믿는다. '물질의 근대'는 물론, '인식의 근대'와 '생산의 근대' 역시 근대적 생산과 결부된 물질개량의 실천이념일 뿐, 근본적인 근대성의 획득과는 일정한 거리가 있다고 보기 때문이다. 근대화modernization 의 단계를 거쳐 근대성being modern의 단계로 진입하지 못한 한계가 지금 우리 사회 내부에서 여전히 지속되고 있다고 보는 것이다. '비동시적인 것의 '동시성'과 같은 한국사회의 구조에 대한 평어들이 지금껏 유효한 것도 이와 무관하지 않다.

익숙한 동아시아 중심의 축을 넘어 세계질서에 편입된 점은 가장 중요한 변화였다. 그러나 산업화의 근대적 개량이 개화와 동일시되던 이 시기의 특수성은 선진 문명의 모델을 생산, 유포했던 서구를 향해 일방적인 수용 태도를 가질 수밖에 없었다. 따라서 상호교류의 당위성만을 개진하거나 주체적 근대의 문제를 언급하는 것조차 무의미한 시대적 환경이었음을 인정하지 않을 수 없다.

물질의 근대(1880~1896):
신문물의 대면과 부국강병론

개항 전후에 첫 대면한 서양의 이미지는 실상을 알 수 없었기에 더욱 낯설고 두려운 세계였다. 물건으로 표상된 서양을 막대한 규모와 진기한 형태, 기이한 쓰임 등 주로 시각적 충격 속에 접하였다. 그 물건이 선망의 대상으로 바뀌어 적극적인 소비로 전환되는 데 걸린 시간이 곧 개화의 과정이자 근대의 정착을 의미했다. 두려움과 호기심이 교차하는 가운데 우리 눈에 목도된 신문물은 짧은 시간에 세상이 급변하고 있음을 실감케 하기에 충분했다.

이 물건들이 산업화를 동력으로 한 자본제 경제구조의 소산임을 알 길이 없었으나, 관성에 가까운 위기감과 함께 절대빈곤으로부터 벗어나게 해줄 지도 모른다는 낙관이 뒤섞여 한동안 극심한 혼란을 겪었다. 물건이 서구문명이라는 미지의 실체를 체감케 하는 신호로써 위력을 발휘하였다. 우리 내부에서도 초기의 개화정국을 주도한 동기서기론東道西器論이 부국강병론과 짝을 이루어 경계심을 유지하면서, 개방의 전제로써 그 범위를 문물에만 국한지음으로써 처음부터 물질의 근대를 노정하였던 셈이다.

서양 문물을 처음 접한 것은 17세기 이래 사신들이 연행燕行길에 들여온 망원경과 세계지도, 안경과 같은 품목이 고작이었으나, 관심의 범위가 물건을 넘어 외형이나마 근대의 본체를 접하게 된 것은 1881년의 조사시찰단과 1883년 조선보빙사 일행의 견미사행遣美使行을 통해서였다. 외교와 개화의 전담기구인 통리기무아문統理機務衙門을 설치(1880년)하고, 개화국의 실상을 파악하기 위해 1881년에 영선사와 조사시찰단을 청국, 일본에 보낸 데 이어, 1883년에는 미국에 조선보빙사를 파견하면서 개화를 타진하기 시작한 것이다.[2]

조사시찰단이 일본에 간 해는 정국의 주도이념이 위정척사에서 절충적인 동도서기로 바뀌기 시작할 즈음인 1881년 4월이었다. 서구의 기준에 맞추어 전 국민을 문명화하는데 목표를 두고 추진된 메이지유신明治維新의 실태를 파악하기 위해 파견한 시찰단은 약 4개월간 동경 등지에 머무는 동안 기록한 귀국복명서와 일기를 남겼다. 여기에는 생경한 경험과 과제의식이 한데 뒤섞인 복잡한 심경이 소상히 담겨 있다.

해관海關을 통한 입국절차에서부터 넓고 깨끗하게 닦인 거리의 풍경, 거대한 건물들은 물론, 상점에 쌓인 진기한 물건과 양복차림에 이르기까지 조사朝士들을 도무지 정신 차릴 수 없게 만들었다. 외형뿐만 아니라 신분질서가 해체된 혼인제도나 제작공창製作工廠(공장)의 경영자가 정부 관료와 대등한 처우를 받는 현장을 본 충격도 감당키 어렵기는 마찬가지였다. 부국강병을 위해 물질의 개화를 생각하기 시작한 이들에게 메이지 정부의 개화 백경은 내심 부러움의 대상이었다.

일본의 개화에 대한 조사들의 시각은 대체로 긍정적이었다. 특히 철도와 우편, 해운, 전신 등 근대적 교통 통신시설의 효용성에 대해서 높이 평가했다.[3] 주거와 건축양식에 대해서도 "궁실은 양제洋制를 많이 따라 벽돌을 쌓아 집을 짓고 유리로 창문을 꾸미며, 관청이나 사제의 구별이 없고, 단지 체 높은 자의 집은 수삼층數三層을 올린다. 온돌은 놓지 않고 백토나 적토를 칠하며, 오색 단청은 입히지 않는다."고 하여, '화양和洋한 이래 서양제도를 따르니 사치스럽다'는 비판 속에서도 이를 '부강富強의 술術과 후생厚生의 방方'으로 간주하였다.[4]

개화의 결과에 대해서는 달성해야할 과제라는 긍정적인 내면을 숨김없이 드러내면서도, 한편으로 그들의 인성에 대한 평가에는 한결 같이 인색했다. 재물에 눈이 어두워 인간성이 편협하고 이중적이라는 지적은 다반사였고, 일본측 관료가 초청한 연회에서 남녀가 어울려 춤을 추는 장면을 보고는 짐승 취급을 하며 아연실색하였다.[5] 이는 통신사를 통해 오랜 시혜국이었던 조선이 하루아침에 수혜국으로 전락한 국세의 역전 현상을 쉽게 인정하기 어려웠던 탓으로 풀이된다.

"나는 암흑에서 태어나 광명 속으로 들어가 보았다"

우리나라 정부에서 서양에 공식 사절단을 파견한 것은 1883년이 처음이다. 미국과 외교관계를 맺고 공사급 외교관을 파견해 준데 대해 답방

형식을 띤 조선보빙사 일행이 산업화가 한창 진행 중인 미국의 중심부를 여행하면서 받은 충격의 강도는 일본에서의 그것과 비교할 수 없었다. 보빙사 일행은 한국인으로서 서양의 국토에 발을 들여 놓은 최초의 견외사절遣外使節이어서, 이들의 일거수일투족이 바로 본격적인 서양의 본체를 접한 한국인의 첫 느낌을 가장 실감나게 반영한 셈이다.

전권대신 민영익을 필두로 한 보빙사 일행은 보스턴에서 열리고 있던 산업박람회와 미국박람회를 잇따라 방문하면서 각별한 관심을 기울였다. 박람회를 관람하고 난 뒤에 민영익이 보인 일련의 심리적 변화와 태도는 서양의 근대문물을 실견하고 난 뒤의 정황이 잘 나타난다. 좀처럼 감정의 변화를 드러내지 않던 보빙사 일행이 박람회에는 각별한 관심을 기울였던

최초로 미국에 파견된 사절단
1882년(고종 19) 조미수호조약이 체결된 후 1883년(고종 20) 7월에 최초로 미국에 파견된 사절단(보빙사(報聘使))이다. 사진 앞줄 왼쪽부터 통역관 미국인 로웰(Lowell), 전권부대신 홍영식, 전권대신 민영익, 종사관 서광범, 중국인 우리탕, 뒷줄 왼쪽부터 현홍택, 일본인 미야오카쓰네지로, 유길준, 최경석, 고명철, 변수이다(고려대학교박물관 소장).

것이다. 박람회장에 재차 방문하였음은 물론, 관람을 한 뒤에는 기자회견을 자청하여 국제산업박람회의 서울개최 계획을 발표하고, 미국으로부터 전시품들을 도입하기 위한 절차를 추진하기도 하였다. 이 계획은 처음부터 실패가 예견되었으나, 인식의 근대에 앞서 시각적으로 경험한 물건의 근대가 얼마나 충격적인 결과를 이끌어내는 지를 알게 하기에 충분하다.

최초의 미국유학생인 『서유견문西遊見聞』의 저자 유길준도 보스턴 여행을 마치고 방문한 뉴욕의 에쿼터블 빌딩Equitable Building에서 발전기로 전등이 켜지는 모습을 보고 깜짝 놀랐다고 전한다. 순간적으로 바닥에 엎드리기도 했던 유길준은, 전등을 처음 본 소감을 비교적 솔직하게 털어 놓았다.

> "우리는 일본에서 전기용품을 본 적이 있다. 그러나 전기불이 어떻게 켜지는지 몰랐다. 우리는 인간의 힘으로서가 아니라 악마의 힘으로 불이 켜지게 된다고 생각하였다. 이제 우리는 미국에 와서야 비로소 그 사용법을 알게 되었다."

일찍이 게이오의숙慶應義塾에 유학한 경험이 있는 유길준의 경우에도 실제 전기불을 보고 놀란 것을 보면, 개화기에 전등이 '마귀불'로 불린 것도 무리가 아니었다.

조사시찰단에 앞서 불과 5년 전인 1876년에 1차 수신사修信使로 일본에 갔던 김기수金綺秀가 외무성 직원 미야모토 고이치宮本少一로부터 가스로 켤 수 있는 가로등의 도입을 권유 받고 나서 "이러한 술외術外의 술術로써 사람들을 놀라게 하고 싶지 않다."고 단호하게 거절하면서 불편한 심기를 드러낸 적이 있었다.[6] 낯선 물건에 직면하여 반사적으로 표출되는 반응이 부정적일 수 있지만, 그 대상이 일본인데다 당시에 사전 지식이 전무한 상태였으며, 개화의 장점을 사려 깊게 돌아볼 겨를이 없었던 상황을 감안하면 이해가 어렵지 않다.

그러나 새로운 외교 상대국이 된 한국에 대한 분석기사를 쓴 『New York Herald』의 내용은 개화 당사국인 미국과 한국의 개화인식의 편차가 극명하게 대비되어 흥미를 끈다.

> "조선 상류층은 모두 시계 갖기를 원한다. 그들은 값싸고 다양한 미제 시계를 대환영하고 있다. 그러므로 양키방물Yankee notions이라고 알려진 미제상품에 대한 수요가 격증할 전망이다. 이처럼 미국은 모든 필요한 생산품을 조선에 수출할 수 있지만, 미국이 조선으로부터 수입할 상품은 하나도 없다."[7]

반면에 우리 측에서는 미국을 '땅이 넓어 굳이 외국을 침략할 필요가 없는 나라'라든가 '우리와 멀리 떨어져 있어 안심이다'는 등 주로 침략해올 대상인지 우호적 대상인지를 변별하는데 골몰하고 있었다. 우리를 새로운 수출시장으로 본 미국과, 침략하지 않을 개화의 상대국으로 보려는 한국 사이의 시각적 간극이 바로 초기 개화인식의 편차였다. 개화 초기의 부국강병론이 개화의 핵심 이념으로 기능했던 까닭을 이해하기 어렵지 않다.

이처럼 개화인식은 신문물을 목도한 이후에도 체화되기가 쉽지 않은 것이었다.

"나는 암흑에서 태어나 광명 속으로 들어가 보았다. 이제 다시 암흑으로 되돌아 왔다."

보빙사 일행을 이끌고 미국 사행을 다녀온 민영익이 푸트 공사를 만난 자리에서 사행의 감회를 토로한 대목이다. 보스턴박람회를 보고 만국박람회의 서울 유치계획을 발표했던 민영익이었지만, 그는 돌아오는 배 안에서 유교경전을 옆에 끼고 탐독하여 이 모습을 본 서광범을 크게 실망시켰으며, 귀국 후에 친청親淸적 입장으로 돌아가 오히려 개화파를 탄압하는데 앞장섰다.

겉으로 경탄하고 현장에서 보여준 언설이 전부가 아니었다. 성리학적 세계관에 깊숙이 학습된 사대부 관료들이 인정하고 싶지 않은 마지막 심리적 저항선이 바로 윤리적 가치나 인성을 들어 비판하는 일이었다. 그만큼 물질의 근대에서 인식의 근대로 전환되고 현실에서 실현하는 것은 시대의 요청이면서도 실천의 단계까지 이르기가 쉽지 않은 일이었다.

초대 미국공사였던 박정양이 미국의 산업 발전상을 "각종 제조製造는 이루 다 기록할 수 없을 정도로 해마다 증가하여 세계에서 으뜸"이라 평가하고 기계 도입의 필요성을 간접적으로 인정한 바 있다.[8] 더욱이 그들이 기대한 미국은 "개국된 지 몇 백 년이 지났지만, 기황饑荒의 고통을 알지 못한다."는 내용이 시사하듯 개화국에서 배워야 할 성과가 결국 절대빈곤을 벗어날 수 있는 방책이어야 한다는 생각의 일단을 잘 드러낸다. 이와 같은 경험의 축적이 결과적으로 대한제국기에 인식의 근대를 견인할 식산흥업 이념으로 자리 잡게 된다.

신문물의 소비는 일부의 우려와 무관하게 급속히 확산되고 있었다.

개화 초기의 외교관들에 국한된 시각적 경험의 단계가 지나고 난 뒤에는 국내에 도입된 철도와 우편, 전기, 양옥집과 더불어 다채로운 일상용품의 수입이 본격화되면서, 문명의 위력은 깊숙이 각인되었다.[9] 전차를 타보기 위해 논밭을 팔아 상경하는 이들이 적지 않았고, 목석지도 없이 부작정 타려는 승객이 대다수였던 것도 초기 근대 이미지 소비의 단적인 사례였다.

이와 같은 정서적 혼란을 거쳐 근대의 물질적 소비는 걷잡을 수 없는 봇물을 이루게 된다. 개화 초기의 근대는 그 성격이 물질의 소비와 근대 이미지의 소비단계를 넘어서지 못하였으나, 신문물과 그 이미지는 적극적으로 유포되었다.

근대적 시간 개념이 제도화된 것은 1896년 1월 1일을 기해 양력으로 바꾸면서 비롯하였으나, 기차와 같은 엄격한 시간을 요하는 신문물을 통해 빠르게 보급되었다. 시계 이미지는 『신정심상소학』(1896)에 처음 수록된 이래, 1902년부터는 본격적으로 성행하여 신사의 필수품으로 정착되기 시작하였다. 근대를 표상하는 계몽적 이미지는 기차역에 걸린 괘종시계 광고가 상징하듯, 양력을 정시로 삼은 제도보다도 기차와 같은 강렬한 첨단 물질의 이미지와 결부되어 우리 삶에 체화되었던 것이다. 뿐만 아니라 '팔보단八寶丹' 약광고에 기차 이미지가 차용된 것도 기차로 상징된 진보된 근대와 약효를 동일시하려는 의도로써 눈길을 끈다.

이러한 구조가 바로 물질의 근대가 갖는 개화의 수순을 반영하며, 나아가 제도에 수반하여 신문물의 소비가 촉발되는 과정을 구체적으로 말해준다.

인식의 근대(1897~1910년대):
식산흥업의 이념화와 제도화

개화인식이 물건의 소비 단계를 지나 구체적인 정책으로 실현된 것은 대한제국이 들어선 뒤였다. 이 시기의 개화인식은 이전과 비교하여 확연히 달라졌다. 신문물에 대한 호기심에 기초하여 표명된 개화의지는 원론적인 당위성을 주장하는 수준을 넘지 못했으나, 1890년대 후반부터는 개화의 방향이 실리를 따져가며 매우 구체적으로 언급되고, 심화되었다. 식산흥업을 개화이념의 핵심으로 제출하고 그 실천을 위한 제도적 장치를 모색하는 일이 인식 구조의 변모를 여실히 보여준다.

물질과 근대 이미지의 소비를 경험하고, 개화의식을 실현 단계로 나아갈 수 있게 한 동력은 바로 대한제국의 강력한 리더십이었다. 1897년의 건원칭제建元稱帝로써 황제국을 표방한 고종이 광무개혁의 이름으로 추진한 일련의 개화정책이 그 핵심이었음은 물론이다.

개혁은 "일대개명세계一大開明世界를 벽闢하기[열기] 위하여" 필요하고, 그 주된 대상이 "공예"였으며, 이것이 곧 "부국지원富國之原이요 양민지방養民之方"이라는 인식의 진보가 식산흥업의 목표 수행을 위한 광무개혁의 골격이었다.[10] 고종은 개화파 인사를 등용하여 정치적 기반을 공고히 하고, 1899년에는 제반 개혁의 근간이 될 법규교정소를 설치하여 법령과 관제를 비롯한 제도개혁을 단행하였다.

당시의 황실 분위기는 1900년의 독일 신문기자 지그프리드 겐테 Sigfried Genthe의 말에서 얼마간 짐작된다.

"황실에서는 밤마다 연회가 끊일 날이 없고, 화려하게 장식된 식탁에 최고급 유럽식 음식이 완벽하게 차려졌으며, '트뤼플'과 프랑스산 샴페인 이 나왔다."[11]

덕수궁에 들어선 양관洋館과 창덕궁 구장으로 전해온 대한제국 시기의 수많은 양식기들은 고종이 스스로 단발하고 야심차게 추진한 광무개혁과 식산흥업 정책의 증거물이다.

개화의 성취 여부가 국가 존망의 문제와 직결된다는 시국 인식에 기반한 개화 초기의 이념이 부국강병이라면, 그 구체적인 실천형식으로 주목한 것이 바로 식산흥업 정책이었다. 이 두 개념은 개화를 추진하기 위한 명분과 실제의 관계로서 동일 문맥상에 놓여 있었다. 그리고 '개물성무開物成務 화민성속化民成俗'의 요체가 식산흥업의 추진 과제와 그 대상이 일치하는 공예의 개량으로 간주되었다. 문명구조의 재편을 최우선 과제로 여겨, 제작기술의 통칭이었던 공예를 시무로 인식하였던 것도 여기서 비롯하였다.

제도의 근간을 이루는 식산흥업 정책은 크게 제작시스템 및 유통구조의 근대화, 그리고 실업교육으로 구분된다. 실업교육은 "부지빈자國之貧富가 실관호實關乎하니 공예지흥불흥여하이工藝之興不興如何耳"라 하여 당시에 제조분야의 모든 기술영역을 포함한 '공예'를 일컫고 있다.[12] 특히 "학교를 건建하여… 인민의 지식을 광박廣博히 하며, 재예才藝를 고명高明히 하고 공예工藝를 분발케 하는 일이라." 하여 기술 인력의 양성에 각별한 관심을 기울였다.

그 결과 1899년의 우무학당郵務學堂과 전문학당電務學堂의 설립을 시작으로 하여, 1904년에는 4년제 학교로 농상공학교를 세웠고, 1907년의 관립공업전습소로 승계되어 신기술 인력양성의 중추 구실을 담당했다. 더불어 외국인 교원의 고용을 제도화하여 선진기술의 도입을 촉진하였다.

서양 기술자의 고빙은 1882년의 묄렌도르프를 시작으로 1908년까지 무려 134명에 달할 만큼 개량에 전향적인 태도를 보였다. 1900년에는 한성직조학교와 사립 낙영학교에 공업전수과가 각각 설치되고, 같은 해 3월에는 규모가 큰 방직회사였던 직조단포주식회사에서 부설학교를 두어 직조 관련 기술교육을 담당하기도 하였다.

1899년 9월에 농상공부를 개편하여 산하에 상업과, 공업과, 권업과를 설치하여, 상업과에서는 상업과 회사에 관한 사항을, 공업과에서는 공예에 포함된 공업과 생산시설 및 도량형에 관한 사항을, 그리고 권업과에서는 박람회 및 시예試藝에 관한 사항을 각각 관장하였다.

상업회사는 1899년 이후 1904년까지 설립된 회사가 222개에 달할 만큼 식산흥업에 대한 관심이 크게 늘었다. 이 가운데 공업과와 권업과의 업무는 공예와 직접 관련되어 주목된다. 특히 1902년의 임시박람회사무소臨時博覽會事務所 설치와 더불어 국내와 박람회의 참가 및 개최는 공업전습소나 미술품제작소 등의 조직과 더불어 도안이 보급 정착되는 중요한 토대가 되었다.

초기의 식산흥업 정책은 생산 구조의 개량에 집중되었고, 중소 규모의 전통적 수공업 구조가 주류를 이루고 있던 산업구조의 실상은 공예 제작환경에 관심을 돌리게 한 원인이었다.

따라서 식산흥업 정책의 흐름은 초기에 수공예 기술의 개량에 초점을 맞추었고, 1908년 무렵에 이르면 기계적 생산을 기반으로 한 '공업工業'의 개념이 공예로부터 분화하여 본격적인 산업시스템의 형태를 갖추기 시작하여 이른바 1930년대의 공업화의 단계로 나아가게 된다.

'박람회의 시대'

공예 분야와 관련하여 인식의 근대를 대표할만한 가장 중요한 실천의 결과가 바로 만국박람회의 출품과 국내 박람회의 시행이었다. 박람회는 기술교육과 제작구조의 변화를 포함한 물질의 개화를 통합하고 경쟁적으로 표상하는 근대 시각 이미지의 총화였고, 초기 산업화 단계에서 제작구조 및 생활양식 전반을 근대적 형태로 개량하는데 기여한 끌차였다.

박람회는 인접한 동일 문화권 중심의 제한된 국가관계에서 벗어나 광범위한 세계와의 만남을 주선함으로써, 이를 통해 자국의 국체를 세계에 알리고 신기술을 이전할 수 있는 기회로 받아들였기 때문이다. '박람회의 시대'로 불릴 만큼 빈번하게 개최된 19세기 후반에 서구 제국들에 의해 식민지 개척이 경쟁적으로 이루어졌던 것은 이와 무관하지 않다.

우리나라의 경우도 예외가 아니었다. 대한제국 정부에서 보여준 일련의 개화정책과 더불어 박람회에 대해 표명한 깊은 관심, 각종 매체에 빈번하게 등장하는 박람회에 관한 정보들은 이러한 정황을 충분히 반영하고 있다. 그 준비를 위해 임시박람회사무소를 두어 능동적으로 대응한 것은 좋은 예이다.[13]

우리나라가 공식적으로 참가한 첫 만국박람회는 1893년의 시카고박람회였다. 출품된 품목은 나전장롱, 렴簾, 석席, 자수병풍, 짚신과 가죽신발, 장기판, 도자기와 각종 복식 등 수공예 소품이 주류를 이루었다. 기와를 인한옥으로 전시관까지 지었으나 규모나 내용 면에서 다른 참가국들과 비교할 수 없이 초라했으며, 전시물 또한 관심을 끌지는 못하였다. 『뉴욕 헤럴드』에서 고종이 '싸구려 폐품'만을 보냈다고 비판하였다. 연이어 1900년에 열린 파리만국박람회에도 나전칠기와 도자기, 비단, 병풍, 금속공예품, 금박목조불상, 그림 몇 점 등 주로 수공예품을 출품하였다. 그러나 결과는 시카고박람회 때와 크게 다르지 않았다.

국내에서의 박람회는 1906년 부산에서 열린 한일박람회를 비롯하여, 1907년의 경성박람회와 크고 작은 공진회에 이르기까지 물품 견본 전시가 봇물을 이루었다. 박람회에 출품된 국산품은 도자기와 섬유류, 목칠공예품이 대부분이었다.

도자기는 공업전습소와 미술품제작소, 조선미전 공예부의 출품작들과 마찬가지로 1906년부터 시작된 청자 재현품이 여전히 대세를 이룬 것으로 판단된다. 다만 기형에서 조선시대에 양식화된 소형 호壺를 변형하거나 일본식 도자 기형을 일부 도입하여 절충한 것으로 여겨지며, 기능은 화병류가 대부분을 차지하고 있어 당시 도자기의 형식과 함께 수요처를 얼마간 짐작케 한다. 일제시기에는 근대적인 서양식 실내장식의 소재로 꽃꽂이가 유행하면서 화병의 수요가 크게 늘었다. 총독부 관리나 특수층에서는 화병을 금·은이나 동으로 제작하기도 하였지만, 일반적으로는 도자기 화병을 쓰는 예가 훨씬 많았다.

조사시찰단에 목격된 일본의 풍속이 이후 우리나라에 새로운 개명진보의 상징으로 정착한 사례가 바로 실내에 화병을 들여 꾸미는 관습이다. 개화기를 통해서 화병은 근대 기물로써 우리 생활 깊숙이 침투하게 되는데, 그 경로는 시찰단의 일원이었던 강문형姜文馨의 기록에서도 감지되듯이

EXPOSITION DE 1900
Pavillon de la Corée

1900년 4월 개최된 파리만국박람회장에 세워졌던 한국관의 모습을 담은 프랑스의 주간 화보지 『르 프티 주르날(Le Petit Journal』, 1900년 12월 16일자의 삽화이다. 이 화보지의 1900년 12월 3일자에는 "당시 한국관을 보고 난 외국인들은 전시된 공예품을 보고 감탄을 금치 못했다. 다양한 형태의 신발과 모자, 중국이나 일본이 감히 흉내내지 못하는 붉은 색의 비단을 본 프랑스 상인들은 이것을 응용해 상품을 개발하겠다고 말했다."고 기록하고 있어 외국인들이 한국 공예품에 대해 많은 관심이 있었음을 알 수 있다.

일본 기물의 형식을 적극 수용한 데서 비롯하였다. 이후 일본인의 국내 유입과 주택 개량의 분위기를 타고 실내장식의 가장 중요한 요소로 자리를 잡았다. 뿐만 아니라 미술품제작소와 조선미전의 출품작들을 통해 화병이 새로운 근대적 라이프 스타일과 기형의 표상처럼 인식되어 크게 유행했다.

　　박람회는 근대화 주도국 중심의 강력한 제국주의 권력 시스템에 다름 없었다. 근대화와 산업화라는 동일한 지표를 문명과 야만이라는 이분법을 통해 제3세계까지 광범위하게 유포하고, 물질과 기술의 성취 여부에 따라 세계를 서구의 축으로 위계화 하여, 자본을 연결고리로 하여 하나의 네트워크로 엮는 구실도 박람회의 숨겨진 목적의 하나였다. 식산흥업을 명분으로 한 국내의 박람회에서는 부업 차원의 저급한 민간 수공예 기술을 중점적으로 계도하였던 반면, 기업형 산업은 일본인 자본가가 독점함으로써 경제적 측면에서의 지배구조를 강화했던 것이다. 그 결과 일본제품이 곧 선진문물이라는 소비의식이 보편화되었고, 일제에 대한 선호경향과 더불어 공예계에 일본의 기술과 양식의 무비판적인 수용 및 모방풍조를 유행시킴으로써 뒷날 공예의 근대성과 정체성 논란을 촉발시킨 계기가 되기도 했다.

1 　1. 1929년 9월 12일 조선총독부의 주요 관리들이 박람회가 열린 경복궁 행사장으로 들어오고 있다.
2 　2. 1929년 9월 12일부터 10월 31일까지 50일간 경복궁에서 열린 조선박람회 행사장 입구 모습.
3 　3. 1929년 열린 조선박람회 행사장 전경. 사회경제관, 교육·미술·공예관, 교통관, 육해군관, 축산관, 특설관, 동경관, 만몽관 등이 설치되어 있었다.

생산의 근대(1920년대 이후):
'모던'의 소비와 근대도안의 보급

근대적 개량의 일차적 완성은 인식의 근대에 수렴하는 제도 및 정책에 이어 생산의 단계에서 비로소 그 외형이 갖추어졌다. 불과 30여년이 경과되었을 뿐이지만, 개화 초기의 환경에 비하면 실로 괄목할 변화였다. 산업생산의 성과에 힘입은 물질의 풍요는 경성을 중심으로 과거에 상상하기 어려웠던 근대적 소비의 공간을 형성하였다. 때 맞춰서 '모던' 이미지가 넘쳐나 모든 것에 '모던'을 갖다 붙이는 이미지의 과잉 상태에 이른 시기가 바로 1930년을 전후한 시대의 풍경이었다.

양복에 맥고모자, 로이드 대모안경을 끼고 지팡이를 든 이른바 로이드풍의 젊은이들을 등장시켜 〈모던뽀이의 산책〉이란 제목을 달았던 1928년 『조선일보』의 만평은 모더니티가 한 시대의 코드였음을 표상하기에 족하다. 이 만평은, "현대의 여러 가지 유행은-더구나 조선의 여러 가지 유행에는 활동사진이 큰 힘을 가지고 있다. 학교의 수신과정보담도 목사의 설교보담도 또한 어버이의 회초리보담도 감화되기에 빠른 것은 '스크린'에 꺼졌다 나타났다 하는 그림자에 있다."고 하면서, "유행은 그 정신 방면의 그것보담도 퍽 쉽사리 되는 것이다."고 자조적인 소회를 털어 놓았다.[14] 이 밖에도 당시의 신문에는 모던을 물질의 소비와 겉치장에 매몰된 몰지각으로 풍자하는 담론과 시각 이미지가 끊임없이 등장하였다.

시대의 표상이 된 모던의 공간에서 그 소비를 실현하는 기저에 생산의 근대가 있었다. 과거에 비해 혁신적인 산업구조를 기반으로 대량생산, 대량소비의 자본주의 산업화가 본격적인 궤도에 진입했음을 확인케 한다.

'노력의 생산물인 최초의 자동차를 타고 한국의 도시 안으로 들어가다'라는 설명이 붙어 있는 이 그림은 낯설고 신기한 문물, 자동차를 처음 접해 혼비백산하여 난리가 난 듯 달려가는 당시 사람들 모습 그대로를 보여 주고 있는 모습을 담은 프랑스의 주간 화보지 『르 프티 주르날(Le Petit Journal)』, 1909년 3월 7일자의 삽화이다(서울시립대학교박물관 소장).

L'effet produit par la première automobile qui pénétra dans une ville coréenne

'개화백경'으로 표현된 1930년대의 경성풍경은, 1883년에 서울에 와 "지구상의 어느 왕국도 유럽인 여행자에게 알맞은 호텔, 찻집, 그 밖의 위락시설을 찾을 수 없는 곳은 서울뿐인 듯하다."고 불평했던 어느 독일인의 말에 비추어 보면 괄목할 개명천지였음이 분명했다.[15] 1910년대 이후부터 시작된 근대식 세간의 소비가 생활개량의 붐을 타고 신문물로써 저변을 급속히 넓혔다. 서양 의자와 모자, 구두, 일본식 장롱과 사기를 취급하는 회사의 광고가 신문에 빈번하게 등장한 것도 이 시점부터였다.

근대의 환상이 덧씌워진 모던 이미지에 열광하던 소비자들에게 물질의 풍요 자체가 곧 근대였고, 근대를 이 땅에서 실천할 수 있다는 의지의 표명이 곧 생산의 근대였다. 몸으로 근대를 호흡하고 물질의 향수를 통해 '모던'이 일상의 중심에 체화되었으며, 스스로도 개화된 세계의 중심에 합류하기를 열망하였다. 비로소 근대화는 물질의 근대인 개량을 얼마간 완성하여 개화의 단계로 진입하였음을 인정할 만하다. 1904년까지 222개에 불과했던 공장이 1930년에 무려 4,261개로 급증한 사실은 이를 여실히 입증한다.[16]

생산의 근대를 견인한 가장 중요한 공예적 요체는 바로 근대도안이다. 제작기계의 정착이 물리적 환경을 조성해 주었다면, 도안은 표현형식을 결정하고 새 기능을 창출하는 몫에 해당했다. 산업기계에 수반하여 디자인 주체와 생산주체를 매개하는 역할이 도안의 정체였고, 시대적 과제로써 필연적으로 요청되던 것이 '근대도안'이었다. 공예 분야가 '생산'과 '창작'으로 나뉘어 오늘과 같은 면모를 갖추게 된 것도 이런 문맥에서 파생된 현상이기도 했다.

근대도안은 문명개조의 근대적 이데올로기와 맞물려 제작과 기술 관련분야에 부여된 공통된 시대적 과제였다. 메이지 초기에 일본에서는 화가를 공예품 도안제작에 적극 동원하는 등 공예품의 품질 제고를 위해 몰두했던 것도 이러한 맥락에서였다. 도안형식과 거기에 담긴 보국 인식은 동아시아에서 근대화를 먼저 성취한 일본을 통해서 선진문화의 표상체로써 국내에 들어왔다.

근대도안은 1881년에 청에 간 영선사 일행에 38명의 연수생이 동반하여 선진기술과 근대 도면법을 배워온 것이 최초였다. 이들 중 공장工匠 출신 김성원金性元은 목양창木樣廠에서, 화가였던 안중식安中植, 조진석趙錫晋은 화도창畵圖廠에서 각각 도면제작 기술 등을 배워온 바 있다.

그러나 국내의 근대도안은 일본의 메이지 도안이 모델이었다. 양질의 수출 공예품 제작을 위해 메이지 정부에서 추진한 식산흥업 정책의 핵심이 바로 도안의 근대화였고, 그 결과가 메이지 도안이었다. 1873년의 비인만국박람회 참가를 계기로 해외 판로를 개척하면서 정부주도의 적극적인 수출정책을 펼치게 되었으며, 『온지도록溫知圖錄』으로 묶여 전해진 메이지 도안도 이 정책의 성과물이었다.

화가의 손을 빌려 새 도안을 작성하고, 이를 공예가들에게 제공하던 메이지도안의 구조는 미술품제작소 도안실의 운영방식과 매우 유사할 뿐 아니라, 오늘에 전하고 있는 미술품제작소의 도면철의 표현기법 등에서 『온지도록』과 직접 비교된다. 특히 미술품제작소가 설립된 이듬해인 1909년 2월에 제작소의 운영 책임자였던 이봉래李鳳來가 일본에 가 관련 시설을 시찰했던 사실은 메이지 도안과 근대 공방시설의 수용경로를 뒷받침해준다.

공업전습소 교육과정에서도 도안교육의 비중은 매우 높았다. 5개 학과가 모두 공통필수과목으로 제도와 관련된 용기화를 가르쳤고, 각 과의 전 학년에 해당하는 공동실습에 학과의 성격에 맞추어 투영도, 견취도, 설계제도, 가구도 등의 명칭으로 도안 관련 과목이 다양하게 운영되었다. 특히 공통과목으로 개설된 도화시간에 자재화 대신 제도와 도학을 배우는 용기화가 집중적으로 교수된 사실은 당시 도안교육의 비중을 알게 한다.

도안형식은 도입 초기에서 1930년대 초에 신설된 조선미전 공예부의 출품작을 기점으로 적지 않은 변화를 보인다. 초기에는 미술품제작소의 도면에서 보듯이 문양에 치중하여 새로운 문양을 표현하는데 골몰하였다.

전통적이거나 일본을 통해 새로 들어온 기물에 대해서도 기형은 다만 문양을 새겨 넣을 지지체라는 인식이 지배적이었다. 이는 기물의 형태를 당대의 보편양식으로 받아들여 온 전통적인 장인의 제작관에서 비롯한 관성도 있지만, 기능과 직접 맞물려 있는 기형의 특성상 이를 바꾼다는 것이 초보적인 도안의 수준에서는 쉽지 않은 일이었기 때문이다.

그러나 작가의 개성과 창의성이 선택의 기준이었던 조선미전의 공예부를 거치면서 공예가들은 문양을 넘어서 전통적인 기형을 극복해야할 새로운 과제로 처음 인식하게 되었다. 기형을 문양의 범주에 포함시켜 '모양模樣'으로 일컫던 과도기를 거친 뒤에 비로소 문양과 기형을 구분하게 되었다.

도안의 내용도 초기의 평면적인 문양 중심에서 기형을 고려하는 입체물의 영역으로 중심이 이동함으로써 형태와 관련된 새로운 쓰임의 환경이 근대화 하고 있음을 시사했다. 달라진 생활양식은 실내용 가구와 의상, 액세서리 소품은 물론, 사무용 가구에 이르기까지 전혀 새로운 쓰임을 창출하였고, 공예와 디자인은 이러한 수요의 흐름에 수렴할 책무를 새로이 요구받게 되었다.

'물질 개량'의 근대화를 넘지 못했다

한국 공예의 근대화 과정은 물질의 근대와 인식의 근대, 생산의 근대를 단계적으로 거치면서 정착된 것으로 파악된다. 개화 초기에 낯선 신문물을 직·간접으로 대면하여 정서적 혼란을 겪은 끝에 소비의 단계로 나아갔고, 그 인식을 구체적으로 실현하기 위해 대한제국 시기의 식산흥업 정책이 시행되었으며, 마지막 단계에서 생산의 근대를 통하여 개화가 체화되었다.

그러나 한국형 개화의 특질은 근대적 국가관이나 시민사회의 건설과 같은 정치 사회적 조건의 개혁보다도 물질의 개량에 초점이 맞춰진 것이 중요한 특성이다. 초기의 물질의 근대에서는 물론, 제도화를 시도한 인식의 근대, 그리고 마지막 생산의 근대에서도 물질의 개량 문제는 일관되게 유지되는 특성을 보이고 있다. 이러한 특수성이 개화기의 공예를 국가적 시무의 위치로 부각시킨 요인이기도 했다.

물질 중심의 개화적 특성은 개화 본국으로부터 멀리 떨어져 근대화의 시공간을 서구와 공유할 수 없었고, 식민지라는 특수한 환경에서 추진된 타율성의 문제 역시 외발성外發性 개화국들이 균질하게 공유하는 중요한 한계 요인을 체질 내부에 안고 있었던 것으로 지적된다.

물질의 개량이라는 시각으로 근대화 과정을 접근하여 얻은 소기의 성과가 있다면, 개화 과정을 드러난 사건 중심으로 파악하여 관념화하거나, 정체성 시비에 지나치게 편향되지 않을 수 있다는 점일 것이다. 근대 공간에서 경도되기 쉬운 배타적 민족주의 시각을 경계할 수 있을뿐더러, 당시의 역사적 실상을 보다 보편적인 층위에 두고 사실에 가깝게 복원하는 데도 일정한 장점도 있다. 개화의 파트너로서 일본과 전방위적으로 맺어온 역학관계가 일제 식민지 시기의 근대 풍경을 일본에 진배없는 환경으로 만들었음을 인정하는 것도 아울러 필요하겠다.

아울러 물질 개량의 근대화에 주력해온 한국형 근대의 특수성에 비추어보면, 대한제국기의 광무개혁과 식산흥업 정책의 성과로 대표되는 '인식의 근대' 역시 근대적 생산과 결부된 문명진보의 실천이념일 뿐, 근본적인 근대성의 획득과는 일정한 거리를 둘 수밖에 없다. 미술계의 서양 추수적 경향이나 뒤틀린 전통주의 등 우리 사회 내부에서 여전히 작동되고 있는 전근대적 속성들 역시 결국 물질 개량을 거쳐 근대성을 획득하는 단계로 진화하지 못한 근본적 한계에서 기인한다고 믿는다.

대한제국 황실의 복식

황제와 황후의 복식, 어떻게 변화했나

최규순 · 단국대학교 전통의상학과 교수

"천지天地에 고하는 제사를 지냈다. 왕태자가 배참하였다. 예가 끝나자 의정부 의정 심순택沈舜澤이 백관을 거느리고 아뢰기를, '고하는 제례를 마쳤으니 황제의 자리에 오르소서.'하였다. 신하들의 부축을 받으며 즉위단卽位壇에 올라 금으로 장식한 의자에 앉았다. 심순택이 12장 곤면복衮冕服을 올려 성궁께 입혀드리고, 이어 옥새를 올렸다. 상이 두세 번 사양하다가 마지못해 황제의 자리에 올랐다.……"

                                                    -『고종실록』 고종 34년 양력 10월 12일

복식의 변화로 당대의 정치 들여다보기

'복식'이란 사람이 생활 속에서 몸에 걸치게 되는 '옷과 장신구'를 의미한다. 여기서 '생활'이란 일상적인 삶의 영위뿐만 아니라, 일상의 사이클을 벗어난 특정한 의례나 행위 등을 포괄한다. 즉 사람이 살면서 겪게 되는 모든 일을 의미한다. 그런데 이렇게 생활 속에 사용하는 옷과 장신구는 각 시대의 정치, 사회, 문화적인 현상을 파악하는 하나의 자료가 되기도 한다. 특히 복식에 관해 국가에서 규정한 제도인 '복식제도服飾制度'(이하 '복제'라 함)는 때로 다른 어떤 사료보다도 더 분명히 당시의 정치 현실을 보여 줄 때가 있다.

복제와 정치 현실과의 상관관계를 보여주는 대표적인 것이 조선시대 관원들의 복제 즉 관복제도官服制度이다. 조선시대 관원들의 복식은 중국 관원의 복식에 비해 두 단계를 내려서 입도록 규정된다. 중국 1품과 2품관원의 복식은 조선의 관원이 입을 수 없고, 중국 3품관원의 복식을 조선 1품

도1 _ 12장(章) 면복(冕服)을 착용한 순종
　이각종(李覺鍾), 『순종실기(부 명신사전)(純宗實紀(附 名臣史傳))』(필자 소장)

관원이 입고 중국 4품관원의 복식을 조선 2품관원이 입는 등이다. 이렇게 두 단계를 차례로 내린 '이등체강二等遞降'의 복제는 황제국인 중국에 비해 조선은 제후국이라는 정치적인 인식에 기반 한 것이었다. 때문에 조선의 복제는 왕王 이하 관원에 이르기까지 철저하게 제후국의 복식체제를 수용한다.

이러한 제후국 복제가 일대 변혁을 맞게 된 것은 1897년에 황제국인 대한제국이 개국하면서이다. 대한제국은 개국과 동시에 이전의 제후국 복제를 모두 황제국의 위상에 맞게 바꾸어 규정한다.

〈도1〉은 우리나라 전통왕조의 마지막 제왕帝王인 순종純宗이 면복冕服을 착용하고 있는 모습의 사진이다. 사진 속의 순종은 머리에 12류旒 면관冕冠을 쓰고, 몸에 일日·월月·성신星辰·산山·용龍·화충華蟲·종이宗彝·조藻·화火·분미粉米·보黼·불黻의 12章 무늬가 표현된 옷을 입었다. 황제의 면복을 입고 있는 것이다. 그러나 이 면복은 고종高宗이 대한제국을 선포하면서 입기 시작한 것으로, 그 이전 조선의 왕은 9류의 면관에 12장에서 일·월·성신을 뺀 9장복을 착용하였다. 이러한 9장에서 12장 면복으로의 변화를 대표로 하는 제후국에서 황제국 복제로의 변화를 가장 극적으로 보여주는 것이 바로 1897년에 있었던 고종의 황제등극의례皇帝登極儀禮이다.

고종이 황제로 등극하는 의례에서 왕실의 구성원과 신하가 착용한 복식을 통해 대한제국 시기 황제국 복제로의 변모를 살펴보자.

왕의 복식에서 황제의 복식으로

1897년(고종 34) 8월 14일(음력 7월 17일) 고종은 나라의 연호를 '광무光武'로 쓸 것을 확정한다. 이어 일련의 준비과정을 거쳐 같은 해 10월 11일(음력 9월 16일)에 환구단圜丘壇에서 새로운 제국帝國의 국호를 '대한大韓'으로 할 것을 결정하고, 다음날인 12일(음력 9월 17일)에 원구단에서 천지天地에 제사를 지낸 후 황제로 등극하였다.

등극 당시의 상황을 사료에서는 다음과 같이 기록하고 있다.

> "천지天地에 고하는 제사를 지냈다. 왕태자가 배참하였다. 예가 끝나자 의정부 의정 심순택沈舜澤이 백관을 거느리고 아뢰기를, '고하는 제례를 마쳤으니 황제의 자리에 오르소서.'하였다. 신하들의 부축을 받으며 즉위단即位壇에 올라 금으로 장식한 의자에 앉았다. 심순택이 ① 12장 곤면복袞冕服을 올려 성궁께 입혀드리고, 이어 옥새를 올렸다. 상이 두세 번 사양하다가 마지못해 황제의 자리에 올랐다.……"
>
> 『고종실록』 고종 34년 양력 10월12일

> "자시子時.……황제[大駕]가 왕태자와 함께 원구단에 친히 제사 지낸 뒤에 황제에 등극하였다.
>
> ……때가 되자, 장례가 외판을 무릎 꿇고 주청하니, ② 상上이 면복冕服을 입고 나왔다.……예의사의 인도로 상이 초헌례初獻禮를 행하였다. ……집례가 아뢰기를, '아헌례亞獻禮를 행하소서.'하였다.……집례가 아뢰기를, '종헌례終獻禮를 행하소서.'하였다.……예의사가 예가 끝났음을 무릎 꿇고

아뢰었다.……예의사가 규圭를 놓기를 무릎 꿇고 주청하니, 상이 규를 놓고 대차大次에 들어갔다.

조금 있다가 의정이 백관을 거느리고 망예위望瘞位에서 무릎 꿇고 아뢰기를, '고하는 제례를 마쳤으니, 황제의 자리에 오르소서.'하였다.

신하들의 부축을 받으며 상이 금金으로 장식한 의자에 앉았다. 백관이 먼저 반차班次를 배열하고 집사관이 면복안冕服案과 보안寶案을 들고 이르렀다. 의정이 ③ 곤면복袞冕服을 받들어 무릎 꿇고 올려 면복안 위에 두었다. 의정 등이 나아가 곤면복을 꺼내 성궁聖躬께 입혀드렸다. 의정이 반차에 들어갔다. 찬의가 '국궁鞠躬, 사배四拜, 흥興, 평신平身'을 창하였다.

장례원 주사의 인도로 의정이 상위上位의 앞에 이르렀다. 찬의가 '궤跪, 진홀搢笏'을 창하니, 의정이 무릎 꿇고서 홀笏을 꽂고, 백관이 모두 무릎을 꿇었다. 봉보관奉寶官이 보록寶盝을 열어 옥보玉寶를 꺼내어 의정에게 무릎 꿇고 주니, 의정이 옥보를 받들고 상언上言하기를, "황제皇帝께서 대위大位에 오르시니 신들이 삼가 어보御寶를 올립니다."하였다. 김영목이 옥보를 받아 보록 안에 거두어 넣었다. 찬의가 '취위就位, 배拜, 흥, 평신'을 창하니, 백관이 절하기를 그와 같이 하였다.

찬의가 '복위復位'를 창하니, 주사의 인도로 의정이 서쪽으로 해서 자리로 내려갔다. 찬의가 '국궁, 재배再拜, 흥, 평신, 진홀, 국궁, 삼도무三蹈舞, 궤좌슬삼고두跪左膝三叩頭, 산호山呼, 산호, 재산호再山呼, 궤우슬출홀跪右膝出笏'을 창하였다. 찬의가 '부복俯伏, 흥, 평신, 국궁, 사배, 흥, 평신'을 창하였다. 상이 계엄을 풀었다. 도로 대차에 들어갔다. 조금 있다가 ③ 상이 면복을 입고 나왔다.……"

『承政院日記』 고종 34년 음력 9월 17일[1]

고종은 황제 등극을 천지에 고하는 제례에서 면복을 입고 의례를 행했다. 이어 본 행사에 해당하는 즉위의即位儀를 통해 황제로 즉위하였다. 그 절차는 의외로 간단하다. 먼저 신하가 고종에게 12장 면복을 입혀드리고, 이어 옥새[璽寶]를 올린다. 황제를 나타내는 가장 상징적인 물질로 옥새 외에 면복을 설정한 것이다.

위의 등극의례를 통해서도 알 수 있듯, 고종은 천지에 등극을 고한 후에야 황제의 상징인 12장 면복을 입는다. 그렇다면 등극 전에 천지에 제례를 올릴 때는 12장 면복이 아닌 9장 면복을 착용했을 것이다. 즉 위 인용문 중 ②에서 언급되는 면복은 고종이 조선의 왕으로서 입었던 9장복이고, ①과 ③에서 언급되는 면복은 대한제국의 황제로서 입은 12장복이다.

조선시대 왕의 9장 면복은 여러 자료를 통해 확인할 수 있다. 조선전기의 9장 면복은 『세종실록오례의』와 『국조오례의』에 그림과 설명이 나타나 있다. 이 면복은 1403년(태종 3, 明 永樂元年)에 명明 성조成祖 황제가 사여한 것이다. 조선전기에는 이렇게 명의 황제가 사여한 면복을 입는 것이 기본이었고, 이러한 체제는 인조 때까지 지속된다.

조선후기에는 중국에서 면복을 받지 않았고, 이로 인해 조선에서 자체적으로 면복을 제작해 입게 된다. 그 형태는 현재 각종 의궤儀軌에 남아 있다. 또 현재 국립중앙박물관에는 2벌의 '구장복' 유물(중요민속자료 제66호)이 소장되어 있다. 이 '구장복'의 착용자는 밝혀지지 않은 상태이고, 일반적으로 고종이 황제로 등극하기 전에 입었거나 영친왕이 일본 유학 중 일시 귀국했을 때 입었던 것이라고 추정하고 있다.[2] 착용자가 누구이건 이 유물을 통해 조선말기의 9장복 형태를 파악할 수 있다.

황제의 12장 면복은 순종이 〈도1〉속에서 착용한 것을 통해 확인 할 수 있다. 흑백 사진이어서 12장 면복의 자세한 형태는 알 수 없으나, 12류 면관과 일·월 등의 무늬가 들어간 12장 면복임은 확인이 가능하다.

또 대한제국의 의례를 규정한 『대한예전』에 황제 면복이 있는데, 여기에 그려진 상의는 그 길이가 짧다. 이는 길이가 길어 무릎 아래까지 이르는 〈도1〉에서 순종이 착용한 면복과 다른 점이다. 이렇게 긴 상의는 조선

조선 왕의 9장 면복과 대한제국 황제의 12장 면복

종류	冕冠	上衣		下裳
조선전기 王 9章 冕服	9旒冕	9章 중의 5章 (龍, 山, 火, 華蟲, 宗彝) 표현		9章 중의 4章 (藻, 粉米, 黼, 黻) 표현
		출처: 『國朝五禮儀序例』 卷1 「吉禮」 祭服圖說		
조선후기 王 9章 冕服	9旒冕(그림에는 5旒만 나타나지만 실제로는 9旒임)	9章 중의 5章 표현		9章 중의 4章 표현
		출처: 『正祖國葬都監儀軌』 「二房儀軌」 造作秩·服玩秩		
조선말기 ~ 대한제국 시기 王 '구장복'	은조사 구장복		갑사 구장복	
	9章 중의 5章 표현			
	출처: 중요민속자료 제66호(국립중앙박물관 소장) 『문화재대관』, 66~71쪽.			
대한제국 皇帝 12章 冕服	12旒冕	12章 중의 6章(日, 月, 星辰, 山, 龍, 華蟲) 표현		12章 중의 6章(宗彝, 藻, 火, 粉米, 黼, 黻) 표현
		출처: 『大韓禮典』 卷4 「祭服圖說」 皇帝冕服		

고종: 통천관(通天冠), 강사포(絳紗袍) 차림
1918년경 그림

말기에 착용하던 9장 면복의 상의와 같은 형태이다. 즉 명의 제도를 참고로 『대한예전』에 황제 면복을 규정했지만 실제로는 조선말기의 형태를 유지하고 일부 요소만 다르게 한 측면이 있는 것이다. 한편 고종의 등극일 행사를 전후하여 부속 행사들이 있었다. 이들 행사에서 고종은 황제로 등극하기 전에는 조선의 왕으로서의 복식을 착용하였고, 황제로 등극한 이후에는 황제의 복식을 착용하였다.

등극일 전인 10월 9일에 고종은 경운궁慶運宮(德壽宮) 태극전太極殿에서 신하들로부터 제사에 앞서 부정한 일을 하지 않겠다는 서약을 받는 '친림서계의親臨誓戒儀'에 참석하였고, 이 때 원유관遠遊冠에 강사포絳紗袍를 입었다. 이 차림은 왕의 조복朝服으로, 황제의 조복인 통천관通天冠과 강사포에 비견되는 것이다.

이어 10월 11일에는 원구단에 나가 제사에 쓸 희생과 제기 등을 살펴보는 의례인 '친사원구시성생기성정확시척개의親祀圓丘時省牲器省鼎鑊視滌漑儀'를 행하였고, 이 때 고종은 면복을 입었다. 면복은 아직 황제로 등극하기 전이므로 당연히 9장 면복이었을 것이다.

10월 12일 고종은 황제로 등극한다. 그 후 태극전으로 돌아와 신하들의 하례를 받고 이어 황후 책봉과 황태자 책봉의 의례를 행하는데, 이 때 모두 면복을 입는다. 면복은 이미 황제로 등극한 후이므로 12장 면복이다.

10월 13일에 황제의 조칙을 반포하는 의례를 행하고, 이 때 국호를 '대한'으로 함을 선포한다. 이 의례에서 고종은 조칙을 반포할 때는 통천관에 강사포를 착용하고, 조칙 반포 후 황태자와 신하들의 하례를 받을 때는 면복을 입는다. 황제가 조복으로 착용하는 통천관을 쓴 채 조칙을 반포한 것이다. 통천관의 착용 역시 12장 면복과 마찬가지로 황제의 복제를 드러내는 것이다.

10월 14일에는 헌종憲宗의 계비 남양홍씨에게 태후의 인장[寶]을 올리는 의례, 황태자비를 책봉하고 조알을 받는 의례 등을 행하는데, 이 때 고종은 모두 통천관에 강사포를 입었다.[3]

1897년 황제 등극 전후의 고종 복식

일자(양력)	의례	장소	신분	복식
10월 9일	親臨誓戒儀	太極殿	王	遠遊冠, 絳紗袍
10월 11일	親祀圓丘時省牲器省鼎鑊視滌漑儀	圓丘壇	王	9旒·9章 冕服
10월 12일	親祀圓丘儀	圓丘壇	王	9旒·9章 冕服
	登極儀	圓丘壇	王→皇帝	9旒·9章 冕服 → 12旒·12章 冕服
	皇帝御太極殿受百官賀表儀, 册皇后儀, 册皇太子儀	太極殿	皇帝	12旒·12章 冕服
10월 13일	頒詔儀	太極殿	皇帝	조칙 반포할 때: 通天冠, 絳紗袍 하례 받을 때: 12旒·12章 冕服
10월 14일	明憲太后上寶儀, 册皇太子妃儀	太極殿	皇帝	通天冠, 絳紗袍
	皇太子妃朝謁儀	內殿	皇帝	通天冠, 絳紗袍

왕세자의 복식에서 황태자의 복식으로

고종이 황제로 등극하는 위의 의례를 거행할 때 훗날의 순종은 황태자로서 거의 모든 의례에 참여한다. 순종 역시 왕세자[당시 '王太子'라 칭함]에서 황태자로 신분이 변하고, 이에 따라 그의 복식도 변화를 보였을 것이다. 그러나 사료에서 왕세자 복식에서 황태자 복식으로의 변화를 명확히 언급하는 것은 없다. 따라서 의례의 절차에 따른 고종 복식의 변화를 통해 황태

익종(翼宗)[효명세자(孝明世子)]: 8류면(旒冕) 7장복(章服) 차림
1826년경 그림

자 복식의 변화를 유추할 수 있을 뿐이다.

순종의 행적은 10월 11일에 고종이 제사에 쓸 희생과 제기를 살피는 의례를 행할 때부터 나타난다. 이 때 순종은 면복을 입은 것으로 나오는데, 고종이 아직 황제로 등극하기 전이므로 왕세자 신분에 적합한 면복을 입었을 것으로 추정된다.

조선시대 왕세자의 면복은 8류 면관에 7장복(화충(華蟲), 종이(宗彝), 조(藻), 화(火), 분미(粉米), 보(黼), 불(黻))이다. 원구단에 가서 천지에 제사하고 황제의 등극 의례에 참여할 때도 면복을 입는데, 이 때 역시 8류면에 7장복 차림이었을 것이다.

황태자 책봉식은 등극 의례가 끝난 당일에 태극전으로 돌아와 거행되었다. 책봉식에서 순종은 면복을 입는다. 그러나 이 면복은 지금까지 입었던 왕세자 면복이 아닌 황태자 면복이었을 것이다. 황태자의 면복은 조선시대 왕이 착용한 것과 동일한 9류 면관에 9장복이다. 국립중앙박물관에 소장된 '구장복' 유물은 순종이 1897년 황태자로 책봉된 후 1907년 황제로 등극하기 전까지 입었던 황태자의 면복일 가능성도 있다.[4]

왕비의 복식에서 황후의 복식으로

명성황후는 1895년 10월에 시해 당하였다. 따라서 고종이 황제로 등극할 당시 황후의 자리는 비어 있었다. 그런데 고종은 자신이 황제로 등극한 후 이미 사망한 명성황후에 대해 황후로 책봉하는 의식을 거행한다. 이어 당시 궁 안에 설치해 두고 있던 빈전殯殿에 가서 고하는 의례를 마련한다.

황제의 면복에 상응하는 황후의 최고 예복은 적의翟衣이다. 만일 명성황후가 생존해 있었다면 황후로 책봉될 때 12등等[줄] 적의翟衣를 입었을 것이다. 그러나 황후가 이미 사망한 상태이므로 황제 등극을 전후한 의례의 기록에서 황후 복식에 관한 내용은 나타나지 않는다. 다만 『대한예전』에 규정된 형태와, 현재 남아있는 12등 적의 유물 및 적의본 등을 통해 황후의 적의를 파악할 수는 있다.

현재 세종대학교박물관에 순종의 계비인 순정효황후 윤씨(1894~1966)가 착용했던 12등 적의 일습(중요민속자료 제54호)이 소장되어 있는데, 겉옷인 심청색 적의, 흰색 중단, 심청색 폐슬, 검은색 하피霞帔와 청석靑舃(중요민속자료 제55호) 등이 남아있다. 1907년 순종이 황제로 즉위한 후 윤황후가 착용한 유물이다.

또 국립중앙박물관에는 적의본翟衣本과 폐슬본蔽膝本(중요민속자료 제67호)이 소장되어 있다. 이는 황후의 적의를 만들 때 쓴 것이다. 적의본에는 적문이 12등으로 표현되어 있고, 적문 사이사이에는 이화가 배열되어 있다. 12등 적의는 황후만이 착용할 수 있으므로, 대한제국 이후에 적의를 만들기 위해 제작한 본임을 알 수 있다. 폐슬본에도 적문과 이화가 표현되어 있는데, 3등으로 되어 있다. 『대한예전』을 보면 황후 폐슬의 제도는 언급이 없지만, 황태자비의 폐슬은 무늬를 2등으로 하도록 규정한다. 또 이때의 복제는 기본적으로 명대의 제도를 참조하는데, 명의 제도에서 폐슬의 무늬를 3등으로 하는 것은 황후와 황태후 등에게만 허락된 것이었다. 따라서 이 폐슬본은 황후의 폐슬을 제작하기 위한 본임을 알 수 있다.

한편, 위에서 본 적의의 형태는 대한제국 시기에 명대의 황후 적의를 본 따 만든 것이고, 명대에 조선의 왕비에게 하사했던 적의는 위와 같은 형

태가 아니라 맞깃에 소매가 넓은 홍색 대삼大衫 형태였다. 이 대삼제 적의
에는 적문이 없고, 대신 그 위에 입는 청색 배자와 하피에 적계문翟雞紋이
있었다. 즉 명에서 적의를 하사받았던 조선초기에는 대삼제 적의를 착용한
것이다.

조선 왕비의 적의와 대한제국 황후의 적의

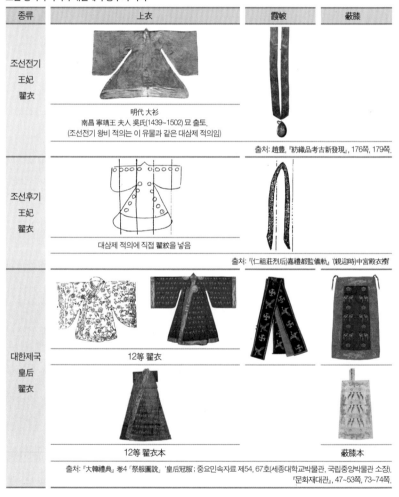

종류	上衣		霞帔	蔽膝
조선전기 王妃 翟衣	明代 大衫 南昌 寧靖王 夫人 吳氏(1439~1502) 묘 출토. (조선전기 왕비 적의는 이 유물과 같은 대삼제 적의임)			
			출처: 趙豊, 『紡織品考古新發現』, 176쪽, 179쪽.	
조선후기 王妃 翟衣	대삼제 적의에 직접 翟紋을 넣음			
			출처: 『(仁祖莊烈)后)嘉禮都監儀軌』(親迎時)中宮殿衣襨	
대한제국 皇后 翟衣	12等 翟衣			
	12等 翟衣本			蔽膝本
	출처: 『大韓禮典』 卷4 『祭服圖說』 '皇后冠服'; 중요민속자료 제54, 67호(세종대학교박물관, 국립중앙박물관 소장). 『문화재대관』, 47~53쪽, 73~74쪽.			

그 후 명이 멸망한 조선후기에는 더 이상 중국에서 적의를 하사받지 않았고, 조선초기의 적의에 약간의 변화를 준 형태의 적의를 입는다. 대삼의 형태는 그대로 유지하되, 여기에 직접 적문을 넣는 형태로 바뀌는 것이다. 이렇게 바뀌었던 적의가 대한제국 시기에 현재 유물로 남아있는 것과 같은 적의로 다시 바뀌게 된다.

왕세자빈의 복식에서 황태자비의 복식으로

대한제국이 개국할 당시의 황태자비는 훗날의 순명효황후純明孝皇后로 추존된 민씨(1872~1904)이다. 민씨는 고종이 황제로 등극한 이틀 후인 10월 14일에 황태자비로 책봉되었다. 기록에는 이 때 황태자비가 착용한 복식의 구체적인 명칭은 언급이 없이 단지 '예복禮服'으로만 나와 있다. 그러나 황태자비의 최고 예복은 적의翟衣이므로, 황태자비로 책봉될 때 마땅히 이 옷을 입었을 것이다. 황태자비의 적의는 현재 국립고궁박물관에 소장되어 있는 이방자 여사의 9등 적의 유물을 통해 구체적인 모습을 파악할 수 있다.

한편, 조선시대 왕세자빈의 예복은 조선초기와 후기가 구별된다. 조선초기에는 노의露衣를 최고의 예복으로 입었고,[5] 조선후기에는 왕비와 같은 형태의 적의를 착용하되 몸판의 색과 보補만 달리하였다.[6] 노의는 그 유래가 명확히 밝혀지지는 않았으나, 중국의 복제와는 다른 국속의 복제로 보는 것이 일반적이다.

따라서 조선초기에는 왕세자빈이 국속의 복제를 최고의 예복으로 입

영왕과 이방자여사 함께 찍은 사진
김영숙 · 박윤미, 『조선조왕실복식-영왕복식중심』

다가, 후기에는 중국의 영향을 받은 예복을 입은 것으로 볼 수 있다.

제후국 신하에서 황제국 신하의 복식으로

10월 9일 '친림서계의'부터 10월 14일 황태자비 책봉까지의 모든 의례에는 신하들이 참여한다. 이 때 신하들은 자신이 입을 수 있는 최고의 예복을 입는다. 고종이 원구단에서 제사를 올릴 때 향관享官은 제복祭服을 입고, 배향관陪享官은 4품 이상은 조복을 입고 5품 이하는 흑단령을 입었다. 이 제례를 제외한 모든 의례에서 신하들은 4품 이상은 조복, 5품 이하는 흑단령을 입었다.

조복과 제복은 기본적으로 같은 구성인데, 양관梁冠, 상의, 하상, 중단, 폐슬, 수綬, 대대, 혁대, 패옥, 버선, 석鳥, 홀笏로 구성된다. 이 중 양관의 규정에 황제국으로의 변모가 두드러지게 나타난다.

양관은 양梁의 수로 신분을 구별하는데, 대한제국 시기의 관원은 1품은 7량, 2품은 6량, 3품은 5량, 4품은 4량, 5품은 3량, 6품과 7품은 2량, 8품과 9품은 1량이다. 이는 명의 제도와 같은 것으로, 조선시대 1품 관원이 5량, 2품은 4량, 3품은 3량, 4품에서 6품까지는 2량, 7품에서 9품까지는 1량인 것에 비해 등급을 두 단계 올린 것이다. 이 외에 수, 혁대, 홀 등에도 신분 구별 요소가 보이는데, 여기에는 명의 제도와 비교할 수 없는 조선만의 복제가 반영된 것이 있어 제후국에서 황제국으로의 변화를 단편적으로 서술하는 데는 한계가 있다.

대한제국 시기의 단령은 모든 관원이 흑색을 입고[黑團領], 흉배의 무늬로 신분을 구별하였다. 흉배의 무늬로 쓰인 것은 문관은 쌍학과 단학, 무관은 쌍호와 단호이다. 그런데 쌍학, 단학, 쌍호, 단호로 신분을 구별하는 것은 조선후기의 제도를 수용한 것으로, 명의 제도와는 다르다. 따라서 대한제국 시기의 흉배 제도는 황제국 복제로의 변모를 살피기에 적합한 대상이 아니다.

한편 조선초기의 단령에 쓴 흉배는 명에 비해 두 단계를 내려서 규정하였다. 조선초기 문관의 흉배는 1품은 공작, 2품은 운안雲雁(雲鴈), 3품은 백한白鷴이고, 무관은 1품과 2품은 호표虎豹, 3품은 웅비熊羆이다. 4품 이하는 문관과 무관 모두 흉배를 달지 않는다. 명대의 제도와 비교하면 공작은 명 문관 3품, 운안은 문관 4품, 백한은 문관 5품의 흉배이고, 호표는 무관 3품과 4품, 웅비는 무관 5품의 흉배이다.[7]

종합하면, 조선초기에는 명의 영향으로 그들 관원에 비해 두 단계를 내린 제후국 복제를 규정하고, 조선후기에는 청淸의 복제를 받아들이지 않으면서 조선에서 자체적으로 복제에 변화가 나타난다. 이렇게 변화한 흑단령에 쌍학, 단학, 쌍호, 단호로 신분을 구별하는 제도가 대한제국에 그대로

明과 朝鮮의 文武官 胸背

文官				武官			
品級	明	品級	朝鮮	品級	明	品級	朝鮮
1品	仙鶴			1品	獅子		
2品	錦雞			2品			
3品	孔雀	1品	孔雀	3品	虎豹	1品	虎豹
4品	雲鴈	2品	雲鴈	4品		2品	
5品	白鷴	正3品	白鷴	5品	熊羆	正3品	熊羆
6品	鷺鷥	從3~9品	없음	6品	彪	從3~9品	없음
7品	鸂鷘			7品			
8品	黃鸝			8品	犀牛		
9品	鵪鶉			9品	海馬		

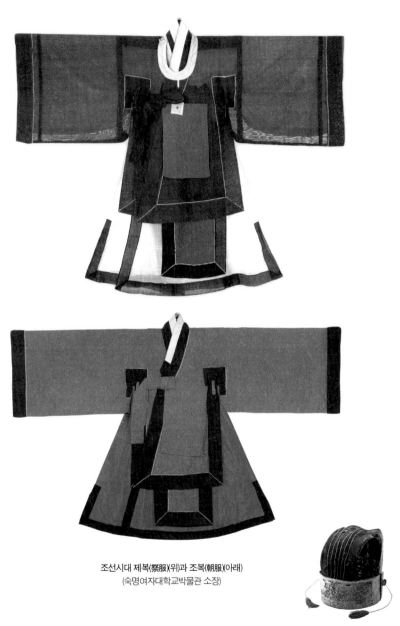

조선시대 제복(祭服)(위)과 조복(朝服)(아래)
(숙명여자대학교박물관 소장)

대한제국 시기 6량관(梁冠)(2품관)
(단국대학교 석주선기념박물관 소장)

이어진 것이다.

황제의 익선관복과 황후의 원삼

　이상에서 살핀 바와 같이 고종은 황제로 등극하기 전에는 조선시대 왕이 입던 9장 면복과 원유관복을 입고, 황제로 등극한 후에는 12장 면복과 통천관복을 입는다. 황제의 복제가 이렇게 변화하는 것과 더불어 황후, 황태자, 황태자비 등 다른 왕실의 구성원과 신하들의 복제에 이르기까지 전면적인 개정이 이루어진다.

　제후국 조선에서 황제국 대한제국으로의 변화를 복제를 통해 분명하게 보여주고 있는 것이고, 고종이 등극 의례에서 9장 면복에서 12장 면복으로 갈아입는 의식을 거행할 때 그 상징적 의미는 가장 극대화된다.

　위에서 언급되지 않았지만 황제국 복제로의 면모를 파악할 수 있는 복식으로 황제의 익선관복翼善冠服과 황후의 원삼圓衫이 있다. 조선의 왕은 익선관을 쓸 때 홍색의 곤룡포를 입었는데, 대한제국 개국 이후 황색 곤룡포를 입는다. 황제국 체제로 들어서면서 황제가 입는 복색인 황색을 입기 시작한 것이다.

　원삼은 조선시대 왕비의 복식에는 없으나 왕세자빈과 왕세손비가 녹색 원삼을 입었다. 대한제국 개국 이후, 황후는 황색 원삼을 입기 시작한다.

대한제국시기의 회화

화훼영모花卉翎毛 등의
길상화가 풍미

탁현규 · 간송미술관 연구원

"장승업 그림은 번짐이 많은 담채 몰골법沒骨法으로 경물의 형상만 대강 잡았다면, 조석진은 나무 둥치는 테두리만 가는 선으로 하고 개와 나뭇잎 그리고 꽃 등은 가는 필선으로 하였다. 안중식은 나무둥치 질감까지도 꼼꼼하게 표현하였다. 이런 차이점이 세 화가 그림 전체의 특징이다."

- 본문 중에서

갑오경장甲午更張, 조선의 예술을 바꾸다

성리학性理學을 국시國是로 내세웠던 조선왕조는 사대부들이 서화를 주도한 사회였다. 그림과 글씨는 문인들이 수양을 쌓는 중요한 도구였기 때문이다. 따라서 사대부들의 생각, 즉 이념이 바뀌면 자연스레 미술양식이 바뀌었다. 조선전기에는 중국 이념이었던 주자성리학朱子性理學하에서 중국풍 예술이 꽃피웠고 이는 화원들이 만든 작품에도 고스란히 전해졌다.

퇴계退溪 이황李滉(1501~1570)은 주자성리학을 완전히 소화하였고 이후 율곡 栗谷 이이 李珥(1536~1584)가 조선 성리학朝鮮性理學으로 조선화 하였다. 이에 따라 예술에서도 조선 고유색이 꽃피기 시작하였다.[1]

조선 고유색이 절정기였던 진경시대에 겸재謙齋 정선鄭敾(1676~1759)의 진경산수화와 풍속화가 창안되었고 이것은 역시 화원들에게 이어졌다. 그 대표가 단원檀園 김홍도金弘道(1745~1806?)였다.

조선 성리학이 노쇠화 하여 사대부가 신 이념인 청나라 고증학考證學

을 받아들여 다시 중국풍의 예술을 꽃피웠다. 대표적인 문인이 추사秋史 김정희金正喜(1786~1856)이다.[2] 추사는 직접 화원들을 가르쳐 자신의 예술세계를 전수하였으며 이는 이전 조선 서화 전승의 자연스런 전통이었다. 하지만 고증학을 바탕으로 한 예술은 추사 제자대부터 변질되었다.

높은 이념미를 추구한 고증학 자체가 난해했기 때문에 단순 청조 문물의 유행으로 변할 수밖에 없었다. 고증학이라는 신 이념이 추사체와 「세한도」같은 그림들을 만들어냈고 새로운 이념은 화원들에게까지 이어졌지만 이들은 추사를 이을만한 역량이 안 되었기 때문에 쉽게 세속화, 대중화 취향으로 변질된 것이다.

그리고 신분 장벽이 무너지는 상황에서 양반사대부들은 뚜렷한 이념을 갖지 못하였다. 세도가 한 가문에 의해 전횡됐던 안동김씨安東金氏 60년 집권 하에서 건실하고 안정된 사림士林층은 존재할 수 없었다. 추사가 비록 고증학의 대가로 자신의 학예관을 신분에 관계없이 두루 펼 수 있었지만 사림이 더 이상 있지 않았던 시대 상황 하에서 추사 학예에 공감하던 양반 문인들의 범위는 한정될 수밖에 없었다.

사대부를 대신해서 새롭게 예술 향유 주도층으로 부상한 것은 청을 내왕하던 중인中人들이다. 이들은 청대 문물 유입에 앞장 선 최신식 계층이다. 오랜 사대부들의 전통과 미감에 구애받지 않고 자신들의 취향에 맞는 청대 서화와 골동기물 등을 들여와 완상했던 이들에게는 방대한 학문 체계인 고증학보다 중국 문물에 대한 애호성향이 더 컸다.

즉 학문에서 시작한 북학은 청대 유행이 조선에 무비판으로 들어오는 것으로 성질이 변하였다. 이렇게 변화된 서화애호 수요층들의 욕구를 바로 채워줄 수 있었던 인물이 오원吾園 장승업張承業(1843~1897)이었다.[3] 장승업이 청대 회화를 모방할 수 있었던 배경에는 추사에 의해 소화된 청대 고증학이 있었다.

장승업이 돌아간 1897년은 조선사회의 근간이었던 『경국대전經國大典』 체제가 끝나고 서구식 체제변동이 마무리된 시기이다. 고증학이 성리학을 대체할 수 있는 치세이념은 아니었고 두 학문은 모두 유학儒學 체제 안에 있었다. 그러나 갑오경장甲午更張으로 조선을 지탱했던 이념인 유학은 노쇠화 했으며 이를 바탕으로 한 예술 역시 마찬가지 상황에 처하였다.

오원吾園 장승업

추사가 71세로 돌아갔을 때 장승업의 나이는 14세였다. 장승업이 총각시절에 수표교 근처 역관譯官 이응헌李應憲(1838~?) 댁에 살던 때가 거의 이맘 때였을 것이다. 역관 변원규卞元圭(1837~?)도 장승업을 후원했는데 변원규가 45세(1881년)에 영신사領選使 김윤식金允植(1835~1922)을 따라 청에 갈 때 안중식(20세)과 조석진(28세) 등도 함께 하였다. 그리고 장승업이 역관 오경연吳慶然(1841~?) 집에 드나들며 골동기물을 완상했다는 사실을 종합하면 장승업을 후원했던 이들은 대개 한역관이었다는 것을 알 수 있다.

당시 한역관들은 중국에 자주 내왕하면서 중국 화단에서 유행하던 서화라든지 골동기물을 구입해 오는 등 조선의 가장 중요한 서화수요층으로 자리 잡은 상태였다. 이응헌은 추사 문인이었던 이상적李尚迪(1803~1865)의 사위였고 오경연의 형인 오경석吳慶錫(1831~1879)은 추사의 제자였다. 따라서 이들 한역관들은 단순히 중국어에만 능했던 것이 아니라 넓은 의미의

도1 _ 쌍마인물도
장승업(張承業), 견본담채, 33.6×124cm,
(고려대학교박물관 소장)

북학北學을 익혔던 문인들이라고 할 수 있다. 그리고 북학의 본고장인 청을 자주 드나들었던 이들이 서화골동의 중요 수요층으로 등장한 것은 자연스런 일이었다.

하지만 장승업은 도화서에서 화원으로 시작하지도 않았고 추사 제자들에게 그림을 배운 것도 아니었다. 기초 공부가 없었던 그는 국내에 들여온 중국 그림들을 모방하며 독학했던 한계를 가지고 있었다. 스승 밑에서 한학漢學과 틀 잡힌 서화수업을 받지 못한 것은 불우한 유년기 때문이겠지만 어디에라도 얽매이기 싫어했던 그의 천성에 기인했던 것일 수도 있다. 따라서 추사화파가 추구했던 문인화文人畵가 문자향文字香 서권기書卷氣를 기준으로 삼았다고 보았을 때 장승업은 그 기준에서 가장 멀리 떨어진 화가였는지 모르겠다.

하지만 추사의 이상理想을 화폭에 옮기기란 쉽지 않았고 이를 이해하기는 더욱 어려웠다. 그런데 청을 왕래하면서 부를 축적하던 기술직 중인들과 상인들의 미감은 세속성과 대중성의 한계를 넘을 수 없었다. 이를 충족시키는 데는 당시 중국 유행 그림을 방불하게 묘사하는 무학無學의 장승업이 가장 적합하였다. 이것은 기존의 화도수련 전통을 일시에 벗어나는 사건이라고 할 수 있다.

그래서 장승업이 그린 소재는 산수, 인물, 화훼, 영모, 기명절지 등 그림 전 부분에 걸쳐 있다(도1). 하지만 묵화, 즉 사군자는 글씨를 몰랐던 장승업에게는 건너보기 어려운 주제였다. 물론 매화를 그리긴 하지만 채색 가득한 홍백매 팔폭병이거나 화병에 담긴 절지화 등의 장식화였다. 그리고 당시 거의 모든 그림에 들어간 제시題詩를 쓸 수 없어 후학들이 추제追題하는 등의 한계를 가지고 있었다. 하지만 그가 그린 그림 소재와 일부 화풍은 다음 세대인 조석진과 안중식에게 전달되었다.

소림小琳 조석진과 심전心田 안중식

소림小琳 조석진趙錫晉(1853~1920)은 장승업보다 10살 아래로 왕조 마지막 화원畵員이었다. 그의 조부祖父 조정규趙廷奎(1791~?)는 게와 물고기 그림으로 유명한 화원이었으며 그의 재능은 가전되어 손자에게 전해졌다.

심전心田 안중식安中植(1861~1919)은 조석진보다 8세 연하였고 같은 집안 화가인 해사海士 안건영安健榮(1841~1876)에게 영향 받았을 것으로 추정된다.[4] 안건영은 장승업보다 2세 연상으로 오세창吳世昌(1864~1953)이 쓴 『근역서화징槿域書畵徵』에 따르면 "원화院畵(화원화)의 뛰어난 솜씨는 장오원과 안해사에 이르러 그쳤다院畵名手, 至張吾園安海士而止."라고 하였다. 안건영은

36세(1876)란 이른 나이에 세상을 뜬다.

이후 조선 화단은 장승업의 독주가 되었을 것이고 이에 조석진과 안중식은 한양화단을 장악한 장승업 그림에 큰 영향을 받았을 것이다. 장승업이 돌아갈 때 조석진은 이미 45세의 노장이었고 안중식도 37세의 장년이었다. 따라서 장승업 사후 조선 화단은 이 둘에 의해 주도되었다. 1902년 고종의 어진 제작에 나란히 참가한 것으로 이들의 위상을 알 수 있다.

안중식은 수묵으로 국화와 매화를 치기도 하였지만 적은 수이고 매화의 경우는 색을 쓰지 않았다 하더라도 장승업 매화의 화려한 장식성을 따랐기 때문에 전통묵화라 하기는 어렵다. 이것은 장승업이 화훼병풍에 먹으로 사군자를 그려도 새의 배경으로만 삼았던 것과 같은 경우이다.

하지만 사군자 이외 모든 소재에서 안중식을 따라올 수 있는 동시대 화가는 없었다. 산수, 고사인물, 도석, 화훼, 영모, 어해, 기명절지, 진경 등 모든 소재를 다루었고 채색, 담채, 수묵 등의 방법을 고루 사용하여 세필, 공필, 일격逸格화풍까지 고른 솜씨를 보여 주었다. 진경시대 김홍도 이후 안중식만큼 폭넓은 소재를 소화한 화가는 없었다.

이것이 가능했던 것은 전대 장승업의 선례가 있었기 때문이기도 하지만 안중식이 튼튼한 기본 실력을 가졌고, 늘어난 서화 수요층이 요구하는 다양한 그림에 충실히 응했기 때문이었다. 그리고 안중식은 조석진 작품에 제시를 여러 차례 썼던 것에서도 알 수 있듯이 한학과 서예에도 조예가 깊었다. 이런 문인 소양을 탄탄하게 갖췄던 안중식은 3년에 걸친 양천군수陽川郡守직에서 46세(1907)에 물러 나와서는 후학을 이끌며 왕성한 창작활동을 통해 많은 작품을 남겼다.

안중식 산수는 피마준披麻皴과 작은 태점苔點으로 산맥 융기를 꼼꼼히 표현하고 가까운 경치의 수목은 공필로 묘사하는 등 자세한 경물 표현을 특징으로 한다. 그리고 명대明代 구영仇英과 방불한 수준 높은 청록산수를 50대에 완성하여 조선 청록산수의 대미를 장식하기도 하였다.

길상과 축수의 의미를 담은 화훼영모병풍에서도 여러 꽃과 새, 그리고 털 짐승 등을 풍부한 담채와 대담한 구도로 뛰어난 기량을 발휘하였다. 그런데 화훼영모는 장승업 최고의 특장特長이었던 만큼 화재畵材는 비슷하다. 예를 들면 장승업이 즐겨 그린 「오동폐월梧桐吠月」을 안중식 역시 그렸고(도2) 조석진 또한 마찬가지였다. 같은 소재의 그림을 보면 세 화가의 화풍차이를 알 수 있다.

장승업 그림은 번짐이 많은 담채 몰골법沒骨法으로 경물의 형상만 대강 잡았다면, 조석진은 나무 둥치는 테두리만 가는 선으로 하고 개와 나뭇잎 그리고 꽃 등은 가는 필선으로 하였다. 안중식은 나무 둥치 질감까지도 꼼꼼하게 표현하였다. 바로 이런 차이점이 세 화가 그림 전체의

도2 _ 오동폐월(梧桐吠月)
안중식(安中植), 1907년, 견본담채,
33.6×135.5cm(선문대학교박물관 소장)

특징이다.

따라서 안중식 화풍의 단점은 세세한 묘사와 꼼꼼한 준법으로 인하여 신운神韻이 부족한 점이다. 이것은 여러 인물화에서 두드러진다. 안중식은 당시 새로 간행된 중국 화보, 예를 들면 1885년에 나온『시중화詩中畵』,『해상명인화고海上名人畵稿』 등과 전통화보인『개자원화전芥子園畵傳』 등의 도상을 차용 혹은 변용하면서 경물을 풍부히 하였다.[5]

신분질서가 무너지고 그림 수요층이 넓어지면서 널리 애호된 그림은 길상화吉祥畵였고 그 중에서도 안중식이 많이 그린 소재는 노년老年이 편안便安하다는 의미를 가진 노안도蘆雁圖였다. 이미 장승업이 팔폭 전체를 한 화면으로 삼아 기러기를 가득 채운 전례를 뒤이어 안중식은 더 정교하게 기러기 모습을 가다듬었다.

장승업과 동갑으로 평양에서 활동한 양기훈楊基薰(1843~?)도 노안도로 화명을 날린 것을 볼 때 당대當代 길상화의 최고는 노안도라 할만하다. 안중식은 병풍, 대련, 편화 등 다양한 화폭에 날거나 앉아있는 한 쌍 혹은 떼 기러기를 갈대와 같이 담았으며 때때로 보름달을 올리기도 하였다. 이렇듯 시정詩情 어린 장면 때문에 노안도가 사랑받았던 것이 아닌가 생각된다. 안중식의 노안도는 이도영까지 이어지지만 극도로 정형화되어 쇠퇴가 분명하다.

집안을 장식하는 길상화 병풍으로 적합한 또 다른 화재는 기명절지器皿折枝이다. 안중식의 기명절지는 장승업 그림보다 소재는 훨씬 풍부해지고 사생성은 더욱 증가되었다. 그래서 기명절지는 노안도와 달리 안중식 손에서 양식의 완성을 이루었고 그 여맥이 이도영에게까지 지속될 수 있었다.

조석진은 안중식과 마찬가지로
각 체體에 능하였으며 그 중에서 조정
규로부터 가전되었던 어해도魚蟹圖에
서 독보獨步의 솜씨를 보여 주었다.
특히 일곱 폭의 물고기와 한 폭의 게
로 이루어진 어해 팔폭병은 함안咸安
조씨 화원가문의 특장이었다.

그런데 조정규가 그린 다양한
물고기들은 사생을 바탕으로 생동감
이 있었고 물고기는 배경의 꽃나무보
다 커서 주종이 분명하였지만, 조석
진이 그린 물고기는 생기가 떨어지고
숫자는 많아졌으며 꽃나무의 화려함
이 물고기를 압도한다(도3). 물고기
숫자를 늘리고 화려한 색채로 꽃잎들
을 장식한 것에서 조선시대 어해도
양식이 극점에 다다랐음을 알 수 있
다. 결국 조석진의 외손자 소정小亭
변관식卞寬植(1899~1976)의 어해도에
가서는 물고기들이 모두 박제되어 죽
어있는 듯한 퇴영 양식을 낳았다.

그런데 노안도와 어해도 그림
이 갖는 상징성은 태평성세에는 빛을

도3 _ 어해도십곡병(魚蟹圖十曲屏) 中 한 폭
조석진(趙錫晉), 견본담채, 43.0×145.9cm
(삼성미술관 리움 소장)

발할 수 있지만 안중식과 조석진이 활동한 시대는 그런 시절이 아니었다. 특히 물고기와 게 그림은 과거급제를 통한 입신양명立身揚名이란 의미를 띠었지만 나라가 무너지면서 어해도 본래 의미는 퇴색될 수밖에 없었다. 그렇기 때문에 당시 사람들은 무리지어 있는 물고기떼에서 자손 번성이라는 넓은 의미의 길상성을 찾지 않았나 생각된다. 어려운 시절에 가족들이 떨어지지도 않고 자손들은 길이 이어지길 바라는 마음이 컸을 것이다. 이런 희망은 물론 기러기 떼의 모습에서도 볼 수 있다.

사군자의 변모, 석파 이하응의 중인제자들이 주도

조선시대 문인화 전통에서 사군자는 흐름이 한 번도 끊이지 않았으며 각 시대를 대표하는 묵죽, 묵매화가 이어졌다. 추사는 묵란을 묵죽이나 묵매보다 우위에 놓았고, 이후 묵란은 추사화파 묵화 중에서 제일 앞에 서게 되었다. 그리고 묵죽과 묵매는 조희룡과 허유許維가 이어나갔다. 이것은 사대부 문인의 전유물이었던 사군자가 추사시대에 중인화가들에게까지 널리 퍼졌다는 사실을 의미한다.

추사 이후 묵란은 석파 이하응의 중인제자들이 주도하게 되었고 이는 피할 수 없는 흐름이었다. 석파 난법을 계승하여 독자의 '소호란小湖蘭'을 이룬 소호小湖 김응원金應元(1855~1921)과 여기화가 소봉小蓬 나수연羅壽淵 (1861~1926)이 그들이다.[6]

김응원 묵란은 이하응의 그것과 같은 구성이지만 난잎은 더 무성하고 잎은 가늘어지고 굵기 변화는 거의 없다. 그리고 돌이 많이 커졌는데 이는 추사시대에 문인화의 중요 소재로 등장한 '괴석怪石'이 몽인夢人 정학교丁學敎(1832~1914)에 의해서 '묵석墨石'으로 자리잡은 상황에 영향 받은 것으로 봐야한다. 김응원은 담채로 난을 치기도 하여 시대미감에 맞게 묵화 틀에서 벗어났는데 이것은 당대에 묵화가 채화에게 자리를 내주는 상황을 보여준다(도4).

나수연의 부친 나기羅岐(1828~1874)는 경아전京衙前 출신의 여항시인閭巷詩人으로 벽오사碧梧社를 후원하였으며 아들을 이하응 문하에 보내 시서화를 익히게 하는 동시에 한성영어학교에서 신학문을 배우게 한 개화인이었다. 나수연은 국망國亡 후 여기로 묵난에 전념했는데 석난의 구성은 김응원과 같지만 돌이 추상화되었다. 이는 회화양식 발달의 자연스런 결과이다.

추사화파에서 조희룡과 허유가 유지했던 묵매는 우향又香 정대유丁大有(1852~1927)가 잇는다. 그는 홍선대원군과 교유하였던 부친 정학교丁學敎(1832~1914)로부터 시문서화를 익힌 후 37세인 1888

도4 _ 지란정상도(芝蘭呈祥圖)
김응원(金應元), 견본채색,
33.0cm × 128.5cm(삼성미술관 리움 소장)

년에 관직에 나가 국망 이후 서화에 몰두한 서화가였다.

　　조희룡과 허유 그리고 장승업의 홍매와 백매는 담채와 호분을 사용하여 매우 화려하였다면 정대유 매화는 부친의 영향으로 인해 담채를 사용하더라도 가지와 꽃의 수를 절제하였다. 비스듬한 둥치에서 위로 곧은 가지 모습은 매화의 상징성이 마지막으로 표현된 것이 아닌가 생각된다. 그런데 편화의 경우 장승업의 기명절지도에 나타난 매화처럼 절지와 비슷해서 이후 매화가 사군자에서 완전히 벗어나 기명절지 안으로 들어가는 상황을 예시하고 있다.

난죽蘭竹의 대가 자처한 해강 김규진

　　난과 매화에 전심했던 화가들이 주로 추사화파의 화풍과 연결되었다면 대나무는 해강海岡 김규진金圭鎭(1868~1933)에 의해서 독자 양식이 이루어졌다. 안중식보다 7세 연하인 김규진은 평안남도에서 출생하여 7세부터 이희수李喜秀(1836~1909)에게 서화수업을 받았고 18세(1885년)에 청淸으로 유학을 떠나 10년을 채우고 1894년에 귀국한다. 29세(1896년)에 한양으로 이주하여 관직을 시작하였으며 고종高宗(재위 1863~1907)에게 그림을 헌상하고 영친왕英親王(1897~1970)에게 서예를 가르칠 만큼 왕실의 지원을 받았다. 1901년에는 일본에 건너가 사진술을 배워올 정도로 신문물에도 밝았다.[7]

　　관직을 그만둔 1907년에 석정동石井洞(지금의 경운동) 자택의 사랑채 후정에 천연당天然堂사진관을 연 김규진은 1913년에는 고금서화관古今書畵館을 차리고 나서 서화매매에 나섰다. 본인이 직접 화랑을 운영한 것은 청 유학 때 상해지역에서 서화가들이 활발하게 서화매매하는 것을 본 경험이 작용했을 것이다. 아울러 후학양성을 위해 서화연구회를 48세(1915)에 만들어 제자들을 키우는데 이때부터 난죽과 괴석을 전문하였으며 49세(1916)에는 『해강난죽보海岡蘭竹譜』를 펴냈다. 스스로 난죽의 대가임을 자부하는 결과물이었다.

김규진은 관직에 있던 30대에는 청초淸初 사왕四王의 산수나 화조 그리고 영모어해병풍을 주로 하였다. 그가 청에서 돌아오고 나서 3년 후에 장승업이 돌아갔기 때문에 당시 조선화단에서 장승업의 성가聲價는 매우 높았을 것이다. 그래서 김규진 또한 시대유행인 화조병풍에 몰두했으며 장승업 그림에는 없었던 사군자를 쳐내어 길상화에 문인화 취향을 더하였다. 이것은 당시 수요층의 미감에 부합하면서도 장승업 그림과 차별화된 특징이었는데 이후 김규진이 묵죽을 전문하는 단초를 여기서 볼 수 있다.

김규진 묵죽은 가깝게는 조희룡과 허유, 멀리는 이정과 유덕장을 종합한 것이다. 여러 생태로 소재를 다양화한 것은 이정과 유덕장 그림의 특징이고 대나무 잎을 분방하게 표현한 것은 조희룡과 허유 그림의 전통이었다. 여기에다 당시 정학교가 완성시킨 괴석의 다양한 모습을 곁들였다. 무엇보다 김규진 묵죽을 특징짓는 핵심은 과다한 표현욕구가 극에 달한 점이다. 이전 묵죽화에 없었던 파도, 화분, 시내 등이 대나무와 대등하게 자리하였는데 이런 번잡한 장식성은 조선 묵죽 오백년 전통이 마지막에 이르렀음을 의미한다.

마지막 은일화가 석촌 윤용구와 백련 지운영

어지러운 시기 세속을 벗어나 서화로 울분을 다스린 문인은 석촌石村 윤용구尹用求(1853~1939)와 백련白蓮 지운영池雲英(1852~1935) 등이 있다. 명문 해평윤씨海平尹氏가에서 태어나 순조 부마 남녕위南寧尉 윤의선尹宜善 (1823~1887)에게 입후入後된 윤용구는 19세에 문과에 급제하고 42세에 이조 판서까지 역임하였지만 을미년(1895) 이후 일체 관직을 받지 않고 가문의 세장지였던 고양군 장위산㙜位山(지금의 장위동)에 은거하여 87세로 돌아갈 때까지 서화에 잠심潛深했던 선비였다.

윤용구 산수는 원대元代 예찬倪瓚(1301~1374)의 뜻을 옮긴다는 그림의 제사題詞가 말해주듯이 간솔담박簡率淡泊하여 영욕을 잊은 둔세遁世의 뜻이 자연스레 베어나고, 묵란과 묵죽은 산수와 마찬가지로 간명직절簡明直截하 다. 화제 글씨는 당시 보기 드문 추사체인데 양부 윤의선은 글씨를 잘 써서 왕실 경애사慶哀事 때 서사관으로 글씨를 도맡았던 명필로서[8] 당시 왕실이 추사글씨를 좋아하는 분위기에 영향을 받았을 것이고 이것이 아들에게 전 해졌을 것이다. 그렇다면 윤용구는 글씨뿐 아니라 산수도 추사를 추종했다 고 보는 것이 타당하겠다. 장승업 등장 이후 거의 끊겼던 추사학파의 정통 성이 순조 부마의 아들에게 끝으로 이어진 것이다.

국난기國難期 또 한 명의 은일화가로 윤용구보다 1살 위였던 지운영 이 있다. 그는 시문과 의술에 뛰어났던 중인中人 지익룡池翼龍(1812~1891)의 3 남으로 낙원동樂園洞에서 출생하였으며 추사의 중인제자인 강위姜瑋 (1820~1884)가 주도한 육교시사六橋詩社에 참여하며 당시 다른 여항문인들처 럼 개화사상에 눈을 뜬다.

도5_ 동파선생입극도(東坡先生笠屐圖)
지운영(池雲英), 1922년, 견본채색, 50.8×126.7cm(고려대학교박물관 소장)

31세(1882)에 수신사修信使 박영효朴泳孝를 따라 일본에 가서 사진술을 배워와 33세(1884) 봄에 사진관을 개설하여 같은 해 3월 13일에 최초로 고종 사진을 찍은 인물이기도 하다. 하지만 갑신정변甲申政變 주동자 김옥균金玉均(1851~1894)을 암살하기 위해 35세 때 일본으로 갔다가 경찰에 체포되어 고국으로 송환된 후 영변으로 유배되었고, 38세에 유배에서 풀려 황철黃鐵(1864~1930)과 교유하는 등 파란만장한 30대를 보냈다.[9]

지운영은 국망 후 관악산 중 삼성산三聖山에 백련정사白蓮精舍를 짓고서 유유자적하면서 당시 화단의 화가들과 교유하였다. 지운영은 윤용구와 마찬가지로 추사화파의 영향을 받았다. 그는 추사화파들이 즐겨 그린 「동파입극도東坡笠屐圖」(도5)와 「매화서옥도梅花書屋圖」를 여럿 남겼다.

탈속한 은자와 자신을 동일시했던 지운영의 심사心事는 인물화에서 빛을 발한다. 그가 택한 옛 인물들은 유교와 불교 그리고 도교를 아울러서 이태백李太白, 제갈량諸葛亮, 소동파蘇東坡, 강태공姜太公, 달마達磨, 장자莊子, 도사道士 등 삼교三敎 인물들이 망라되었다. 지운영은 이들을 닮고 싶었거나 아니면 이들과 자신을 같은 처지로 보았는지 모르겠다.

그는 채색으로 인물화를 그리기도 하여 장승업 이후의 인물화 방식을 따르기도 하지만 중국화보의 기이한 얼굴을 어느 정도 우리식으로 소화하여 이질감을 덜어 냈다. 지운영은 심회心懷를 인물뿐 아니라 산수로도 풀어 냈다. 당시 화단에서 교본으로 유행하던 상해 발간 화보인 『시중화』나 『점석재총화點石齋叢畵』(1885년 간행) 등을 이용하여 간일한 배경에 은자가 낚시하거나 소요하는 장면을 주로 하였다.

고종대 세도가였던 여흥 민씨 후손 가운데 대한제국기 대표 화가는 운미芸楣 민영익閔泳翊(1860~1914)이다. 민영익의 부친 민태호閔台鎬(1834~

1884)와 숙부 민규호閔奎鎬(1836~1878)는 추사 문인이었다. 민영익은 가학으로 추사학문과 그것의 연원이 되는 청의 학예에 대해서 교육받았을 것이고 이를 통해 자신의 문예를 정립했을 것이다. 그렇기 때문에 청대 비학파碑學派의 정통을 이은 청나라 화가 오창석吳昌碩(1844~1927)이 민영익에게 영향을 줄 수 있었던 것은 자연스런 일이다.

홍선대원군이 물러나고 여흥 민씨들이 세도를 잡았을 때 20세에 재상자리에 올랐던 민영익은 을미사변 이후 상해에 천심죽재千尋竹齋를 짓고 포화蒲華(1830~1911)와 오창석 등 그곳의 여러 서화가들과 사귀면서 독자의 난죽을 창안하였다.[10]

민영익의 "사란은 추사난법을 근간으로 하고 있으면서도 호방하고 강인하며 사죽 역시 장중하면서도

도6_ 묵죽(墨竹)
민영익(閔泳翊), 지본수묵, 55.2×127.8cm(국립중앙박물관 소장)

예리하고 고고청일한 기품"이 있다(도6).[11] 그래서 민영익은 상해화파의 화가들에게 난죽의 일인자로 인정받는다. 하지만 한일합방 이후 폭음으로 건강을 해친 민영익은 통한을 안고 머나먼 이국땅에서 55세(1914)란 이른 나이에 명을 달리하였다.

길상화吉祥畵가 주류 형성, 은일화가와 비은일화가로 이분화

조선시대 서화 주도층은 추사시대까지 양반사대부였다. 추사가 비록 많은 중인제자들을 길러냈지만 그들은 추사학예관이 요구하는 문자향 서권기에서 사대부에게 미치지 못하였다. 하지만 추사 이후 화단 중심은 사대부에서 중인층으로 이동하게 되었고 추사학예관을 실천했던 사대부 명맥은 거의 끊겼다. 이는 당대 혼란했던 지배층 상황 때문이었다. 고종 즉위 후에는 흥선대원군이 세도를 잡았으며 고종 친정시기에는 개화세력이 분열, 갈등하고 주변 열강이 국내로 세력을 확장하는 등 노쇠한 조선의 상황이 갈수록 악화되었다. 이런 상황에서 사대부 문인들이 '예에 노닐기遊於藝'란 무리였을 것이다.

추사 이후 청 문물을 대거 수입하고 추종했던 상황에서 무학이었던 장승업의 그림이 대유행하게 되었다. 그래서 안중식과 조석진이 그 뒤를 잇고 이는 양반출신인 이도영에게까지 이어졌다. 물론 이때 가면 양반과 중인의 신분 차이가 없어지지만 화원 그림이 명문가 문인에게 이어진 것은 조선 말 변화된 화단 상황 때문이었다.

이들은 모든 소재에 능했으며 그 중에서도 화훼영모花卉翎毛 등의 길 상화가 중심이었다. 반면 문인들이 가장 애호했던 사군자는 추사화풍을 이 은 전문 화가에 의해 근근이 명맥을 이어갔다. 난초는 이하응을 이은 김응 원과 나수연, 매화는 정대유, 대나무는 김규진 등이 있었다. 이들 그림은 정 통묵화로부터 담채와 장식성이 가미된 모습으로 바뀌어 조선시대 오랜 묵 화전통이 변질된 것을 알 수 있다. 다만 여흥 민씨 세도재상이었던 민영익 은 상해망명 후 난죽에서 자가양식을 창안해 내었고 따라서 조선시대 마지 막 묵화 대가로 칭할 만하다.

대한제국기 전후 조선화단은 크게 두 움직임이 있었다. 하나는 화단 활동을 하면서 당시 회화 수요층의 미감에 맞는 작품을 그린 이들과 다른 하나는 은일하며 여기로 그림을 그린 이들이다. 장승업을 이은 안중식과 조석진 등이 전자라면 윤용구, 지운영 등이 후자에 속한다.

결국 이 시기 화단에서 양반화가와 중인화가의 구분이 무화되었다면 대신에 은일화가와 비은일화가의 구분이 가능해졌다. 은일화가들이 장승 업이전의 추사학예와 닿아있다면 비은일화가는 장승업 이후의 그림 특징 인 길상성과 장식성을 기본으로 했다는 결론을 내릴 수 있다.

대한제국 시기의 건축

대한제국의 원공간
정동과 덕수궁

안창모 · 경기대학교 건축대학원 교수

"유럽 열강은 첫 눈에 체면을 고려한 의도성 짙은 영사관을 세우면서 계획적으로 당당하고 대담하게 진출하고 있다.… 그들이 추구하는 것은 정치적 영향력이며, 그 영향력은 건설사업을 통해 분명히 드러날 것이다. 아무튼 현재 조선인들에게 그들의 목적은 완벽하게 수행되었다. 마치 수도와 황제의 궁전이 러시아와 프랑스의 깃발아래 직접 보호를 받고 있는 것처럼 보였다."

- 지그프리드 겐테 독일 기자

덕수궁은 '고궁'이 아니라 근대의 황궁이다

서울에는 5개의 궁궐이 있다. 경복궁, 창덕궁, 창경궁, 경희궁 그리고 덕수궁!

덕수궁도 말석이기는 하지만 5개의 궁궐의 한 자리를 차지하고 있다. 우리는 5개의 궁궐을 이른바 고궁古宮이라고 부르는데 주저하지 않는다. 그리고 아무도 이 호칭에 이의를 제기하지 않는다. 그렇다면 덕수궁도 고궁이란 말인가?

"덕수궁이 고궁인가?"

이 질문이 많은 사람들에게 생뚱맞은 질문처럼 들릴지 모른다. 그러나 이 질문은 덕수궁의 정체성을 묻는 핵심 질문이다.

이 질문에 답하기 위해서는 먼저 덕수궁이 언제 어디에 어떻게 세워졌는지에 대해 돌이켜봐야 한다. 그래야 우리가 관행적으로 덕수궁을 '고

도심의 근대궁궐 덕수궁 전경(필자 제공)

궁'이라고 부르는 것이 얼마나 그릇된 호칭인지 알 수 있다.

덕수궁의 원래 이름은 '경운궁'이었다. 경운궁이 이 땅에 처음 그 모습을 드러낸 것은 임진왜란 직후였다. 임진왜란으로 의주로 몽진을 떠났던 선조가 서울로 돌아왔지만 궁궐이 모두 불에 타 없어졌기에 궁궐을 다시 짓기 전까지 임금이 거처할 곳을 찾아야 했다. 그래서 선택된 곳이 정동에 위치했던 월산대군의 사저였다. 이곳이 후에 경운궁이라 불리게 된다.

그러나 인조반정으로 광해군을 내쫓고 왕위에 오른 인조가 즉조당에서 즉위한 후 중건된 창덕궁으로 환궁하면서 경운궁은 궁궐의 위상을 상실하였다. 경운궁이 다시 역사 속으로 사라진 것이다. 경운궁을 오랜 잠에서 깨운 것은 공교롭게도 경운궁이 역사에 처음 등장했던 상황과 비슷하였다. 조선을 압박해오는 일본에 대항하기 위해 고종은 경복궁을 버리고 러시아와 손을 잡고 일본의 압박에 대응하면서, 대한제국을 출범시켰다. 그리고 경운궁을 제국의 황궁으로 삼았다. 그 때가 1897년이었다.

경운궁이 우리의 역사에서 전면에 등장했던 두 차례 모두 조선이 겪었던 미증유의 국가적 위기와 관련이 있는 셈이다. 이 모두가 일본으로 인한 것이었으니 경운궁은 일본과 악연의 뿌리가 매우 깊다 하겠다.

1897년 2월에 러시아공사관에서 경운궁으로 돌아온 고종은 곧바로 새 국가체제를 준비했고, 1897년 10월 13일 경운궁에서 대한제국을 출범시켰다. 경운궁이 조선의 궁궐이 아닌 근대국가인 대한제국의 황궁으로 새롭게 출발한 것이다. 그렇기 때문에 근대기에 지어진 궁궐인 덕수궁을 '고궁'이라고 부르는 것은 적절하지 않다고 할 수 있다.

따라서 조선이 개국한지 500년이 지난 시점에서 세워진 덕수궁은 조선이 아닌 대한제국의 황궁으로 지어졌고, 여느 궁궐과 달리 도심 한 복판에 세워진 도심궁궐이라는 입장에서 보아야 한다. 바로 이점이 덕수궁의 정체성을 묻는 출발점이다.

서울 도심 한 복판에 위치해 있으면서도 '덕수궁 돌담길'이라는 낭만적인 추억 속에서만 부분적으로 인식되었을 뿐, 우리의 근현대사가 곳곳에 깊이 각인된 역사의 현장이었다는 사실이 망각된 채 지나온 곳이 덕수궁이다.

덕수궁이 위치한 정동은 오랫동안 서울의 이국적인 장소로 인식되어, 많은 사람들의 입에 회자되었다. 그러나 정동이 서울시민들에게 발길을 허용한 것은 오래되지 않는다. 어느 누구도 가지 말라고 하는 이는 없었지만, 정동 한복판에서 미국대사관을 중심으로 펼쳐진 삼엄한 전투경찰의 모습과 시도 때도 없이 행해지는 불심검문은 자연스럽게 정동을 우리에게서 멀어지게 만들었다.

정동에 스스럼없이 우리의 발길을 돌릴 수 있게 된 것은 문민정부가 들어서부터라고 할 수 있다. 좀 더 구체적으로 말하자면 대법원이 강남으

북악산

경북궁 근정전

광화문

조선총독부

창덕궁 인정전 ──

1920년대말 서울 전경

로 이전하고 남은 건물에 서울시립미술관이 들어서고, 미국대사관저 입구
쪽에 정동극장이 들어서면서부터라고 할 수 있다. 이제는 서울 시민이면
누구라도 한번쯤 다녀갔음직한 장소가 되었고, 서울에서 대표적인 걷고 싶
은 곳이 되었다.

　　도심궁궐로 이 땅에서 최초의 제국이었던 대한제국의 황궁인 덕수궁
이 위치하고 있고, 주변에는 영국대사관과 러시아대사관 그리고 미국대사
관저와 구러시아공사관 터와 프랑스공사관 터가 자리 잡고 있었던 곳이 바
로 정동이다. 여기에 캐나다대사관이 새롭게 추가되었다. 자칫 경운궁 시
절의 선원전 터(구 경기여고 터)가 미국의 소유가 될 뻔했던 일도 있었으나 온
국민의 성원 덕에 원 위상을 찾을 수 있는 바탕이 마련되었다.

　　이제 100년 전 나라의 운명을 좌우했던 역사의 현장으로 들어가 보자.

서 경운궁은 이궁의 역할을 상실하였다.

경운궁이 담당했던 이궁의 역할을 대신한 것은 1623년에 완공된 경희궁이었다. 인조가 창덕궁으로 이어하면서 경운궁에 딸린 가옥 중 선조가 침전으로 사용했던 석어당과 즉조당을 제외하고 나머지는 모두 본 주인에게 되돌려 줄 것을 명함에 따라, 경운궁 궁역은 해체되었다. 비록 궁역은 해체되었지만, 즉조당과 석어당을 보존케 한 것은 경운궁이 국난극복의 상징적인 가치와 역사적 교훈을 지니고 있었기 때문이었다. 우리나라 역사에서 문화유산 보존의 첫 사례로 기억됨직한 일이었다.

경운궁은 해체되어 역사의 전면에서는 사라졌지만, 완전히 잊힌 것은 아니었다. 경운궁은 1679년 숙종 5년에 개수된 바 있고, 영조는 1748년(영조 24) 경운궁에서 어제 4편을 내렸다. 1769년(영조 45)에는 '대학연의大學衍義'를 행하였으며, 1770년에 이어 1773년(영조 49)에는 환도 3주갑3周甲(180년)을 기념하여 경운궁에 임어하기도 하였다.

고종은 더욱 적극적이었다. 1893년 10월 4일에 경운궁에서 환도 300주년 기념의식을 행하고 대사령을 반포하기도 하였다. 고종황제는 1904년 대화재로 즉조당과 석어당이 소실되자, 즉조당과 석어당 보존의 뜻을 새기고 의미를 기리기 위해 서까래 하나 바꾸지 않고 소중하게 보존해왔다는 것을 강조한 바 있다.

그만큼 즉조당과 석어당이 경운궁에서 갖는 의미가 남달랐다.

조선은행(한국은행)　　　숭례문　　　남산　　　경성역(서울역)

경성우체국　　　조선신궁

의 위상을 갖게 되었다. 그러나 월산대군의 집은 임금이 지내기
에는 협소하였다. 그런 탓에 행궁을 넓히기 위해 계림군(성종의
셋째 아들)의 집과 이웃집들을 행궁에 편입하였다는 기록이 있다.
아쉽게도 당시 정릉동 행궁의 영역과 건축의 규모에 대해서는
알려진 바가 없다.

　　1609년 광해군에 이르러 창덕궁이 완공되고, 1611년 10월
광해군이 창덕궁으로 이어하면서 정릉동 행궁은 비로소 '경운
궁'이라는 궁호를 갖게 되었다. 이는 창덕궁을 정궁으로 경운궁
을 이궁[離宮](임금이 왕궁 밖에서 머물던 별궁. 행궁(行宮)이라고도 한다)
으로 삼는 양궐체제가 다시 정비되었음을 의미한다. 그러나
1623년 인조반정으로 즉위한 인조가 창덕궁으로 이어移御하면

경희궁 흥화문 / 종묘 / 러시아공사관 / 프랑스공사관 / 경성부청(서울시청) / 덕수궁 중화전 / 대한문 / 조선호텔 / 경성재판소(서울시…

창경궁 / 경성방송국 / 흥인지문 / 황궁우 / 명동성당 / 배재학당

경운궁의 탄생

즉조당과 석어당은 경운궁이 조선의 역사에서 처음으로 모습을 드러낸 것이 미증유의 국난이었던 임진왜란을 통해서였음을 증언해 주는 전각이다. 1592년 조선을 침략한 일본군의 파죽지세에 밀려 한양을 내주었던 조선의 14대 임금 선조가 한양에 다시 돌아왔을 때 임시로 거처로 사용한 곳이 세조의 장자인 의경세자의 큰 아들 월산대군의 집이었고, 석어당은 선조가 거했던 전각이었다. 궁궐의 전각이지만 단청이 칠해지지 않은 이유는 민가의 전각으로, 국난극복의 상징성을 갖고 있었기 때문이었다.

월산대군 주택이 시어소로 사용되면서 자연스럽게 정릉동 행궁

개항과 외교타운 정동의 형성

국난 극복의 상징적 장소였던 경운궁이 다시 역사의 중심으로 등장한 것은 개항과 함께 정동이 외국인으로 북적대면서부터다. 1876년에 강화도조약으로 외국과의 외교관계가 확대되면서 조선으로 오가는 외국인이 점차 증가하였다. 원칙적으로 외국인의 도성 내 거주는 금지되었다. 외국인의 도성 내 거주가 합법화된 것은 1882년 11월에 청국과 체결된 조청상민수륙무역장정을 통해서다.

도성 내에 거주했던 외국인은 크게 세 부류로 구분되는데, 서양인과 청국인 그리고 일본인이었다. 청국인이 서소문과 북창동 및 수표교, 일본인이 남산의 북사면을 중심으로 거주한데 반해 서양인은 정동을 중심으로 집단적으로 거주하였다. 그 시작은 미국공사관의 정동 개설에서 비롯되었다.

당시 정동지역이 서양인의 거주지로 선호된 데는 몇가지 이유가 있었을 것으로 추정된다.[1]

첫째, 정동지역은 서울 도성의 서쪽 끝에 해당하는 위치에 자리하는 동시에 인천으로 이어지는 마포와 양화진 가도의 진입로 역할을 하는 지리적 이점을 갖고 있었다.

둘째, 정동지역은 바로 뒤편으로 서울 성벽이 둘러치고 남대문, 서대문, 서소문과 가까워서 진출입이 자유로운 편으로 비상시에 방어와 퇴각이 용이한 측면이 있었다.

셋째, 정동지역은 도성 안쪽에 자리하였으나 상대적으로 외진 곳이고, 빈 터도 많이 남아 있어 현실적으로 토지와 가옥의 매입이 쉬웠던

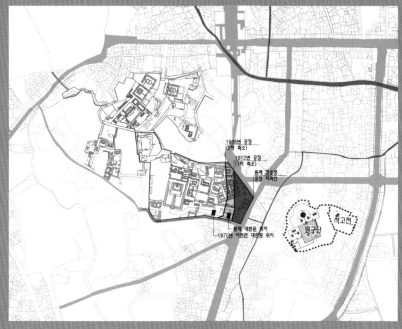

도심 궁궐 경운궁의 위치도(필자 제공)

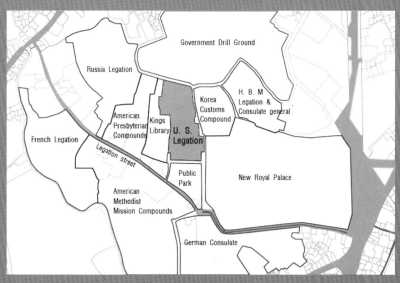

덕수궁과 정동내 각국 공사관 위치도(필자 제공)

정동의 외국인거주 변화

국적	독립신문 / 1897년 4월 1일				대한매일신보 1910년 7월15일
	남	녀	합	가옥수	
프랑스	23	5	28	7	57
러시아	56	1	57	22	12
독일	6	3	9	7	19
미국	47	48	95	40	131
영국	25	12	37	41	88
청국	1,246	37	1,273	10	2,036
벨기에					1
일본	1,035	723	1,758		
	2,428	829	3,257	767	

탓도 작용했던 것으로 보인다.

넷째, 각국 공사관에 의해 의뢰된 부지 선정 건에 대하여 조선 정부는 대부분 정동지역의 토지와 가옥을 선호하여 매매알선을 하여주었는데, 여기에는 외교공관이 특정 지역에 모여들게 함으로써 일반백성과 격리하는 효과도 고려한 듯하다.

다섯째, 결과론적인 풀이이긴 하지만, 1896년 아관파천이후 경운궁이 재건됨에 따라 궁궐과 가까운 곳에 자국의 외교공관을 두려는 의도가 표출되면서 이러한 경향은 더욱 강화되었다고 볼 수 있다.

그러나 다섯 번째의 해석에는 다소 무리가 있어 보인다. 실제 대한제국이 출범한 이후 정부는 경운궁 주변에 외국인들의 신축을 제한하였다는 점을 감안하면, 외국인의 정동거주에 대해 대한제국 정부가 무조건적인 특혜를 베풀지는 않았던 것으로 보인다.

조선은 1876년 일본과 처음으로 국교를 수립한 이래, 1882년 미국, 1883년 영국과 독일, 1884년 이탈리아, 1884년 러시아, 1886년 프랑스, 1892

년 오스트리아, 1899년 청국, 1901년 벨기에, 1902년 덴마크와 각각 수교를 맺었고, 점차 서울에 거주하는 외국인의 숫자도 증가했다.

외국인의 거주는 기본적으로 통상조약에서 비롯되므로 국교수립과 해당국인의 도성내 거주는 각 국의 이해 정도에 따라 다르지만, 기본적으로는 해당국의 조선에 대한 전략적 가치와 통상적 가치평가가 개입되어 있다고 할 수 있다. 청국과 일본인이 절대 다수를 차지하는 것은 지리적 근접성이나 역사적 관계를 감안할 때 비교적 자연스럽다고 할 수 있다. 그러나 서구국가의 경우 자국과의 이해관계가 거주인의 숫자에 영향을 미쳤다고 할 수 있다.

대한제국 출범 당시인 1897년 57명에 달했던 러시아인의 숫자가 한국병합이 이루어진 1910년에 12명으로 급감한 것이 그 예로 러일전쟁이후 급속하게 약화된 러시아의 위상을 보여준다.

정동과 공사관 건축의 정치 문화학

정동에 처음으로 자리 잡은 나라는 미국이다. 미국공사관이 1884년 4월 개설된 이후 러시아공사관(1885년 10월)이 뒤를 이었고, 이어서 프랑스공사관(1886년 10월)과 독일영사관(1890년 8월)이 정동으로 옮겨왔다. 비교적 늦게 외교관계를 수립한 벨기에영사관(1901년 10월)도 정동에 공간을 두었다. 이탈리아영사관(1902)의 경우 서소문에 공관을 설치하였으나 큰 틀에서는 정동의 영역이라고 할 수 있다. 오스트리아와 덴마크는 통상조약은 체결하였지만 공사관은 설치하지 않았다. 정동에 공사관을 설치했던 나라는 미

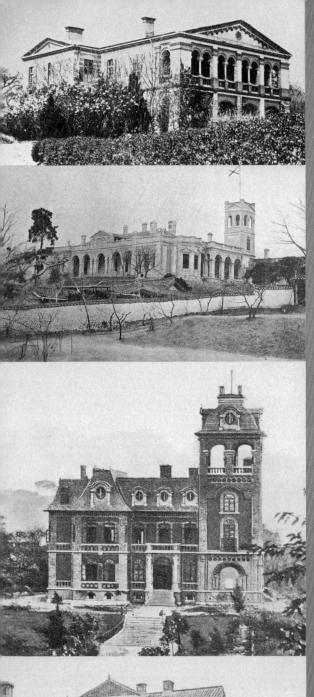

1
2
3
4

1. 주한영국공사관

1883년(고종 20) 조영수호통상조약이 체결됨에 따라 미국에 이어 1884년(고종 21) 4월에 서울 정동 4번지에 영국공사관이 세워졌다. 원래 신헌의 집이었던 한옥을 사용하다가 1890년(고종 27) 5월에 이를 헐고 서양식 건물로 새로 지었다. 영국인 건축기사 마샬 f.J.Marshall이 설계하였으며, 당시 한국에서는 매우 획기적인 건물로 현재까지 남아 있다. 일제강점기에는 영사관으로 존속하였다.

2. 주한러시아공사관

러시아의 공사관이 설치된 것은 1884년 외교관계가 수립된 이듬해인 1885년(고종 22) 10월이다. 이 건물은 러시아인 사바찐 A.I.Seredin Sabatin이 설계하였으며 1885년에 착공되어 1890년(고종 27)에 준공되었다. 러시아의 건축양식에 따라 신축하였으며 매우 화려한 외관을 자랑하였다. 1896년(건양 1) 아관파천의 현장으로 더욱 유명하며 1940년(광무 8)까지 존속하였다.

3. 주한프랑스공사관

1886년(고종 23) 조불수호통상조약이 조인되었지만 프랑스공사관이 정식으로 세워진 것은 1888년(고종 25)이다. 원래는 수표교 인근 관수동에 공사관을 마련하였으나 공간이 협소하여 1889년(고종 26) 정동으로 옮기고, 다시 1897년(광무 1)에 착구의 양식에 따라 새로운 건물을 세웠다. 1905년(광무 9) 을사늑약으로 조선의 외교권이 상실되면서 프랑스 공사가 철수하였다(명지대학교 LG연암문고 소장).

4. 주한독일공사관

독일은 1883년(고종 20) 외교관계가 수립된 후, 1884년(고종 21) 10월에 처음으로 정동에 공사관을 설치하였으나 1900년 대한제국에 공사관 부지를 매각하고 1902년(광무 6) 5월 회동(지금의 남창동 9번지)에 건물을 새로 신축하였다. 1905년(광무 9) 을사늑약으로 공사가 철수하는 상황에서 이곳을 매각하고 평동으로 이전하였다. 사진은 남창동에 위치했던 독일공사관의 모습이다.

국, 러시아, 프랑스, 독일, 영국이었다. 오늘까지 정동에서 그 맥을 잇고 있는 나라는 미국과 영국, 그리고 러시아다.

공사관은 국력과 자국의 문화적 역량을 드러내는 대표적인 정치적 건축물이다. 국가 간에 외교관계가 수립된 이후 상대국가에 자신의 국가가 어느 정도의 능력을 가지고 있는지, 어느 정도의 문화수준을 지닌 국가인지를 드러내는 것은 매우 중요하였다. 다양한 방법으로 자국의 역량을 드러내곤 하지만, 가장 일반적인 것은 대사관 건축을 통한 것이다.

따라서 각국의 대사관을 살펴보면, 해당 국가의 국력과 문화적 수준은 물론 주재국이 자국에 어느 정도 중요한 가치를 가지고 있는지가 종합적으로 판단된다. 이런 측면에서 본다면 서구국가들의 대사관이 밀집해 있던 정동은 대사관 건축의 진열장이자, 대한제국에 대한 자국의 관심사와 자국의 능력을 전시하는 전시장이었다.

정동에 제일 먼저 자리잡은 미국공사관을 비롯하여, 프랑스공사관, 영국공사관, 러시아공사관 중에서 미국공사관의 모습이 남달랐다.

미국을 제외한 각국의 공사관은 서양의 고전주의 건축양식으로 지어졌으며, 구체적으로 자국의 고전주의 건축양식에 따라 지어졌다. 그러나 미국의 경우 한국의 전통건축을 그대로 사용하였다.

그 이유가 무엇일까? 한국과 가장 먼저 외교관계를 수립했던 만큼, 다른 서구국가에 비해 한국에 대한 관심이 높았을 것 같지만 실제 상황은 달랐다. 미국이 한국의 전통문화와 전통건축을 좋아해서 현지 건축을 그대로 사용한 것이 아니었다는 것이다. 그렇다면 무슨 이유가 있었기에 남들처럼 역사주의 건축양식의 공사관 건축을 짓지 않고, 한옥을 그대로 사용한 것일까?

조선 정부는 일찍부터 미국에 대해 호의적이었다. 일찍이 조선과 국교를 맺었고, 조선 정부는 조선을 압박해오는 일본에 대항하기 위해 미국의 지원을 필요로 했다. 하지만 미국 정부의 입장은 한국과는 사뭇 달랐다. 그 결과는 훗날 미국과 일본 사이에 맺어진 가츠라-태프트밀약이 말해준다. 미국은 한국의 가치를 높게 평가하지 않았다. 미국은 필리핀에 대한 자신들의 지배권을 확고하게 하는 지렛대로 조선의 가치를 인정했을 뿐이었다. 그 결과는 일본의 한국 지배 용인으로 이어졌고, 곧 일본의 식민지가 될 나라에 새 공사관을 지을 필요가 없었던 것이다.

이에 반해 러시아공사관과 영국공사관의 규모는 다른 국가에 비해 컸다. 독일기자 지그프리드 겐테는 러시아공사관과 프랑스공사관에 대해 이렇게 적었다.

> 유럽 열강은 첫 눈에 체면을 고려한 의도성 짙은 영사관을 세우면서 계획적으로 당당하고 대담하게 진출하고 있다. 프랑스와 러시아는 외교대표들의 호화저택을 세워, 도시 전체가 수치와 회한에 차 땅 속으로 꺼져 들어가는 듯 했다.
>
> 서울 안에 자랑할 만한 건축물이나 나머지 열강이 지금까지 보여준 그들의 우세한 상징적 힘을 과시하는 건물도, 도시 서쪽 언덕에 위치한 프랑스와 러시아의 화려한 새 공사관저보다 강력한 인상을 주지는 못했다. 조선에서 두 국가의 관심은 실용적인 무역과 산업에서 돈이나 금전적 가치를 얻는데 있지 않았다. 러시아는 전혀 하는 일이 없었고, 프랑스 사람들은 이제 막 철로건설과 광산업에 자본을 투자하기 시작했다.
>
> 그들이 추구하는 것은 정치적 영향력이며, 그 영향력은 건설사업을 통해 분명히 드러날 것이다. 아무튼 현재 조선인들에게 그들의 목적은 완벽하게 수행되었다. 마치 수도와 황제의 궁전이 러시아와 프랑스의 깃발 아래 직접 보호를 받고 있는 것처럼 보였다.

러시아공사관과 영국공사관의 규모가 컸던 것은 두 나라사이의 경쟁관계가 조선을 사이에 두고 어떻게 전개되었는지를 보여준다. 1885년의 거문도사건이 영국과 러시아의 대립관계를 잘 보여준다. 일찍이 러시아의 남진을 막는 것이 중요했던 영국 입장에서 일본은 뜻을 같이할 수 있는 나라였고 두 나라는 1902년 영일동맹을 체결하였다. 을사늑약 직전인 1905년 8

대한제국 시기 손탁호텔의 전경
현재 이화여고 100주년 기념관 자리에 있었다.

월 12일에는 제2차 영일동맹을 체결하여 동맹을 강화하였다.

따라서 일본과 적대적 관계에 있던 러시아는 일본의 압박에 신음하는 조선을 지원해 줄 수 있는 유일한 나라였다고 할 수 있다.

정동에 외국 공사관이 밀집되고, 서양인의 거점 공간이 되면서 부각된 곳이 손탁호텔이었다. 손탁호텔은 프랑스 태생의 독일인이었던 손탁 Antoinette Sontag(1854~1925)이 운영했던 호텔로 정동에 위치한 외교공관의 클럽하우스와 같은 역할을 수행하였다. 1885년 러시아공사 웨베르Carl Ivanovich Waeber를 따라 서울에 온 손탁 여사는 독어, 불어, 영어에 한국말까지 능숙하게 구사하였다고 한다. 손탁여사는 언어능력 덕에 당시 외교가와 궁궐을 연결하는 연결고리 역할을 수행할 수 있었고, 이를 배경으로 정동 외교가의 중심인물로 부각되었다.

1902년 10월에 개관한 손탁호텔은 1888년 10월 이후 미국인 선교사 다니엘 기포드Daniel Lyman Gifford의 집이었으나, 1896년에 손탁이 이를 매입하여 새로 건물을 지었다.

손탁호텔의 1층에는 식당과 일반 객실이 위치하고, 윗층에는 귀빈용으로 사용되었다고 한다.

1910년대 광고에 따르면 손탁호텔에는 "각방에 욕실이 딸린 25개의 객실이 있고, 바Bar와 대형 당구장이 든 별관"이 갖추어져 있었다. 여기에 프랑스인 요리장이 감독하는 식당과 널찍한 정원도 자랑거리였다. 그러나 손탁호텔의 운명도 대한제국의 운명과 맥을 같이 했다. 손탁 여사가 주요 정치인물이나 서울 주재 외국인들의 교류장소로 널리 사용되었던 손탁호텔을 1909년 팔레호텔에게 넘기고 본국으로 돌아간 것이다.

명맥만 유지되던 손탁호텔은 1917년에 부지가 이화학당으로 넘겨진 후 기숙사로 사용되었으나, 1922년 프라이홀 신축을 위해 철거되었다. 1923년 손탁호텔 자리에 세워졌던 프라이홀은 1975년에 화재로 소실되었고, 그 자리에는 이화여고 100주년 기념관이 세워졌다.

한편, 대한제국의 목줄을 죄었던 이토 히로부미가 을사늑약 체결을 강요하기 위해 경운궁 옆에 숙소를 잡았던 곳도 바로 손탁호텔이었다.

선교기지 정동

우리는 정동을 외교타운으로 정의하는데 주저하지 않는다. 이는 정동에 서양국가의 공사관이 밀집되었기 때문이다. 그러나 외국공관의 존재가 중요하기는 했지만, 1910년 대한제국의 멸망으로 외국 공관들은 그 존재가 소멸되었던데 반해, 그들과 함께 정동에 자리 잡은 외래 종교의 역할은 대한제국의 멸망에도 불구하고 더욱 커졌다. 따라서 정동의 진면목을 이해하기 위해서는 외교타운으로서의 정동을 넘어 서양종교의 모태공간으로서의 정동에 대한 이해가 필요하다.

정동제일감리교회

성공회성당 전경

1885년 아펜젤러 목사가 정동의 자신의 집에서 첫 예배를 드렸고, 1887년 9월 27일 현 예원학교 터에 있었던 언더우드선교사 집에서 한국 최초의 교회인 새문안교회가 설립되었다. 1897년에는 최초의 서양식 개신교 교회인 벧엘예배당(현 정동제일교회)이 지어졌다. 한국 개신교의 역사가 정동에서 시작된 것이다.

이어서 러시아공사관 옆에는 러시아정교회가 들어섰고, 그 옆에는 가톨릭 수녀원이 위치하였다. 영국공사관 옆에는 영국의 국교회 성공회교회가 들어섰다. 일제 강점기인 1928년에는 구세군 본영이 정동에 세워졌다.

6·25전쟁을 거치며 러시아정교회가 그리스 정교회로 변신하였다는 점을 감안하면, 이 땅에 들어온 서양의 종교 대부분이 정동에서 출발하였음을 알 수 있다. 이는 정동이 서양종교의 모태 공간이었음을 의미한다. 정동이 이 땅에 전파된 서양종교의 모태공간이 될 수 있었던 것은 정동에 위치한 미국공사관 덕분이었다. 일찍이 이 땅에 전파되었던 가톨릭과 달리 북미선교사를 중심으로 한 개신교는 정동에 정착한 미국공사관을 중심으로 움직였다. 그 시작이 정동에 처음 공사관을 연 미국공사관이었다. 1885년 4월 조선에 입국한 언더우드를 비롯한 미국과 캐나다를 중심으로 한 선교사들이 미국공사관 주변에 자리 잡았고, 미국에 이어 영국과 러시아공사관이 정동에 자리 잡고 그 주변에는 성공회와 러시아정교회가 자리잡았기 때문이다.

정동은 단순히 외교타운이 아닌 서구문화 전파의 전진기지였던 셈이다.

대한문 앞 광장과 경운궁
격변기의 위기의 현장이자, 국난 극복의 현장

서울 도심에는 600년이 넘는 시간의 파노라마를 한눈에 감상할 수 있는 곳이 있다. 바로 서울광장 한복판이다. 조선이 개국을 하며 만들었던 광화문과 남대문이 한 눈에 들어오는가 하면, 조선의 운명이 다하고 새로운 국가로 거듭나기 위해 대한제국을 선포하며 만들었던 최초의 황궁이었던 경운궁(현 덕수궁)이 눈앞에 펼쳐진다.

또 식민지의 뼈아픈 경험을 떠올리게 하는 구 경성부청(현 서울시청)과 경성부민회관(현 서울시의회)가 있다. 서울시청 본관 앞에는 빠르게 성장하며 '한강의 기적'이라 불리며 세계의 이목을 한눈에 주목시켰던 시기에 지어진 플라자호텔을 비롯한 고층 건물들이 2002년 월드컵 당시에 붉은 악마들의 모습을 한껏 담았던 광장을 병풍처럼 둘러치고 있다.

서울광장이 어떤 곳인가. 자동차가 홍수를 이루던 시절에 이곳은 서울 시내 교통 체증의 상징적 장소였다. 이름은 광장이었지만 사람들은 이곳에서 항상 이방인이었다. 도도한 차량의 흐름 앞에 사람들의 자리는 없었다. 그러나 2002년 우리의 붉은 악마들은 이 광장의 주인을 바꾸어 놓았다. 2002년 월드컵 경기 때 도심 곳곳에서 자발적인 응원을 펼치며, 전 세계의 이목을 집중시켰던 붉은악마의 신화가 가장 두드러졌던 곳도 시청 앞 광장이다. 월드컵 이후 시청 앞 광장의 주인은 자동차에서 시민으로 바뀌었다. 이제 월드컵을 배경으로 탄생한 서울광장은 월드컵 신화 이후 다이내믹 코리아의 상징이 되어 우리와 함께 하고 있다.

그런데, 지난 600여 년 시간의 파노라마를 한껏 감상할 수 있는 이곳

서울광장에서 돌아본 남대문에서 세종로에 걸친 파노라마사진(필자 제공)

이 우리 역사 최초의 황궁이 세워졌던 곳이자, 한국 근대 역사의 시작점이었다는 사실을 알고 있는 사람이 얼마나 있을까? 서울광장에 서면 주변에 태평로를 비롯해서 무교로, 을지로, 소공로, 서소문로 등 서울의 주요 간선도로가 이곳으로 모여 들고 있음을 알 수 있다. 이들 도로 중 조선시대부터 있었던 도로는 어떤 것이었을까? 을지로와 무교로 정도다.

그렇다면 태평로는 언제 만들어졌을까? 결론부터 말하면 대한제국 시기다. 너무나 익숙해서 항상 그곳에 있었을 것으로 생각되는 태평로가 만들어진 것은 불과 100여 년에 불과하다. 조선의 개국과 함께 만들어진 정궁 경복궁의 정문인 광화문과 도성의 주 출입구였던 남대문이 연결된 이 도로가 오늘날 '국가 상징로'라는 사실에 의심의 눈길을 보낸 적이 없다. 당연히 이 길이 조선시대 전 역사를 담고 있을 것으로 생각하지만, 실상 태평로의 풍경은 지난 100여 년 한국 근현대를 오롯이 담고 있는 젊은 길이다.

사대문 안에서 곧게 뻗은 유일한 길이라는 점도 빼놓아서는 안 된다. 서울은 청계천을 품에 안고 네 개의 내사산으로 둘러싸여 만들어진 탓에 변화가 많은 지형을 그대로 수용하며 만들어진 도시다. 그래서 도성 안에서 일정 거리 이상을 곧게 뻗은 길을 찾을 수 없는데, 광화문에서 시작된 세종로를 이은 태평로는 남대문에 이르기까지 직선으로 곧게 뻗어 있다.

제국의 위상을 갖추다

1897년 2월 러시아공사관에서 경운궁으로 돌아온 고종은 국가의 체제를 정비하기 위한 단계를 밟아 나갔다. 고종은 황제의 위에 오르라는 주위의 권유에 대해 표면적으로는 불가하다고 했지만, 내부적으로는 이미 황제국을 위한 준비를 하나하나 갖춰 나갔다.

1897년 8월 17일에는 새로운 연호도 만들어졌다. 1896년 친일내각이었던 김홍집 내각이 만든 '건양建陽'이라는 연호를 버리고 '광무光武'를 새로운 연호로 제정하였다. 부국강병의 의지를 담은 '광무'를 만든 후 8월 16일에는 연호 개정을 알리는 환구제를 지냈다. 이때의 환구제는 대한제국기의 환구단이 아닌 조선 개국 후에 하늘에 제사를 지냈던 제단인 남단에서 이루어졌다. 황제만이 치를 수 있는 환구제를 대한제국 출범이전에 지냈다는 것은 칭제 요구에 대한 공개적인 반응이었으며, 칭제에 대한 의지를 굳혔음을 의미한다.

1897년 9월 25일에는 환구단 건설이 결정되었고 공사는 10월 2일에 시작되었다. 장소는 남별궁이었다.

남별궁은 태종의 둘째 딸 경정공주와 남편 평양부원군 조대림의 집이었으나 임진왜란이후 명나라 사신들의 거처로 사용되었던 곳이다. 따라서

韓國皇帝即位式場

환구단 전경

환구단에서 바라본 황궁우 전경(국립중앙박물관 소장)

남별궁에 환구단을 지은 것은 제국건설에 대한 의지와 의미를 선명하게 드러내는 의지의 표명이었다고 할 수 있다.

고종이 칭제를 승낙하고 조선의 국체를 대한제국으로 새롭게 출발시키기로 결정한 것은 1897년 10월 3일이었다.

칭제를 결심한 고종은 10월 7일 경운궁 즉조당의 이름을 태극전으로 바꾸고, 10월 8일 사직단의 신위판을 태사와 태직으로 격상시켰다. 10월 11일 오후 2시에는 환구단을 사전 시찰하였고, 10월 12일 새벽 드디어 황제에 올랐다.

고종이 황제의 위에 오르던 날의 모습에 대해서는 1897년 10월 12일자 『독립신문』 기사에 다음과 같이 실려 있다.

> "십일일밤 장안의 사가와 각 전에서는 등불을 밝게 달아 길들이 낮과 같이 밝았다. 가을 달 또한 밝은 빛을 검정 구름 틈으로 내려 비추었다. 집 집마다 태극 국기를 높이 걸어 애국심을 표하였고, 각 대대 병정들과 각 처 순검들이 만일에 대비하여 절도 있게 파수하였다. 길에 다니던 사람들도 즐거운 표정이었다. 그러나 국가의 경사를 즐거워하는 마음에 젖은 옷과 추위를 게의치 않고 질서 정연히 각자의 직무를 착실히 하였다."

사람들의 옷이 젖었다는 기사를 보니 하늘에 황제 즉위를 고하던 날 비가 왔던 모양이다.

대한제국이 공식적으로 출범한 것은 1897년 10월 13일이었다. 고종은 반조문頒詔文에서 자신을 '봉천승운황제奉天承運皇帝'[2]라 칭하였다. 이날 고종은 다음과 같이 말하였다.

"짐이 덕이 없다 보니 어려운 시기를 만났으나, 상제가 돌봐주신 덕택으로 위기를 모면하고 안정되었으며, 독립의 터전을 세우고 자주의 권리를 행사하게 되었다. 이에 여러 신하들과 백성들, 군사들과 장사꾼들이 한목소리로 대궐에 호소하면서 수십차례나 상소를 올려 반드시 황제의 칭호를 올리려고 하였는데, 짐이 누차 사양하다가 끝내 사양할 수 없어서 올해 9월 17일 백악산白嶽山의 남쪽에서 천지에 고유제를 지내고 황제의 자리에 올랐다. 국호를 '대한'으로 정하고 이해를 광무 원년으로 삼으며, 종묘와 사직의 신위판을 태사와 태직으로 고쳐썼다. 왕후 민씨를 황후로 책봉하고 왕태자를 황태자로 책봉하였다. 이리하여 밝은 명을 높이 받들어 큰 의식을 비로소 거행하였다.……"

드디어 대한제국이 출범한 것이다. 미국의 호레이스 알렌 공사, 러시아의 알렉시 스페예르 공사, 프랑스의 콜랭 드 플랑시 공사, 독일의 크린 영사, 일본의 가토 마스오 공사 등이 황제 즉위를 축하하며 알현을 청하였다. 이는 미국, 러시아, 프랑스, 독일, 일본이 즉각적으로 대한제국을 인정했다는 것을 의미한다. 이제 조선은 당당한 제국으로 다시 태어난 것이다.

제국의 얼굴, 석조전

사실 제국건설을 위한 준비는 제도와 체제정비에 그치지 않았다. 러시아공사관에서 경운궁으로 환어하기 위해 서둘러서 수리했던 경운궁은 제국의 황궁이 되기에 부족했다. 그래서 신축한 건물이 석조전이었다.

조선이라는 구체제를 벗어나 서구의 근대국가를 모델로 하는 새로운 국체를 준비하면서, 이전의 궁궐체제로는 적합하지 않다고 판단한 것이다. 여기에는 당시 총세무사로 고종의 고문을 지냈던 맥레비 브라운이 있었다. 고종은 탁지부 고문관이었던 맥레비 브라운의 건의를 받아들여 대한제국의 새로운 정전으로 서양의 신고전주의 건축양식의 정전을 짓기로 하였다.

고종이 석조전을 짓기로 한 것은 러시아공사관에서 돌아온 직후였다. 1897년 4월 6일자 『독립신문』에 따르면 "영국사람 브라운씨와 통변관 최영하씨가 3월 15일 경운궁에 들어가서 궁안의 지형을 측량하고 나왔다더라"는 기사가 실려 있다.

1912년 1월 일본에서 발행된 건축잡지 『건축세계』에 따르면, 1897년에 청국에 거주하고 있던 J.R.하딩에게 설계가 의뢰되었다는 기사가 나온다. 앞뒤의 정황을 살펴보면 1897년 3월 15일의 측량은 석조전을 짓기 위한 것이었음을 알 수 있다.

설계는 1900년 5월 이전에 완료되었다. 1900년 5월 26일 자 『아메리칸 아키텍처 앤 빌딩 뉴스American Architecture and Building News』에 석조전 사진이 실려 있다. 사진 설명에는 "대한제국 황제의 새로운 궁궐, 남동측 입면The New Palace for H.M. The Emperor of Corea, South East Front View, J. Reginald Harding, Architect"이라는 설명이 붙어있다. 흥미로운 것은 이 사진이 모형 사진이라는 점이다.

건축물을 지을 때 모형을 사용하는 전통을 갖고 있지 않은 우리나라에서 본격적인 서양의 역사주의 양식의 건축을 지으면서 모형을 제작하였고, 이 모형사진을 미국의 건축잡지에 게재한 것이다. 당시 우리에게는 낯선 서양식 건축물을 지으면서 왕에게 신축 건물의 모습을 소개하기 위해

1900년 5월 26일자 『아메리칸 아키텍처 앤 빌딩 뉴스』에 실린 석조전 모형사진

모형을 제작하였을 것으로 판단된다. 이는 마치 르네상스시대에 건축가가 교회를 설계한 후 교황에게 설계한 교회의 모습을 보여주기 위해 모형을 제작했던 일을 연상시킨다.

석조전은 '돌로 지은 집'이라는 뜻을 가지고 있다. 참으로 이상한 이름이 아닐 수 없다. 우리 궁궐의 주요 전각이 전각의 용도에 따라 의미 있는 이름이 붙임으로써 전각에 정체성을 부여했다는 점에서 보면, 일국의 정전으로 지어진 건물에 '돌로 지은 집'이라는 뜻의 석조전이라는 이름은 참으로 이상한 이름이다.

석조전이라는 이름의 작명에 대한 수수께끼는 우리의 전통적인 집짓기가 나무와 흙으로 지어졌다는 점을 생각하면 이해가 쉽다. 우리 역사에서는 돌로 집을 짓는 전통이 없었기 때문에 돌로 지어졌다는 사실 자체가 건물의 정체성을 드러내는 것이었다고 할 수 있다.

　여기에 동시대에 서구에서 보편적으로 사용되었던 신고전주의 건축
양식을 택한 것은 곧 서구문물을 적극적으로 수용하겠다는 의지의 표현이
자, 새롭게 출범하는 대한제국이 서구를 모델로 하는 근대국가일 뿐 아니
라 서구와 같은 국가체제를 운영할 수 있음을 과시하는 상징적 장치였다고
할 수 있다.

　대한제국의 첫 건축프로젝트로서 시작된 정인인 석조전의 이름과 신
고전주의 건축양식의 모습은 그 자체로 대한제국의 정체성을 드러낸 것이
다.

　석조전은 단층으로 지어지는 전통건축과는 달리 지하1층에 지상2층
으로 지어진 탓에 여러 기능을 복합적으로 수용할 수 있도록 지어졌다. 석

석조전 전경

조전이 1910년에 준공된 탓에 비록 호아궁의 정전으로 사용되지는 못하였지만, 태황제가 황위에서 물러난 후 덕수궁에 머물면서 석조전을 사용한 용도를 보면, 침전과 편전의 복합적인 용도로 사용되었음을 알 수 있다. 석조전은 1층에 접견실 및 홀, 2층에는 중앙홀과 황제 황후의 침실과 거실 그리고 지층에는 부속실 들이 배치되었다.

공사는 1900년 말에 시작되었지만, 완공되기까지 10여년이 걸렸고, 그 사이에 제국의 운명이 달라졌다. 1900년 말에 시작된 기초공사는 1901년에 완료되었지만, 석조전 공사가 잠시 중단되어야할 중요한 결정이 1901년에 있었다.

중화전의 건설과 궁역 확장

1901년 8월 25일 고종황제가 중화전 건설을 명함에 따라 같은 해 10월 11일에 치석이 시작되었고, 1902년 11월 12일에 마지막으로 조원문의 상량식이 행해지면서 중화전 공사가 마무리 되었다. 이때 완공된 중화전은 오늘의 중화전과는 달리 중층의 지붕을 가진 정전으로 지어졌다. 중화전을 새로 지으면서 석조전 공사를 일시 중단시킨 것은 당시의 대한제국의 경제 여건상 중화전 영건의 대규모 건축공사와 석조전이라는 미증유의 서양식 건축공사를 병행할 수 있는 여유가 없었기 때문으로 보인다.

중화전 영건공사가 완료된 후 1903년 9월에 석조전 공사가 다시 시작되었지만, 1904년 4월에 경운궁이 대화재로 소실되면서 석조전 공사는 또다시 중단되었다. 경운궁 대화재로 고종황제는 수옥헌(현 중명전)으로 거처를 옮겼다. 경운궁을 포기하고 창덕궁으로 이어할 것을 주변에서 권유하였으나, 고종황제는 중명전에 머물면서 경운궁을 중건하였다.

이때 중층지붕을 가진 전각이던 중화전이 현재와 같은 단층지붕의 정전으로 바뀌었다. 화재로 불탄 경운궁을 버리고 창덕궁으로 돌아가자는 주위의 권유를 물리치고 중건된 중화전의 규모를 줄여야할 어려운 상황이었음에도 불구하고 경운궁을 고수한 것은 고종황제가 경복궁을 버리고 경운궁에서 대한제국을 세웠던 초심을 잃지 않았음을 보여주는 부분이다.

두 번의 걸친 중화전 공사를 통해서 경운궁의 공간에는 커다란 변화가 일어났다. 1897년 대한제국이 출범할 당시에는 현재의 중화문 근처에 정문인 인화문이 위치해 있었으며, 현재의 대한문은 존재하지 않았고, 경운궁의 궁역도 오늘날의 덕수궁 궁역과 비슷한 정도였다.

따라서 대한제국이 출범했을 당시의 덕수궁은 남측의 인화문을 들어서면 금천이 흘렀고, 금천교를 건너 중문을 지나면 중화전으로 사용되었던 즉조당을 만날 수 있었다. 중화전의 오른쪽 앞에는 선조가 거처했던 석어당이 위치해 있고, 그 오른편에는 지금과 같이 함녕전이 위치했던 것으로 보인다.

이와같이 소박한 규모에서 출발했던 경운궁은 미국공사관 주변에 위치했던 북미선교사주택들을 매입하면서 현재의 중명전 영역을 궁역에 포함시켰고, 수어청이 위치했던 곳을 궁역에 포함시킨후 선원전을 지음으로써 경운궁의 궁역을 확대하였다. 이때까지만 해도 경운궁의 정문은 인화문이었지만, 1901년에 중화전을 지으면서 궁궐의 공간구조에 근본적인 변화가 생겼다.

1899년 대한제국은 청국과 국교를 수립하면서 빠르게 안정을 찾았고,

1902년에 있을 고종황제 즉위 40년을 기념하는 각종 행사와 프로젝트도 준비되었다. 그 중에서 핵심은 급박한 상황에서 출발한 대한제국이 미뤄두었던 법전의 건설이었다.

새로 지을 법전인 중화전의 터는 당시에 중화전으로 사용되던 즉조당의 남쪽 마당으로 정해졌다. 중화전을 신축하기에는 즉조당의 남측 마당의 규모가 너무 좁았다. 좁은 터의 문제는 인화문 건너편에 위치했던 독일공사관의 협조로 해결되었다. 독일공사관이 자신들의 공사관 터를 대한제국 정부에 매각했기 때문이다. 독일공사관 터를 매입한 정부는 궁역을 남측으로 확장하면서 인화문을 철거하였고, 자연스럽게 대안문이 경운궁의 정문이 되었다.

대안문이 건설된 것은 1898년의 일이다. 대안문은 환구단의 건설과 육조를 연결하는 신교의 건설 등으로 경운궁의 동측이 도시의 새로운 중심으로 부각되면서 경운궁의 원활한 기능수행을 위해 건설된 것으로 추정된다. 1900년에 따르면 대안문의 월대 및 용두석을 다듬는 비용이 청구된 것으로 보아 이 때 이미 실질적으로 정문의 역할을 수행했으며, 인화문은 상징적인 정문으로 남게 되었을 것으로 추정된다.

그런데, 중화전의 건설로 상징적 존재였던 인화문의 철거가 불가피했고, 결과적으로 대안문은 중화전의 건설과 함께 공식적으로 경운궁의 정문이 되었다. 대안문과 중화문 사이에 조원문이 건설됨으로써 대안문-조원문-중화문으로 연결되는 3문 체제가 완성되었다.

중화전이 완공된 1902년은 대한제국이 역사에서 가장 안정된 시기였다. 고종황제의 즉위 40주년을 맞이해서 즉위 40주년 기념비각과 석고각이 세워지기도 했다. 그러나 러시아가 만주로 진출하고 1902년 일본이 영국과 영일동맹을 맺으면서 대한제국을 둘러싼 국제정세가 다시 급박해졌다. 러시아와 일본의 관계가 파국으로 치닫자 대한제국은 1904년 1월 23일에 대외적으로 중립을 선포하였으나, 일본이 1904년 2월 8일 여순항의 러시아 극동함대, 2월 9일 제물포항의 러시아전함을 선전포고 없이 공격하면서 1905년 가을까지 지속된 러일전쟁은 대한제국의 운명에 심각한 영향을 미쳤다.

경운궁 대화재, 대한제국 운명의 갈림길

1904년 2월 23일 서울을 점령한 일본의 강요로 한일의정서가 체결되어 민심이 흉흉하던 시기에 발생한 1904년 4월 14일 화재가 함녕전 아궁이에서 시작되었다는 기사가 있었지만 일본에 의한 고의적 방화라는 주장이 널리 유포되기도 하였다. 1904년의 경운궁 대화재로 양관을 제외한 대부분의 전각이 화재로 소실되자 고종황제는 수옥헌으로 거처를 옮기고 국정과 경운궁 중건을 진두지휘했다.

일반적으로 궁궐에서 왕의 사적인 공간인 침전이 대중의 입에 오르내릴 일이 많지 않지만, 덕수궁의 침전인 함녕전의 경우는 궁궐이 전소되는 미증유의 대화재가 발생한 곳이라는 사실과 함께 1919년 고종황제가 서거하신 장소라는 사실로 대한제국의 비운의 역사를 논할 때 종종 사람들에게 회자되곤 한다.

경운궁 대화재로 역사의 전면에 등장한 곳이 중명전이다. 원래 수옥헌이라 불렸으며, 영어로 'King's Library'로 불렸던 사실을 보면 수옥헌은 왕실의 서고로 사용되었던 것으로 보인다. 수옥헌漱玉軒의 존재는 경복궁의 집옥재集玉齋에 비견된다. 집옥재의 '집옥'이 옥같이 귀중한 보배를 모은다는 의미를 갖고 있다면, 수옥헌은 모은 '옥(옥, 책)을 닦고 가꾼다'는 의미를 가지고 있다.

그러나 수옥헌은 고종황제가 경운궁 대화재로 거처를 이곳으로 옮김에 따라 궁궐 내 위상은 물론 역할도 달라졌다. 왕의 서고에서 일약 왕의 거처로 변모함에 따라 이름도 '헌軒'에서 '전殿'으로 높아진 것이다.

덕수궁에서 중명전 영역은 선교사들의 주거지가 위치했던 곳이다. 일본에 주재하고 있던 미국 감리교 선교본부 감리사였던 맥클레이R. S. Maclay가 예약했던 땅에 선교사 알렌이 주택을 지으면서 선교사들의 정동 거주가 시작되었다. 미국공사관 주변에는 언더우드 외에 존 헤론J. W. Heron, 모펫S.A. Moffett 등의 집과 정동여학교 등이 위치하면서, 이화학당과 함께 선교타운이 형성되었다.

그러나 교세의 확장에 걸맞은 대지의 확보가 필요했던 선교사 측과 궁역확장이 필요했던 대한제국의 입장이 일치하면서, 정신여학교와 선교사들이 연지동으로 이사하면서 이 지역이 궁역에 포함될 수 있었다.

경운궁 대화재로 역사의 전면에 등장한 중명전은 러일전쟁의 종결과 함께 우리 근대사에서 가장 비운의 현장이 되었다. 1905년 11월 1일 대한제국을 반식민지 상태로 만든 을사늑약이 체결된 곳이 중명전이기 때문이다.

1905년 11월 7일 밤 일본은 무장한 일본군을 경운궁 안팎에 배치하여 무력시위와 함께 중명전에 기거하고 있던 고종황제와 대신들에게 조약 체결을 강요하였다. 공포 분위기 속에서도 고종황제와 대신들은 어전회의를 열고 조약 체결을 거부하였지만, 이토 히로부미는 찬성하는 대신들, 이른바

'을사오적'을 데리고 조약을 강제하였다.

　　고종황제는 서명이나 옥새 날인을 하지 않음으로써 마지막까지 조약을 거부하였다. 고종황제는 을사늑약이 무효임을 주장하는 친서를 작성하여 일본의 주권 침해를 규탄하였고, 친서의 내용은 영국의 『트리뷴』에 보도되었다. 이듬해에는 『대한매일신보』를 통해 을사늑약에 반대하는 고종황제의 입장이 국민들에게도 알려졌다. 이러한 고종황제의 태도는 1907년의 특사파견으로 이어졌다.

　　고종황제가 중명전에서 나라를 지키기 위해 던진 마지막 승부수가 실패로 끝나면서 고종황제 역시 일본에 의해 강제로 황제의 위에서 물러났다. 고종황제가 황제의 위에서 물러나면서 경운궁의 위상도 달라졌다.

　　고종황제에 이은 순종황제가 창덕궁을 황궁으로 삼음에 따라 대한제국의 황궁은 창덕궁이 되었으며, 경운궁은 황위에서 물러난 태황제가 머무는 거처라는 뜻에서 덕수궁으로 개칭되었다.

　　비록 고종이 황위에서는 물러났지만, 덕수궁에 계속 거처하신 덕에 덕수궁은 물리적인 변화가 거의 없이 원 모습을 상당기간 유지할 수 있었다. 그러나 1919년에 고종황제가 갑자기 서거하시면서 덕수궁은 조선의 왕실을 담당하기 위해 마련된 기관인 이왕직에서 관리를 맡았으며, 그 과정에서 궁역이 빠르게 훼손되었다.

궁역의 해체와 덕수궁의 중앙공원화

　　1912년 고종이 태황제의 자격으로 덕수궁에 머무는 사이에 태평로의

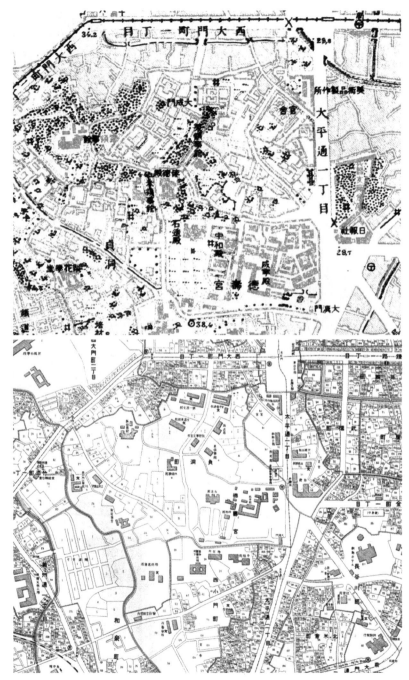

덕수궁 궁역 해체전, 1915년지도(위) · 덕수궁 궁역 해체후, 1936년지도(아래)

확장공사가 행해지면서 덕수궁의 동측 궁역이 잘렸다. 이때 많은 궐내 각 사가 철거되고 대한제국을 받치는 2개의 기둥이었던 궁내부청사와 원수부 터가 도로에 편입되었다.

덕수궁 궁역의 축소는 1919년 고종황제의 서거로 빠르게 진행되었다. 창덕궁의 행각을 보충한다는 명분으로 이미 홍덕전이 헐리더니, 고종황제 서거 1주기가 지난 1920년에 영성문 대궐로 불렸던 경운궁의 신성한 영역인 선원전이 해체되었다. 이 터는 조선은행, 식산은행, 경성일보사 등에 분할 매각되어 1925년 5월에는 선원전 터의 해체가 완료되었다.

해체된 선원전 터에는 식산은행관사와 불교중앙포교소, 경성여자공립보통학교(현 덕수초등학교 터), 경성제일공립고등여학교(구 경기여자고등학교 터)가 들어섰고, 1927년에는 경성방송국과 구세군 본영이 건축되면서, 선원전의 흔적은 완전히 사라졌다.

중명전영역의 해체와 선원전영역의 해체에 이어 1931년에 이왕직은 덕수궁의 나머지 영역 중 1만여 평을 '중앙공원'으로 만들겠다는 계획을 발표하였다. 중앙공원이란 도시 중앙에 세워진 공원을 의미하였다. 이는 당시 경성의 공원들이 충분한 역할을 하고 있지 못하다는 인식에 기초하고 있다. 도심공원이라고 할 수 있는 탑골공원은 면적이 좁았고, 효창공원과 장충단공원, 그리고 남산공원은 시가지나 주택지와 거리가 멀어 공원으로서의 역할이 미비하다고 판단했었던 듯하다. 이에 따라 덕수궁의 공원화를 통해 명실상부한 '중앙공원'을 만들겠다는 계획이 수립된 것이다.

덕수궁의 공원화는 1923년 경성부청 신청사를 태평로에 건설하면서 예견되었던 일이다. 설계 당시에 신청사를 포함해서 인근지역을 시빅센터로 상정하고 있었다. 현 서울시청의 입지는 전체 도시 구조 측면에서는 최

덕수궁 공원화 사업 완료후의 덕수궁 전경

고의 입지였다. 대한제국기에 대한문 앞은 육조거리가 연결되고, 소공로가 신설되어 남대문로와 태평로가 연결되었으며, 태평로와 황금정통 등 도성 내 주요 간선도로가 모이는 곳이었다. 따라서 비슷한 시기에 완성된 총독부신청사와 함께 경성부청 신청사는 총독부-경성부청-남대문-경성역을 연결하는 중심가로의 위상을 확보할 뿐 아니라 경성부의 중심이 갖는 입지적 상징성을 가질 수 있었다.

이와같은 경성부청을 중심으로 한 일제강점기 서울의 도시구조는 대한제국의 출범과 함께 덕수궁을 대한제국의 황궁으로 삼음으로써 서울의 도시구조를 개편한 고종황제의 근대도시개조사업의 연장선상에서 이루어진 것이다. 그러나 유감스럽게도 계획의 주체가 바뀌면서 덕수궁의 운명은 전혀 다른 방향으로 흘러갔다.

덕수궁의 공원화가 추진되면서, 중화전과 함녕전 권역을 중심으로 한 주요 전각만 남겨진 채 많은 전각들이 철거되었다. 공원화사업은 석조전의 용도에도 큰 변화를 가져왔다. 덕수궁을 중앙공원으로 만든다고 발표했을 당시에는 석조전을 미술관으로 개조한다는 방침은 없었던 듯하다. 중앙공원 계획을 발표한지 2년 뒤인 1933년 5월에 이르러 총공사비 약 5만엔으로 석조전 내부를 개수하여 미술관으로 만들겠다는 계획이 발표되었다.

당초 석조전의 미술관 개조는 1933년 9월 개관을 목표로 시작되었지만 공사 지연으로 1933년 10월 1일에 개관되었다. 처음에는 석조전 미술관에 이왕직 소장의 조선미술품과 일본 미술품을 함께 전시할 계획이었으나, 개관 직전에 계획이 변경되어 일본 미술품만 전시되었다. 이후 해방될 때까지 석조전 미술관에 한국의 미술품이 전시된 적은 없었다.

일본 미술품만 전시되는 석조전 미술관에 대한 세간의 비난이 있자 이왕직은 이왕가미술관 건축을 결정하였다. 그래서 지어진 건축물이 석조전 서관이다. 준공 당시 이왕가미술관으로 불렸던 이 건물은 일인 건축가인 나카무라 요시헤이가 신고전주의 건축양식으로 지었다. 석조전과 같은 신고전주의 건축양식이지만, 30여년 늦게 미술관으로 지어진 탓에 정면성의 강조는 같지만 주출입구 상부에 박공이 없으며, 2층에는 회화전시를 위해 벽에 창문을 두지 않고 천창을 설치하였다. 현재는 국립현대미술관 분관으로 사용된다.

잃어버린 황궁 덕수궁
서울광장을 대한문 앞 광장으로

1945년, 일본은 우리 땅에서 물러갔지만, 덕수궁이 온전하게 우리 품에 돌아오기까지 3년의 시간이 더 필요했다. 일본을 대신해 미군이 군정을

1950년 6월 『내셔널 지오그래픽』에 실린 미소공동위원회가 개최된 석조전

실시하는 동안 덕수궁은 미군정청의 통제 하에 있었기 때문이다.

　1946년 덕수궁은 다시한번 우리의 운명을 가름하는 장소가 되었다. 미소공동위원회가 이곳에서 개최되었기 때문이다. 미 군정청은 석조전을 미소공동위원회 사무실로 사용하였으며, 미군 공병대는 진열실 등을 사무실로 개조하였다. 이 회의는 개항이후 한반도의 운명을 결정짓는 가장 중요한 회의였으나 성과를 내지 못하였다. 이로써 한반도는 남과 북으로 분리된 채 분단체제가 시작되었고, 분단체제는 6·25전쟁으로 이어졌다.

　덕수궁도 서울의 여느 지역과 마찬가지로 전쟁의 피해를 입었지만, 미국대사관과 영국대사관이 인접했던 탓에 피해규모는 비교적 작았다. 그러나 덕수궁의 피해는 물리적 규모의 문제가 아니었다.

　2차 세계대전이 종식되면서 우리는 일제강점으로부터 해방되었고, 전재 피해를 극복하고 '한강의 기적'이라 불리는 경제기적을 이루었지만

도로확장으로 섬으로 남은 덕수궁 대한문(1970년 8월 촬영, 조선일보)

덕수궁은 자신의 위치를 찾지 못했다.

경제개발이 가속화되면서 대한문 앞의 자동차 흐름은 더욱 바빠졌고, 대한문 앞은 '시청 앞 광장'으로 불리기 시작했다. 시청 앞 광장이 자동차로 붐빌수록 우리의 경제가 성장하고 있다고 믿었다. 그러는 사이에 시청 앞 광장에서 사람들이 설 자리를 잃어가고 있다는 사실을 우리는 알지 못했다. 덕수궁이 일제 강점기에 부여된 중앙공원의 역할에서 한발자국도 더 나아가지 못했기 때문이다.

군부독재 시절에 시청 앞 광장은 민주주의를 갈망하는 많은 이들의 장소였다. 경제성장을 통해 보릿고개 탈출을 위해서 민주주의가 희생당했던 시절에 시청 앞 광장은 인간다운 삶을 갈망하는 이들의 절규의 현장이자 상처와 반목의 공간이었다.

붉은 악마로 가득한 대한문앞(서울특별시 제공)   서울광장(서울특별시 제공)

    민주화가 이루어진 후 시청 앞 광장을 찾는 이들이 뜸해졌을 때, 이곳을 일순간에 바꾸어 놓은 사건이 일어났다. 2002년 여름 서울시청 앞 아니 덕수궁 앞이 붉은악마의 이름 아래 세대와 계층을 넘어 하나가 되는 공간으로 재탄생한 것이다.

    80여 년 전 고종황제가 돌아가셨을 때 한반도의 사람들은 슬픔에 잠긴 채 대한문 앞에 몰려들었지만, 이제 대한문 앞은 더 이상 슬픔이 아닌 환희를 만끽하는 공간으로 새롭게 태어났다. 고종황제가 대한제국을 출범시키며 꿈꾸었던 순간이 바로 이와 같은 모습이었을 것이다.

    대한제국이 출범한 이래 덕수궁 앞은 지난 한 세기 동안 격변의 근현대사의 중심이었고, 독립과 남북분단 그리고 민주화를 향한 저항과 갈등, 그리고 분쟁의 공간이었다. 식민지배에 항거하고 독재정권에 저항했던 젊은이들이 스러져 간 곳이었고, 남과 북이 대화를 시작했지만 결국은 총부리를 겨누던 곳이기도 하다.

    바로 그 장소에서 아직도 생생한 "대~한민국"의 함성과 함께 했던 2002년의 벅찬 감동과 기억은 지난 한 세기 동안 우리의 집단 기억 속에 선명하게 각인되었던 근대사의 상처를 치유하기에 충분했다.

2004년 5월 1일 그 감동을 안고 '시청 앞 광장'이 '서울광장'으로 다시 태어났다. 그런데 '대한문 앞 광장'이 아니었다.

대한제국은 조선에서 비롯되었지만, 근대국가를 지향하며 새롭게 제국의 틀을 갖춘 국가로서 정체성을 확보하고, 그에 걸맞은 역사적 평가를 받아야한다. 그때 '서울광장'은 '대한문 앞 광장'이라는 근대한국의 원 공간으로서의 격에 맞는 이름과 대접을 받을 수 있을 것이다.

대한제국의 근대식 연회

세계인과 함께
파티를 열다

이정희 · 서울대학교박물관 객원연구원

"큰 일이 있을 때마다 유럽 관리와 외교관들은 외무부에 식사 초대를 받는다.
아래층 긴 방에서 훌륭하게 차려진 식사를 하고 그 후에는 군대음악을 듣기도 한다.
(중략) 들어올 때보다 나갈 때가 더욱 힘들었다. 황제 앞에서 등을 돌릴 수 없기 때문
이다."

– 에밀 부르다레

근대식 연회의 탄생 배경

　　대한제국의 전통적인 궁중연향은 엄정하며 우아했다. 미리 의논한 절차에 따라 의례, 만찬, 공연이 한 자리에서 펼쳐졌다. 잔치라는 미명 하에 흥청거리기는커녕 질서 있고 절도 있게 진행되었다. 정제된 기쁨을 나누는 궁중의 공식적인 행사였다.

　　그러나 오랜 시간 동안 이어지는 궁중의 파티를 세계인과 함께하기는 어려웠다. 동양의 예법에 익숙하지 않은 이방인들이 바닥에 다리를 포갠 채 앉아있어야 하는 자세 자체가 괴로움이었다. 게다가 마음대로 크게 웃거나 담소를 나누기도 어색했고 자유롭게 파티장 곳곳을 돌아다니며 여러 각도에서 구경할 수도 없는 노릇이었다. 이해할 수 없는 용어와 신호가 오가는 잔치석상이 오히려 부담스러웠다. 동서양 문화 차이로 인한 여러 가지 불편함은 어쩌면 고문에 가까웠으리라!

1876년, 조선은 일본과 근대적인 조약을 체결하면서 개항한 후 서양 각국과 차례로 외교관계를 맺었다. 미국, 영국, 독일, 이탈리아, 러시아, 프랑스, 오스트리아 등의 순서로 조약을 체결하는 과정에서 새롭게 형성된 외교 관계로 인해 외교 대상에도 변화가 생겨났다. 중국의 사신으로 제한되던 개항 이전과 달리 서양외교관이 새롭게 국빈國賓의 반열에 오르게 되었다.

외교 대상의 변화는 외교 문화의 변화를 초래하기 마련이므로 국빈의 대상에 등극한 서양 외교관을 대하는 의전儀典과 이들과 교류하기 위한 연회가 새롭게 마련되지 않을 수 없었다. 더군다나 조선과 외교를 맺은 서양 각국은 동양의 예법이 통용되지 않는 권역이기 때문에 동양권에 속하는 중국이나 일본의 사신을 만났을 때 행했던 규례規例를 서양 사신에게 적용할 수는 없었으며 개항 이전 중국 사신을 대접하던 양상과 차별될 수밖에 없었다.

게다가 개항 이후 일본을 비롯한 서양의 외교관들은 건물을 마련하여 상주하는 장기 체류의 형태를 띠었다. 개항 이전 중국의 사신들은 단기 방문의 형태로 잠시 다녀갔을 뿐 상주하지는 않았다. 외교관사에서 서양외교관이 상주하는 문화는 서양식 외교 방법이었고 조선은 '외교관의 상주'라는 새로운 개념을 받아들였다.

이렇게 개항 이후 변화된 외교 환경에서 상주하는 각국 외교관과 교류하는 문제로 당대인들은 고심하였을 것임에 틀림없다. 이를 해결하기 위해 일차적으로 국가 오례五禮의 틀 안에서 행했던 전례에서 근거를 찾으려 했을 것이다.

가장 쉽게 생각해 볼 수 있는 전례는 사객연이다. 사객연에서 행했던 예를 기준으로 삼되 구체적인 사항에서는 근대적인 요소로 절충하는 형태로 보완하는 방법이 현실적으로 가장 용이했을 것이다. 그런데 조선시대의 사객연은 단기 방문 사신을 대상으로 실행되었기 때문에 이러한 전례를 참작하되 상주하는 각국 외교관들에게 어떤 경우에 어떤 형태로 연회를 베풀어야 할지는 재구상 되지 않으면 안 되었다.

그 해법의 일부는 개항 이후 사행使行, 유학 등을 계기로 해외를 오가는 중에 근대식 연회를 빈번하게 접촉했던 이들의 체험에서 찾아볼 수 있다. 개항 이후 서양의 문물과 문화는 국내에 상주하는 서양인들을 통해 전해지기도 했지만 궁궐에서는 관원을 해외에 파견하여 국제화되어가는 세계 정보를 직접 수집하였다. 구체적으로 세계 각국에 상주할 조선외교관 파견, 수신사(일본)·영선사(청)·보빙사(미국) 파견, 유학생 파견 등을 예로 들 수 있는데 이들은 해외를 오가는 중에 근대식 연회문화를 빈번하게 접하게 된다.

일례로 1883년에 40일 동안 미국을 방문한 보빙사 일원은 방문 기간 내내 융숭한 외교관 접대 문화를 경험하였다. 보빙사 일행은 서양식 만찬회에 여러 차례 참석할 기회가 있었다. 식탁에 앉아서 느긋하게 식사를 즐겼고 미국제 시가를 피우기도 하였다. 보스턴극장에서는 '잘마Jalma'라는 연극을 관람하였는데, 화려한 무대와 황홀한 무용에 큰 관심을 나타냈다.

보빙사가 머물렀던 팰리스호텔에서는 그곳의 넓은 뜰 위를 유리로 덮어씌워 눈비를 가린 채 매일 저녁 음악을 연주하여, 보빙사 일행은 서양의 음악회도 맛보았다. 보빙사가 해군을 방문했을 때에는 이들을 환영하는 의미로 17발의 예포禮砲가 울렸고 군악대의 환영연주가 잇달았으며 군대사열식도 행해진 데에다 오찬도 마련되었다. 국서國書를 봉정하는 의식은 1883

년 9월 18일 오전 11시에 23가 피브스 애버뉴 호텔 1층 대접견실에서 15분 간 행해졌는데, 보빙사 일원이 아더 대통령에게 이마에 손을 올려 무릎을 꿇은 채 큰절을 하였고, 아더 대통령은 선 채로 고개를 숙여 답례를 하였으며, 다시 악수를 교환한 후 국서를 봉정하는 순으로 진행되었다. 즉 서양식 만찬장 참석, 서양 연극 관람, 음악회 감상, 미국 대통령 알현 예식 등을 체험하였던 것이다.

이렇듯 해외에 파견되었던 이들은 본인들의 의지와는 상관없이 근대식 연회 문화에 노출되었으니, 서양스타일의 접대 문화 체험 사실은 역으로 서양사람들이 국내에 방문했을 때 어떻게 대접해야 할지를 생각해보는 기회가 되었을 것이며, 서양 열강과 교류하기 위한 새로운 소통의 방식으로 인지하였을 게다.

결국 수신사, 보빙사 일원이 국빈國賓의 격으로 접대를 받으며 그 과정에서 서양식 예식, 만찬, 음악회, 연극, 군악대 등을 알게 된 사실은 곧 새로운 서양의 예식, 연회, 만찬, 공연 등의 문화가 암암리에 국내로 유입되는 계기로 작용하였을 것이다. 그리고 일시적인 해외 답사 이후에도 서양의 연회문화에 관한 정보는 해외에 파견된 조선외교관 및 유학생과의 수신 등을 통해 지속되었으리라.

고종은 특히 외국에 파견됐던 조선외교관을 본국으로 불러들여 외국의 통치자, 병력, 경제력, 문화 등 국제 정세에 대해 적극적으로 질문하였는데 그 중 "연회에는 몇 번이나 참가하였는가?"라고 하여, 연회에 참가한 횟수를 점검한 경우가 있을 만큼 연회 자체에 관심을 드러냈다. 일본에서 돌아온 주일공사駐日公使에게는 "궁내의 연회에 일본 황제가 친림하지 못하였으면 누가 주관하였는가?"라고 묻기도 하였다.

고종의 연회에 대한 관심은 연회의 형식 자체보다도 세계에 관한 정보를 공유하는 '외교의 장'이라는 측면에서 부각된 것으로 보인다. 고종이 태국泰國 대사를 만나보았냐고 묻자 김가진이 "그 나라 대사가 일본에 도착했을 때 신이 연회하는 중에 만났습니다."라고 대답하는 장면을 통해서 짐작할 수 있듯이 연회는 곧 각국 외교관이 집결하는 특별한 '외교 공간'이라는 특성을 지녔기 때문이다.

　　연회라는 계기로 마련된 그 특별한 공간은 국내외의 정치적인 '역학망'이 펼쳐지는 자리였고 궁극적으로 '국제성'을 지향하였다. 따라서 개항 이후 변화된 외교 환경에 적합한 새로운 형식의 근대적 연회가 요구되는 실정이었다. 근대식 연회는 세계인과 만나는 창구였다.

　　이렇듯 개항 이후 서양외교관의 한성漢城내 상주, 조선외교관의 해외 상주, 해외 시찰단 파견 등으로 말미암은 외교 문화의 변화와 지속적으로 시행된 근대화 정책 등을 계기로 서양의 문물과 문화는 빠른 속도로 유입되었고, 궁정의 문화도 달라졌으며, 전통적인 문화와는 별도로 근대식 연회 문화가 형성되었다.

세계의 외교관들, 고종황제를 접견하다

　　개항 이후 대부분의 근대식 연회는 고종황제를 알현하여 하례를 올리는 접견례를 선행한 후 장소와 시간을 달리하여 별도로 연회를 행하는 방식으로 이원화되었다. 물론 경우에 따라 접견으로만 끝나는 경우도 있고 접견례를 거치지 않고 곧장 연회가 행해지는 때도 있었다. 그러나 공식적

가마를 탄 이탈리아 영사 카를로 로제티
이돈수 · 이순우, 『꼬레아 에 꼬레아니[사진해설판]』

으로 중요한 자리에서는 접견이 선행되었고 그 후 연회를 즐기는 순서로
진행되었다.

　　접견례는 각국 외교관이 황제에게 직접 하례를 올릴 수 있는 유일한
기회라는 점에서 의미가 크다. 특별한 상황에서만 연회석상에 황제가 잠시
임어했을 뿐 원칙적으로 황제가 연회에 동석하지 않았기 때문에 더욱 그러
하다.

　　그렇다면 접견례는 구체적으로 어떤 행동양식으로 구성되었을까? 각
국 외교관들이 고종황제에게 바닥에 머리를 조아리며 절을 했을까? 고종황
제는 각국 외교관들과 악수를 했을까? 근대적인 접견례는 전통적인 의례를

중심으로 서양식 예법이 일부 가미된 형태로 진행되었다. 대한제국의 접견례는 『대한예전大韓禮典』(1898)과 『예식장정禮式章程』(1902)에 잘 드러나 있다. 먼저 대한예전에 기록된 접견 관련 내용을 살펴보자.

> 객사客使가 와서 먼저 국서國書의 부본副本을 외부外部에 보내면 외부에서 궁내부로 보고하고 궁내부에서 황제에게 전달한다. 접견 일시를 조회照會로 외부에 알리면 외부에서 객사에게 알린다. 시각이 되면 궁내부 관원이 인화문仁化門 안에서 기다리고 객사는 국서國書를 받들고 궁궐의 정문正門으로 들어간다. 궁내부 관원이 인도하여 대기실待候所에 이른다. 궁내부대신과 외부대신이 객사를 맞이하고 함께 앉아서 조금 쉬었다가 황제의 분부가 내려지면 뵈러 간다[미리 탑전榻前에 안案을 설치하여 국서를 놓을 곳을 준비한다]. 궁내부대신과 외부대신이 객사를 인도하여 정계正階로 올라가서 전殿에 이르면 객사는 세 번 국궁례鞠躬禮를 행하고[만약 공사가 교체되는 경우라면 전임공사가 신임공사를 인도하여 신임공사를 황제에게 보이는 까닭을 설명한다] 이어 국서를 안案에 올려놓는다. 황제가 국서를 열람하기를 마치면 궁내부대신이 국서를 받고 객사가 치사致詞를 올린다. 다 마치면 물러날 것을 고한다. 궁내부대신과 외부대신이 객사를 인도하여 대기실로 나가서 멈춘다. 궁내부 관원이 객사를 인도하여 인화문에 이르면 객사를 서쪽 협문으로 내보낸다. 만약 영사領事가 접견하였다면 궁내부협판과 외부협판이 인도한다.
>
> 『대한예전』 권10 '각국 사신이 국서國書를 봉정할 때 접견하는 의식'

각국 사신, 즉 세계의 외교관은 객사客使라는 호칭으로 기록되었다. 외교관이 고종황제에게 나아가기 위해서는 외부와 궁내부를 거쳐야 했다.

접견 장소는 경운궁이었다. 경운궁은 고종이 러시아공사관에 머물다가 환궁한 곳이었으며 고종이 황제로 등극하면서 정궁正宮이 된 궁궐이었으므로 당연히 고종황제를 알현하는 공간이 되었다. 접견 날 약속 시간이 되자 외교관은 경운궁의 정문正門인 인화문을 통해서 입궁入宮하였고, 입궁 후에는 대기실에서 잠시 쉬었다. 궁내부 대신과 외부대신의 인도를 받아 접견할 건물의 정계正階로 올라갔고 고종황제에게 세 번 국궁례鞠躬禮를 행한 후 국서國書를 올려놓았다. 황제가 국서를 다 살펴본 후 외교관이 치사致詞를 올리고 나서 물러났다. 외교관은 대기실에 다시 들렸다가 인화문 서쪽 협문으로 나갔다.

고종황제에게 국서를 바치는 접견의식에서 주목되는 점은 접견 전후에 대기실을 거쳤다는 점이다. 그리고 고종은 외교관을 만날 때 남향하고 외교관은 북향하여 고종을 중심으로 수직관계를 형성하였다는 점도 눈에 띈다.

한편 접견례에서 외교관의 행동양식을 기록한 부분이 실제양상인지 의심스럽다. "정계로 올라가 세 번 국궁례를 행했다."는 표현이 바로 그것이다. 실제로 외교관들이 동양식으로 국궁례를 하였을까? 대한제국 설립 이전에 고종을 접견한 외교관들의 행동양식을 보면 "서계西階로 당堂에 올라 기둥 안에 들어와서 타공례打恭禮를 행했다."는 표현이 주를 이루고 있는데 이러한 기록과의 연계성과 차별성을 어떻게 보아야 할까?

타공례와 국궁례는 표현상의 차이일 뿐 실제로는 같은 내용으로 생각된다. 타공례는 『방언집석方言集釋』권2 「서부방언西部方言」에 '허리 굽혀 읍하다'라고 쓰여 있다. 이는 상반신을 굽혀 공손히 인사하는 서양식 예법을 의미한다. 그리고 국궁례는 타공례를 우리식 예법으로 전환하여 표현한 것에 불과할 뿐 서양 각국의 사신은 고종황제를 접견할 때 절을 올리지 않고 서양식 인사법에 의거하여 상반신을 굽히는 정도의 예를 행하였던 것으로 해석된다. 즉 실제 내용에서는 서양식 예법을 절충한 것이다.

접견례는 국서를 봉정할 때에만 행한 것이 아니라 국서 봉정이 아닌 다른 목적으로 고종황제를 알현할 때에도 큰 틀에서는 비슷하게 행례되었다. 『대한예전』에 국서 봉정 의식만 기록된 이유는 국서 봉정 의식이 각종 접견의식 중 요체이기 때문에 대표성을 띤 의례로서 기록되었을 것으로 추측된다. 대한제국 건립 직후 황제국에 걸맞게 문물을 정비하는 일로 궁중은 분주하였기 때문에 사례별 접견의식을 정리할 여유가 없었을 것이다. 그러나 접견례는 외교의 핵심이라 할 만큼 중요한 의식이었으므로 사례별

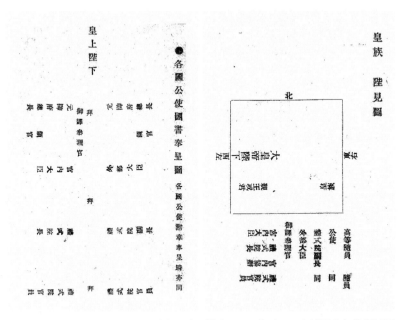

『예식장정(禮式章程)』의 각국공사국서봉정도(各國公使國書奉呈圖)와 황족폐견도(皇族陛見圖)
(한국학중앙연구원 장서각 소장)

로 정리할 필요성이 지속적으로 대두되었을 것임에 틀림없다. 따라서 칭경 40주년 기념식을 계기로 접견례를 비롯한 국빈 접대 규정을 재정비하였고 『예식장정』 편찬으로 연결되었다.

『예식장정』에서는 국서봉정식 이외에도 외국신사폐현식外國紳士陛見 式, 신년배하식新年拜賀式, 황족폐현식皇族陛見式 등으로 접견례의 종류를 세 분하였다. 그리고 접대도 국빈의 격에 따라 영접관원의 신분, 국빈에게 보 내는 교자의 종류, 입궐할 때 통과하는 문의 종류, 병졸들의 경례, 대기실에 서의 접대, 수행원 등이 차별되었다. 가까운 황족을 접견할 경우에는 음악 을 연주한다는 규정도 마련하였다. 그러나 접견례의 큰 틀 즉, '입궐 - 대기 실 - 접견 - 대기실 - 퇴궐'이라는 동선은 일치하며, 서양식 예법이 가미된 부 분도 동일하다.

국빈을 접견하는 의식을 살펴본 결과 손님을 위한 대기실이 마련되었 다는 점, 고종황제가 외국 황족을 대할 경우를 제외하고는 남향하였다는 점, 서양식 예법이 일부 수용되었다는 점 등이 새로웠다. 특히 서양인에게 는 상반신을 굽혀 공손히 인사하는 서양식 인사법으로 예를 표출할 수 있 게 그들의 예법을 존중하였다는 점이 이채롭다. 외부와 궁내부의 연계 작 업으로 진행된 접견례는 전통적인 의례의 틀을 중심으로 삼되 서양인들을 배려한 형태였다.

반면 근대식 연회에서는 전통적인 궁정연향에서 행했던 방식의 엄격 한 의례절차는 거의 사라졌다고 할 만큼 새롭게 재편되었다. 서양인들이 연회에서 한국의 전통적인 의례 절차 일체를 준수하기란 쉽지 않으므로, 그들과 교류하는데 적합한 형태로 예식을 변경시킬 수밖에 없었다. 근대식 연회에서 구현된 예식은 전통적인 의례의 모습이 강한 접견례의 영역과 엄

의례의 주체	도식(圖式)의 종류	황제 및 황태자의 수행원															외국 황족의 수행원			총인원
		친왕	군	원수부총장	영관	외부대신	궁내대신	궁내협판	예식원장	예식원부장	예식원참리관	어역관	시종관	첨사	內大臣	表勳院摠裁	공사	고등수원	隨員	
황제	各國公使國書奉呈圖			2	2	1	1		1	1	2	1								11
	各國公使內陛見圖			2	2				1		2	1								8
	勳章親授時班次圖	1	1	2	2		1						2	1	1	1	1			13
	正殿拜賀之圖(각국 공사, 公使館員)	1	1	2	2	1	1	1	1	1			6	1						18
	正殿拜賀之圖(칙임·주임상당관, 고용된 외국인)	1	1	2	2		1	1	1	1			6	1						17
	皇族陛見圖	1				1	1	1	1	1			2	1			2	1	1	13
	稍遠皇族陛見圖	1			2	1		1					1	1			2	1	1	11
	特派大使陛見圖	1	1	2	2	1	1	1	1	1			2	1						14
황태자	各國公使國書奉呈圖			2		1	1		1				1	1	1	1				9
	各國公使內陛見圖			2					1				1	1	1	1				7
	勳章親授時班次圖	1	1	2	2		1						1	1	1	1				11
	正殿拜賀之圖(각국 공사, 公使館員)	1	1	2	2	1	1	1	1	1			6	1	1	1				20
	正殿拜賀之圖(칙임·주임상당관, 고용된 외국인)	1	1	2	2		1	1	1	1			6	1	1	1				19
	皇族陛見圖	1				1	1	1	1	1			2	1	1	1	2	1	1	15
	稍遠皇族陛見圖	1			2	1		1					1	1	1		2	1	1	12
	特派大使陛見圖	1	1	2	2	1	1	1	1				1	1	1					13
황제와 황태자	各國公使國書奉呈圖			2	2	1	1		1	1	2	1			1	1				13
	各國公使內陛見圖			2	2				1		2	1			1					9
	勳章親授時班次圖	1	1	2	2		1		1				2	1	1	1	1			14
	正殿拜賀之圖(각국 공사, 公使館員)	1	1	2	2	1	1	1	1	1			6	1	1	1				20
	正殿拜賀之圖(칙임·주임 상당관, 고용된 외국인)	1	1	2	2		1	1	1	1			6	1	1					18
	皇族陛見圖	1				1	1	1	1	1			2	1	1		2	1	1	14
	稍遠皇族陛見圖	1			2	1		1					1	1	1		2	1	1	12
	特派大使陛見圖	1	1	2	2	1	1	1	1	1			2	1						15

숙한 의례절차 대신 핵심적인 행사로만 간략하게 재편된 예식(축사, 연설, 축배 정도)이 연회의 영역에서 행해지는 양상으로 변화되었다. 조선시대로부터 이어지는 의례의 전통에 바탕을 둔 채 개항 이후 형성된 근대적인 연회의 성격에 맞게 변모되었다.

초청장을 받고 정해진 자리에 앉다

전통적인 궁중연향에서는 진연청과 같은 임시기관을 설치하여 연향을 준비하였고 주인은 왕, 왕비 등이었다. 그러나 외국빈外國賓을 대접하는

알렌과 알렌부인에게 보낸 근대식 연회 초청장
오른쪽부터 초청장, 문로표(門路票), 봉투(국사편찬위원회 소장)

연회의 경우에는 주로 외부대신外部大臣이 주관하였다. 또한 연회 초청장을 발송하였고 식탁 문화가 사용되는 등 흥미로운 점이 많다. 각국외교관을 초청하여 연회하는 내용에 관한 기본 규정은 『대한예전』 권10 「각국사신연향의(各國使臣宴饗儀)」를 통해 알 수 있다.

『대한예전』 권10 「각국사신연향의」에 의하면 연회는 참석할 인물들에게 초청장을 배포하는 일로부터 시작되었다. 연회 공간은 객실과 향실로 구분되었는데 전자는 차를 대접하는 곳이며 후자는 만찬을 나누는 곳이었다. 손님이 도착하면 읍례나 악수로 맞이한 후 차를 대접하였다. 악수를 한다는 점이 이채롭다. 향실로 인도할 때에는 신분의 고하에 따라 정해진 자리로 안내하였다. 자리 위에는 참석자의 이름이 적힌 붉은색 종이[紅紙]를 올려놓아 본인의 자리에 앉도록 배려하였다. 실수로 남의 좌석에 앉는 결례를 방지하기 위함이었다. 여기에서 가장 중요한 문제는 각국외교관의 좌석배치이다.

좌석배치는 각국외교관의 서열을 증명하는 민감한 외교사안이기도 하였다. 연회석상에서는 서양식 식탁문화가 활용되었는데, 그 좌석배치의 원칙은 『연회도宴會圖』(1889~1894)와 『대한예전』의 「연향도宴饗圖」를 통해 알 수 있다.

『연회도』와 『대한예전』의 「연향도」에는 근대식 연회의 좌석배치법이 제시되어 있다. 주인이 긴 테이블의 양 끝에 자리하고 손님들은 긴 테이블의 바깥쪽이 상석이며 그 안쪽에 위치할수록 위계가 낮아진다. 이는 서양식 테이블 매너를 도입하여 활용하고 있었음을 암시한다.

서양식 테이블 매너를 체험한 예로는 수신사 일행이 일본에서 경험한 각종 만찬에 관한 기록을 들 수 있다. 1882년 임오군란 이후 수신사 일행이

『연회도(宴會圖, 1889~1894)』의 좌석배치(서울대학교 규장각한국학연구원 소장)

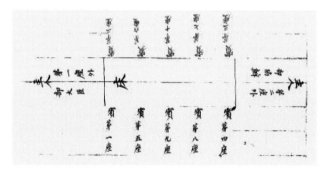

『대한예전(大韓禮典)』『연향도(宴饗圖)』의 좌석배치(한국학중앙연구원 장서각 소장)

일본을 방문했을 때 박영효 일행은 일본의 황제와 동석한 만찬, 일본 외무경[外務省卿] 참의參議 정상형井上馨이 주도한 만찬에 참석하였다. 이외에도 수신사 일행이 서양 각국의 외교관과 여러 차례 접촉하면서 만찬을 즐겼다. 수신사 일행은 일본에서 접했던 다양한 문화 정보를 귀국 후 국내로 전파시켰을 것이다. 서양식 좌석배치법에 다양한 관한 정보는 국내에 알려졌고 활용되었다.

테이블에 앉아 동서양의 진미를 맛보다

연회장의 만찬석상에서 사용된 주요 집기는 식탁과 의자이다. 이는 외교사절이 선물로 제공한 것을 활용하거나 수입하기도 하고 조선의 것으로 변통하는 방법도 동원되었다. 조선의 것은 팔선상八仙床, 사선상四仙床, 교의交椅를 활용하는 방식이었다.

식기食器도 서양식을 중심으로 준비하였지만 극히 일부분에 한하여 조선식으로 보충하였다. 1888년 5월 1일 조병식의 집에서 열린 연회 그림에는 젓가락을 쓰는 인물이 있어 포크가 부족한 경우 젓가락으로 대치했던 상황을 짐작하게 한다.

또한 1899년 5월과 1904년 4월에 학부學部에서 외부外部에 요청한 연회 물품 목록과 이에 답하여 외부에서 빌려준 연회 물품 목록에 의하면(아래표 참조) 식접시食接匙, 탕접시湯接匙, 장접시長接匙, 과자접시, 면포접시緬包接匙, 채소기, 쌔다기, 쌔다사기, 폭스, 탕시湯匙, 양도洋刀, 가배다종구대咖啡茶鍾具臺, 가배다스분, 다종구대양시茶鍾具臺洋匙, 맥주배, 삼판주배三板酒杯, 포도주배, 포도잔, 세리주배世理酒杯, 세리잔, 약염제구, 염종자鹽鍾子, 중양시中洋匙, 소양시小洋匙, 양저洋箸, 곡부曲付 등의 식기가 보인다.

이 중에서 과자접시는 과자를 담은 용도로 쓴 접시, 면포접시는 면기, 채소기는 샐러드를 담을 용도의 접시, 쌔다기는 버터용 그릇, 폭스와 양저는 포크, 탕시는 수프스푼soup spoon, 양도는 나이프, 가배다종구대는 커피잔셋트, 가배다스분은 커피스푼, 다종구대양시는 티스푼을 갖춘 찻잔 셋트, 맥주배는 맥주잔, 삼판주배는 샴페인잔, 포도주배와 포도잔은 적포도주잔, 세리주배와 세리잔은 백포도주잔으로 쓸 와인글라스, 약염제구와 염종자

조일통상장정체결기념연회도(朝日通商章程締結紀念宴會圖)
1883년(고종 20) 조일통상조약을 체결하고 관계자들이 모인 연회 장면을 그린 그림이다. 서양식 연회 장면을 그린 우리나라 최초의 그림으로 당시의 서양음식과 식기의 모습을 엿볼 수 있다. 당시 외교고문이던 독일인 묄렌도르프 (Mollendorff), 김옥균, 홍영식, 다케조에(竹添進一郎) 일본공사가 그려져 있다. 도화서 화원 안중식이 그렸다(숭실대 학교 한국기독교박물관 소장).

1888년 5월 1일 조병식의 초대로 행해진 근대식 연회의 만찬 모습
(명지대학교 LG연암문고 소장)

學部에서 요청한 연회 물품과 外部에서 빌려준 연회 물품(1899.5)*

	학부에서 요청한 물품	외부에서 빌려준 물품
1899년 5월	食床交椅 20좌, 四仙床 8좌, 食接匙 60개, 湯接匙 20개, 長接匙 5개, 菓子接匙 5개, 藥鹽諸具 2개, 폭스 60개, 湯匙 20개, 洋刀 60개, 珈琲茶鍾具臺 20개, 珈琲茶스분 20개, 食床袱 2건, 食手巾 20건, 麥酒杯 20개, 三板酒杯 20개, 葡萄酒杯 20개, 世理酒杯 20개, 花瓶 2개	藤交椅 20좌, 八仙床 8좌, 食接匙 60개, 湯接匙 20개, 長接匙 5개, 菓子接匙 5개, 苦茗器 2개, 中匙 20개, 洋箸 60개, 洋刀 60개, 珈琲茶鍾具臺 20개, 小洋匙 20개, 床巾 2건, 手巾 20건, 曲付 20개, 杉鞭酒盃 20개, 葡萄酒盃 20개, 世理酒盃 20개, 花瓶 2개
1904년 4월 2일	湯接匙 14, 麵包接匙 14, 食接匙 42, 長接匙 6, 菜蔬器 4, 싸다器 1, 싸다沙器 2, 世理盞 14, 葡萄盞 14, 洋刀 28, 洋箸 28, 洋匙 14, 茶鐘具臺洋匙 14, 鹽鍾子 6, 고명긔 1좌, 床巾中 2, 揮巾 14, 養齒器 14, 食交倚 25, 菓子接匙 10, 料理床坐燭坮 1雙	湯接匙 14개, 麵包接匙 14개, 食接匙 42개, 長接匙 6개, 牛乳器 1개, 世理盃 14개, 葡萄盞 14개, 洋刀 28개, 洋箸 28개, 中洋匙 14개, 加皮茶鍾 14개, 小洋匙 14개, 塩鍾子 6개, 苦茗器 1개, 琉璃沙鉢 14개, 食交倚 25좌, 菓子接匙 10개

*『學部來去文』, 通牒 第4號, 通牒 第15號(1899.5.18~19);『學部來去文』, 제11책,(1904.4.2)을 참고하여 작성함.

는 소금양념그릇, 중양시는 중간 크기의 스푼, 소양시는 작은 크기의 스푼이다. 그리고 양치기養齒器는 입안을 헹굴 용도로 사용한 그릇인 듯하다. 식수건[食手巾], 수건, 휘건揮巾은 식사나 차를 마실 때 음식물이 옷에 떨어지는 것을 막기 위해 제공되는 테이블 냅킨table napkin이다. 이를 통해 접시 일체, 술잔, 찻잔셋트, 양념그릇, 식사도구, 테이블 냅킨 등 서양식 만찬도구가 두루 구비된 연회였음을 알 수 있다.

서양식 식기를 주로 사용했다는 점은 서양음식을 먹었음을 암시한다. 1884년 8월, 일본선박 천세환千歲丸을 통해 들여온 수입품 중에는 양요리약염[洋料理藥鹽] 100병甁, 샴페인[杉板酒] 200병, 각색주各色酒 100병, 권련초

백자오얏꽃무늬 접시(白磁李花文楪匙)
백자그릇 중앙에 청화안료로 오얏꽃을 그렸으며 가장자리는 금선(金線)으로 둘러 장식하였다.
굽의 안쪽에는 '光武九年'이라는 명문(銘文)이 있다.

백자황금오얏꽃무늬 「전선사」명접시(白磁黃金李花文 「典膳司」銘楪匙)
대한제국기 궁중요리를 담당했던 관청인 전선사(典膳司)명과 황실의 상징인 황금 오얏꽃 문양이 찍혀있는 접시이다.

卷烟草 50개, 성냥[灯心] 3,000개, 유리좌등琉璃坐燈 100좌坐 등이 포함되어 있어 서양요리에 사용할 소금, 여러 종류의 양주, 담배 등이 식탁에 올려졌음을 가늠하게 한다. 1888년 조병식의 집에서 열린 연회 삽화에는 커틀릿과 유사한 음식이 보인다. 이 연회에 참석했던 샤이에 롱은 유럽 스타일로 꾸며진 식탁이었으며 메뉴도 역시 서양식이었고 전통주(매우 알콜 농도가 높은 곡주), 맥주, 샴페인이 준비되어 있었지만 보신탕은 빠져 있었으며 썩은 것이 좋은 것으로 권장되는 생선과 김치가 있었다고 언급하였다. 썩은 것을 좋은 것으로 보는 생선은 젓갈류를 지칭하는 것 같다. 1894년 8월 5일 일본 외교관을 접대하는 연회에서 서양요리와 조선의 음식을 대접했다는 기록도 있다. 1894년 이사벨라 비숍 여사가 궁중에서 초대받았을 때에도 서양 음식이 있었다고 밝혔다. 언더우드 부인이 외부대신 김윤식에게 접대를 받을 때에는 서양음식과 조선음식이 섞여 있었다. 1898년 이토 히로부미를 대접하는 연회에서도 서양요리가 올려졌다. 1899년, 1900년에는 『황성신문』에서 서양요리책을 광고하기도 하여 서양요리가 일반인에게까지 보급되는 상황을 가늠하게 한다.

1901년에 철도기사로 대한제국에 온 에밀 부르다레는 새끼돼지요리가 일품이라고 평하였는데 이는 애저탕哀猪湯이다. 애저탕은 『규합총서閨閤叢書』에 게재되어 있을 정도로 유명한 조선의 토속음식으로, 어린 돼지를 삶아서 만든 고단백 식품이었다. 1901년에 독일 쾰른의 신문사 기자의 신분으로 대한제국을 방문했던 지그프리드 켄테는 샴페인과 트뤼플Truffle 요리를 언급하면서 유럽에서도 맛보기 힘든 트뤼플 요리가 올려졌다는 사실에 매우 놀라워했다. 트뤼플은 송로松露버섯을 의미하며 프랑스 3대 진미에 포함될 정도로 귀한 음식이다. 그리고 이러한 서양음식은 서양 무역선에서 조리 기술을 배운 일본인 주방장, 서양인 손탁Sontag 등에 의해 마련되었다.

이렇듯 만찬장에 등장한 음식들은 주로 서양식이었고 조선음식이 포함되기도 하였다. 조선의 애저탕, 프랑스의 트뤼플 요리처럼 동서양의 진미를 맛볼 수 있는 성대한 만찬이었으며 전통술, 샴페인, 맥주 등의 주류와 담배 같은 기호식품도 마련된 연회였다. 만찬을 맛본 외국인들은 한결같이 그 형태가 유럽식이었다고 평하면서 아쉬움과 반가움을 동시에 표출하였다. 서양식 만찬은 세계인들을 대접하기 위해 개항 이후 도입된 문화의 하나였다.

양악과 전통예술의 만남

근대식 연회는 전체적으로 전통적인 요소에 기반을 둔 채 서양식 예법과 음식 등을 과감하게 도입한 컨텐츠로 가득 차 있었다. 그렇다면 공연은 어떠했을까? 만찬과 더불어 혹은 마친 후 즐기는 공연내용도 이와 유사하다. 전통 연향에서는 찾아볼 수 없는 양악洋樂 연주가 등장했기 때문이다. 양악은 1900년 12월에 공식화 된 군악대軍樂隊에 의해 울려 퍼졌고, 전통예술장르 중에서는 오락성이 두드러지고 시각적 장경이 뛰어난 종목들로 선별되었다. 외국인들이 쉽게 흥미를 가질 수 있는 레파토리로 공연 내용을 구성하였다.

- **군악대의 양악 연주**

  군악대 설치는 대한제국의 근대화 정책의 일환으로 추진되었는데, 1897년에 러시아식 군악대를 만들려고 노력했지만 일본의 방해로 실패하였다가 1900년 12월 19일 칙령 제59호「군악대설치건軍樂隊設置件」을 재가, 반포하면서 본격화 되었다. 군악대의 교육은 독일인 에케르트Franz Eckert에게 맡겼다. 에케르트는 20여 년간 일본 군악대를 이끈 경력을 갖춘 인물로, 우리나라 최초의 공식 국가國歌인 '대한제국 애국가'를 작곡하였다.

  51인 제1대로 출발하는 군악대의 지휘자를 맡은 에케르트는 맹렬하게 연습을 시켰고 1901년 9월 7일(음력 7월 25일) 고종황제의 생신날인 만수성절萬壽聖節에서 성공적으로 초연을 해냈다. 초연된 곡은 이탈리아가곡 1곡, 독일행진곡 1곡, 이상 2곡이었다. 그 후 군악대는 각국외교관이 참석하는 각종 예식과 연회를 중심으로 활동하였다. 군악대의 연주를 들은 이들은 모두 칭찬을 아끼지 않았다. 서양인들이 남긴 기록에 의하면 만찬을 즐기면서 혹은 즐긴 후 군악대의 연주를 감상하였는데 본국에서 듣던 수준이라며 높이 평가하였다.

  알현 뒤에 연회가 이어지는 경우에는 알현실에서 넓은 툇마루로 인도되는데 그곳에서 식사를 기다리며 황제의 악대의 음악으로 여흥을 돋우게 된다. 유럽풍의 옷을 완벽하게 갖추어 입은 30여 명의 악사들로 이루어진 악단은 훌륭한 독일인 지휘자 프란츠 에케르트Herr Franz Eckert의 지휘 아래 연주를 하고 있었다. 이 지휘자는 일본 제국의 군악대를 결성하기 위해 일본에서 여러 해를 보낸 뒤 하루아침에 다른 유럽인들과 같이 해고되어 그 후 한국에서 자신의 소임을 다하고 있었다. 그는 우선 한국의 국가를 작곡

하였으며 2년간의 부지런하고 끈기있는 작업을 통해 이 악단을 결성하게
되었는데 우리나라의 지방에서 연주하는 많은 악단들 못지않았다.

서울학연구소 譯(까를로 로케티 著), 『꼬레아 꼬레아니』

만찬장에서 어떤 곡이 연주되었는지는 1902년~1903년 사이에 8개월
간 대한제국에 머물렀던 에밀 부르다레의 기록에 나타난다. 그는 "군대음
악을 궁에서 들은 것은 얼마 되지 않은 일이다. 오페라 아리아나 행진곡과
마찬가지로 여러 나라의 국가가 연주되는 것을 들은 일도."라고 하여 군악
대의 레파토리로 애국가, 오페라 아리아, 행진곡 등을 꼽았다. 에밀 부르다
레가 언급한 이러한 곡명은 『증보문헌비고』 「악고」에도 기록된 군악대 연
주곡목에서 찾아볼 수 있다. 『증보문헌비고』 「악고」에 기록된 곡목 중 행진
곡 · 가곡 · 춤곡 종류가 연회장에서 주로 연주되었을 것으로 짐작된다.

대한 애국가 · 일본국 애국가 · 영국 애국가 · 미국 애국가 · 프랑스 애
국가 · 독일 애국가 · 러시아 애국가 · 오스트리아 애국가 · 캐나다 애국가
· 이탈리아 애국가 · 영국 국민가 · 미국 국민가 · 독일 국민가
대한 국민 행진곡 · 일본국 평상平常 행진곡 · 독일 평상 행진곡 · 입혼
시入昏時 행진곡 · 즉위卽位 행진곡 · 도전挑戰 행진곡 · 조례弔禮 행진곡 · 기
병騎兵 행진곡 · 창가唱歌 행진곡 · 미국 무도舞蹈 행진곡 · 오스트리아 평상
행진곡 6
일본국 평상 가곡 5 · 청국淸國 평상 가곡 · 독일 찬미 가곡 2 · 성회聖
會 가곡 2 · 혼례婚禮 가곡 · 이별 가곡 · 평상 가곡 5 · 완서곡緩徐曲 · 공사
곡公思曲 3 · 장서곡長序曲 3 · 잡가雜歌(춤의 흥취를 돋우는 노래) · 프랑스 평상

가곡 · 이탈리아 희루戯樓 가곡 · 스페인 평상 가곡

영국 회전廻轉 무곡舞曲 2 · 2절二節 무도곡舞蹈曲 · 대무곡(隊舞曲) · 2절

여흥餘興 무곡舞曲 · 3절 여흥 무곡 · 독일 회전廻轉 무곡 · 전약轉躍 무곡 ·

조금 느린 전약 무곡 · 대무곡隊舞曲 · 반전半轉 무곡 · 완무곡緩舞曲 · 창흥創

興 무곡 · 이탈리아 완무곡 · 프랑스 비전飛轉 무곡

대한제국 예호禮號 · 일본국 장관將官 예호

『增補文獻備考』「樂考」中에서

군악대는 고종황제의 친위부대였던 시위대에 직속된 황실전속악대
라는 차별성을 지녀, 그 위상이 높았다. 이들은 주로 외국인들과 교류하는
석상에서 연주하였다.

· 유희적인 정재의 선별적 수용

정재가 공연된 양상은 에밀 부르다레의 공연관람기를 통해 알 수 있
다. 그는 학무鶴舞 · 연화대무蓮花臺舞 · 포구락抛毬樂 · 검무劍舞 · 항장무項
莊舞를 관람했던 기록을 상세히 남겼다.

학무와 연화대무는 보통 잇달아 연행된다. 학무는 학이라는 일종의
가면을 온몸에 쓰고 추는 춤으로, 그 자체로 이목을 사로잡는 시각적인 효
과가 뛰어나다. 동물의 몸짓을 흉내내는 동작 자체도 흥미를 끈다. 게다가
학무 연행 뒤에 연화대무로 이어지면서 또 다른 극적인 요소도 만들어 낸
다. 천연덕스럽게 날개짓을 하며 춤추던 학이 상관없이 보였던 연꽃으로
다가가더니 문득 화심花心을 쪼는 시늉을 하자, 갑자기 연꽃이 만개滿開하
면서 동기童妓가 등장한다. 연꽃에서 나온 동기는 곧장 너울너울 연화대무

『고종임인진연의궤(高宗壬寅進宴儀軌)』의 학무(鶴舞)와 연화대무(蓮花臺舞)(서울대학교 규장각한국학연구원 소장)

를 춘다. 관객은 학의 춤동작을 혼연히 감상하다가 전혀 예상치 못한 상황에서 맞닥드린다. 학을 매개체로 삼아 순간적으로 극적인 체험을 하게 된다. 연꽃은 객체에 불과했으며 학이라는 존재와는 무관했다. 그런데 학이 연꽃을 활짝 피게 만들고 그 안에서 불현 듯 아리따운 기생이 불쑥 튀어나와 우아한 춤을 선보였다. 이러한 과정으로 연행된 학무와 연화대무는 외국인들에게 새로운 묘미를 선사하였고, 극적인 찰나를 경험하는 재미를 제공하였다.

학무와 연화대무는 학과 연꽃이라는 무구를 통해 시선을 집중시키기에도 충분하였을 뿐 아니라 학무에서 연화대무로 넘어가는 과정이 재치있게 연출됨으로써 극적인 효과까지 발생시키는 매력이 있었다. 이를 관람했던 에밀 부르다레는 궁정에서 공연된 무용 중 가장 우아하고 시적인 감흥을 일으키는 춤이라며 극찬하였다.

　포구락은 춤을 추다가 포구문抛毬門에 공을 넣어 성공하면 꽃 한 송이를 얻고 그렇지 않으면 얼굴에 먹칠이 가해지는 벌칙이 따르는 정재이다. 포구문이라는 화려한 무구가 시선을 끌 뿐 아니라 벌칙이 있는 놀이를 포함하는 춤이라는 점이 특이하여, 색다른 재미를 느끼게 해주었을 것이다. 고운 얼굴에 먹칠을 한 여자 무용수들의 모습을 보면서 웃음을 머금지 않을 수 없었을 것이다.

　에밀 부르다레의 글에 왕자, 검무 등으로 장황하게 설명된 항장무는 홍문연鴻門宴 고사를 무극화舞劇化 한 정재이다. 무극이라고 표현한 것처럼

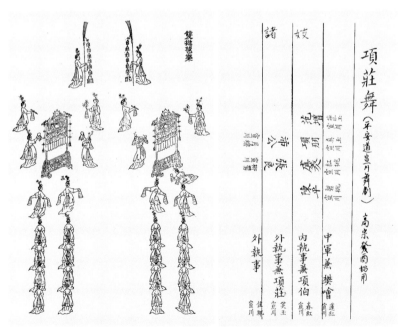

『고종임인진연의궤(高宗壬寅進宴儀軌)』의 쌍포구락(雙抛毬樂)(왼쪽, 서울대학교 규장각한국학연구원 소장)
『정재무도홀기(呈才舞蹈笏記)』의 항장무(項莊舞)(오른쪽, 국립국악원 소장)

『고종임인진연의궤(高宗壬寅進宴儀軌)』의 검기(劍器)와 검기무(劍器舞)(서울대학교 규장각한국학연구원 소장)

드라마틱하고 역동성이 가득한 춤이었다. 항장무는『고종계유진작의궤』 (1873)에 처음 등장한 이후 1902년까지 지속적으로 전통적인 궁정연향에 올려졌다.

검무는 지방의 교방敎坊에서 유행 했던 종목으로, 지방에서 궁중으로 역유입된 춤이다. 대한제국 시기의 전통연향에서도 공연되었던 인기 정재였다. 빠른 템포로 연행될 뿐 아니라 춤사위에 검술劍術이 포함되어 있어 긴장감까지 감돌게 하는 특별한 매력이 있는 춤이다.

이러한 정재 종목에서 드러나는 공통점은 시각적으로 화려할 뿐 아니라 유희성을 갖추었다는 것이다. 즉 재미있기 때문에 근대식 궁정연회장에서 공연될 수 있었다. 외국인들이 흥미롭게 여길만한 종목으로 편성했던 것이다. 학무·연화대무·포구락·검무·항장무 등은 오락성이 강하며 볼거리가 많은 춤이라는 공통점으로 인해 채택되었다. 근대식 궁정연회의 정재 선별 기준은 시각적인 화려함, 유희성, 오락성, 극적 요소 같은 것들이었다.

- • 창작춤 '남무男舞'의 등장

근대식 연회의 공연 가운데에는 남무男舞라는 춤도 선보였다. 남무는 각각 남자 역할과 여자 역할을 하는 두 명의 기녀가 서로 마주보기도 하고[相對] 등지기도 하고[相背] 포옹하기도 하는 등 갖은 교태를 연출하며 추는 한국식 사교춤이다. 남녀무男女舞라고 지칭해야 춤의 형태가 더 잘 드러나는 용어가 된다. 반주곡으로는 삼현영산회상三絃靈山會相이 사용되었으며, 복색은 남장 기생의 경우 궁중 별감 복색을 하고 여장 기생은 궁중 여기의 복색인 몽두리에 색한삼을 끼고 족두리를 썼다. 춤의 형태는 다음과 같다.

> 남장과 여장의 두 기녀가 서로 마주보고 선다. 도드리 음악이 시작되면 서로 뒤로 가면서 춤추기 시작하다가 다시 마주보며 안으로 다가서서 각각 한 바퀴 돈 다음 마주보면서 앞으로 나아가 만난다. 음악이 타령으로 바뀌면 서로 마주보고 맞춤[對舞]을 춘다. 멍석돌이로 두 팔을 뿌려 어문 사위로 제자리에 돌면서 춤춘다. 다시 헤어졌다가 자리를 바꾼다. 양쪽으로 나뉘어 마주보면서 남자는 두 팔을 들고 앞으로 나아가고 여자는 머리 사위로 춤을 추면서 나아가 서로 만난다. 여자는 남자의 품에 안기는 모습을 하고 남자는 끌어안아 여자의 머리를 도포 소매로 감싸 주다가 다시 양쪽으로 헤어져 들어와서 서로 손을 맞잡고 인사하면서 끝난다.
>
> 정병호, 『韓國의 傳統춤』

궁정 연회에서 춤추는 서양인 남녀
(김영자 편저, 『조선왕국 이야기 -100년전 유럽인이 유럽에 전한-』)

　　이렇게 연행된 남무는 서양식 사교댄스, 민간 춤 등을 참고한 것이 아
닌가 한다. 서양식 사교댄스는 개항 이후 진출한 서양인들을 통해 접촉했
을 것임에 틀림없다. 특히 기녀들은 서양인들이 참석하는 궁정안팎의 연회
에 출입하였으므로 서양의 사교춤을 접할 기회가 많았다. 대한제국에 거주
했던 외국인의 모습이 담긴 사진 중에는 서양인 남녀가 함께 춤추는 장면
이 있다. 이 사진의 제목은 '궁중에서 연회가 있었을 때의 사진'으로 기록
되어 있어, 서양인 남녀가 궁정연회에서 어울려 춤추는 광경이 실제로 행
해졌음을 증명하는 자료라고 할 수 있다. 이렇듯 서양식 사교댄스를 추는
모습이 공공연하게 노출되면서 서양의 춤 문화는 조선에 알려졌을 것이고
그러한 상황에서 남무라는 새로운 춤이 창작되었던 것으로 생각된다.

　　또한 관기官妓의 면천免賤 이후 기생들이 궁정 안팎에서 종횡무진 활

약하면서 민간 춤도 종종 감상할 기회가 있었을 것이다. 따라서 민간에서 남녀가 어울려 춤추는 장면을 보면서 자극을 받았을 가능성도 충분하다. 즉 민간 탈춤에서 노장과 소무가 대무對舞하는 장면이라든지 소무와 취발이가 대무하는 장면 등에서 아이디어를 얻었을 수도 있다. 기생의 활동영역이 확장됨과 동시에 그녀들의 견문도 넓어지면서 창작 동기와 방식에 변화가 초래되었던 셈이다. 따라서 남녀의 애정행각을 묘사한 남무는 궁중정재의 전통에 기반을 두고 서양식 사교춤과 민간 남녀의 대무對舞 등에서 자극을 받아 새롭게 만든 창작 춤으로 여겨진다.

당시 근대식 궁정연회는 서양식 테이블 매너를 도입한 식탁에서 주로 서양요리를 먹는 형태의 만찬이 성행했으므로 공연에서도 조금 다른 스타일의 공연예술을 일부 감상하는 식으로 그 내용을 일부 변화시키려 했던 것이 아닌지 생각해 볼 여지가 있다. 실제로 1900년 12월에 서양식 군악대가 창설되면서 근대식 궁정연회에 군악대가 동원된 기록이 많다. 군악대가 창설된 이후 궁정 연회에 군악대가 등장한다는 사실은 공연 내용의 측면에서도 서양식으로 변화되는 과정을 보여준다. 이런 맥락에서 부분적으로 서양식 춤을 참고하여 한국스타일의 창작 춤을 만들었을 정황이 깊다. 그러므로 남무는 근대식 궁정연회에서 사용할 목적으로 만들었던 춤이며 기녀들이 궁정 안팎을 오가며 민간에서도 공연함으로써 궁정안팎으로 전파시킨 것으로 정리할 수 있다.

근대식 궁정연회에서 남무를 춤추었던 까닭은 손님들에게 여러 가지 볼거리를 제공하기 위해서였을 것이다. 남무는 화려한 무구舞具를 선보이지는 않지만 여타 궁중정재에서 맛볼 수 없는, 동서양의 문화가 어울린 유희성과 오락성을 특징으로 당시 이목을 끌었다. 남무는 궁정의 담장을 넘

어 민간의 행사와 극장 무대를 장식하는 주종목으로 자리 잡을 정도로 인
기를 끌었다.

· 줄타기, 사자무, 선소리

줄타기가 행해졌음은 대한제국 시기보다 조금 앞선 1888년 5월 조병
식의 초대 연회에 참석했던 샤이에 롱의 기록에 드러난다. 그가 관람했던
줄타기는 삽화로도 남아 있다. 그는 줄타기의 주인공이 '열다섯 살 가량 된
소년 곡예사'라고 밝혔다. 그리고 "만찬이 끝난 후에는 바로 여흥에 들어갔
다. 먼저 공중의 외줄 위에서 곡예를 부리며 지나가는 줄타기가 있었다."라
고 하여 만찬 후 곧장 줄타기가 이어졌다고 하였다. 줄타기는 공연장의 흥
을 돋우기 위한 장치로 연행되었다.

1888년 5월 1일 조병식의 초대로 행해진 근대식 궁정연회 중 줄타기 모습
(샤를 바라 · 샤이에 롱 지음, 성귀수 옮김, 『조선기행』, 눈빛출판사 제공)

1901년에 대한제국에 온 에밀 부르다레는 호랑이춤을 보았다고 하였다. 그는 "호랑이춤은 대단히 뛰어났고 그 두 무용수는 조선인이 지닌, 어릿광대와 곡예사와 무언극 배우의 진정한 재능을 과시했다. 먼저 호랑이 두 마리를 재현하는 인형 둘이 등장하는데, 무용수 두 명이 하나씩 붙잡아 데리고 나온다. 하나는 머리와 앞다리, 다른 하나는 뒷다리와 꼬리다. 머리는 어마어마하게 크고, 눈과 아가리는 그 안에 들어가 있는 사람이 능숙하게 움직인다. 인형들은 그런 모습으로 악단 소리에 맞춰 야만적이고 환상적인 춤을 추며 뛰어노는 동물을 완벽하게 재현해 낸다."라고 자세히 묘사하였다. 에밀 부르다레는 호랑이, 인형 등을 언급했는데 이는 사자무를 의미한다.

　　사자무는 에밀 부르다레뿐 아니라 1888년에 샤이에 롱도 관람하였다. 두 외국인의 기록만으로 단정짓기는 어렵지만, 사자무가 근대식 연회에서 연행되어 공연장의 분위기를 띄우고 흥을 돋우는 감초 같은 역할을 담당했던 것이 아닌가 한다.

「평양감사환영도」 제2폭 도임환영의 음악과 춤(국립중앙박물관 소장)

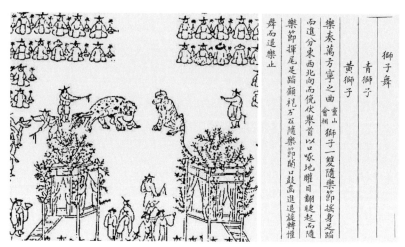

『화성성역의궤(華城城役儀軌)』 권수에 실린 낙성연도(부분도)의 사자무(왼쪽, 서울대학교 규장각한국학연구원 소장)
『정재무도홀기(呈才舞蹈笏記)』의 사자무(오른쪽, 국립국악원 소장)

선소리는 정재 공연이 끝난 후 올려졌다. 즉 무대를 마무리하기 위해
투입했던 것 같다. 선소리가 불린 예는 에밀 부르다레와 까를로 로제티의
기록에서 발견된다. 이들의 기록만으로 궁정연회에 선소리가 도입된 시기
를 논한다는 것은 무리가 있지만 아마도 선소리는 1900년대 초반부터 궁정
연회에서 불린 것 같다.

접견이나 황제의 잔치는 항상 이렇게 무용으로 마감된다. 물론 마지
막으로 노래를 덧붙이기도 한다. 평양주둔군인 하사관 대여섯 명이 부르
는 희극적인 노래인데 노골적인 장면에 박장대소하며 좋아하는 조선인들
에게 몸을 비비 꼬면서 부른다.

정진국 옮김(에밀 부르다레 지음), 『대한제국 최후의 숨결』 中

춤 뒤에는 그날 저녁의 일정에 따라 노래가 이어진다. 무희들이 물러가고 그와 함께 무시무시한 음악도 끝나며 이 자리를 다시 10여 명의 평안도 소리꾼들이 차지한다. 크고 건장한 남자들인 이들은 몸을 움츠린 채로 천천히 앞으로 나왔다. 그들 중 한 명이 모래시계 모양의 장구를 격렬하게 치는 사이에 차례대로 모든 동양인의 특징인 가성을 내어 나지막히 조용하고 구슬픈 창가를 불렀다. 긴 음정을 그대로 유지하며 각자가 노래를 부르다가 때때로 장구소리가 빨라지고 요란해지며 활기찬 합창이 되기도 하였으며 독창을 할 때면 영혼을 매료하는 교회음악적인 분위기가 느껴지기도 하였다.

서울학연구소 譯(까를로 로제티 著), 『꼬레아 꼬레아니』 中

선소리 같은 민간 성악을 삽입시킨 까닭은 프로그램을 한층 다양하게 구성하기 위함이 아니었나 생각된다. 무舞ㆍ희戱 중심의 궁정 공연장에 가歌를 첨가시킴으로써 당시 가장 선호도가 높고 유희성이 짙은 종목들로 구성된, 가ㆍ무ㆍ희를 고르게 갖춘, 완성도 높은 무대를 만들려고 하였다. 근대식 연회에 초대된 외국 손님들에게는 궁정악, 민간 연희와 노래, 양악 일체를 감상할 수 있는 특별한 기회였던 셈이다.

대한제국의 근대화 노정과 함께한 근대식 연회

대한제국의 근대식 연회는 전통적인 스타일의 연향과는 확연히 달랐다. 근대식 연회는 서양식이 가미된 형태였다. 접견례에서는 서양인들에게 서양식 예법이 허용되었고 만찬석상에는 서양의 집기, 서양 식기, 서양 음식이 등장하였다. 공연 레파토리는 조선시대 공연문화의 전통을 기저로 삼되, 그 문화에 익숙하지 않은 손님들의 관심을 끌기 위해 시각적으로 화려하고 볼거리가 많으며 오락성이 두드러지는 종목들로 선별하였다. 그러나 공연에서도 군악대의 양악 연주가 추가되는 큰 변화가 있었다. 군악대는 근대화를 나타내는 표상의 하나였다.

근대식 궁정연회는 개항 이후 근대화 하는 과정 속에서 외교 문화의 변화로 인해 도입된 서양식 파티로 출발하였다. 이는 확장된 외교 공간이라는 특성을 지녔다는 점에서도 주목된다. 근대식 연회는 전통적인 궁정연향과 이원화 되어 별도로 설행되었다. 근대식 궁정연회의 모습은 현재 생활문화에 보편화된 서양식 파티 문화가 도입되어 정착되는 과정을 보여준다. 또한 그곳에서 연행된 공연 레파토리들은 서양음악과 다양한 전통예술을 현재로 전해주는 교량 역할을 담당했다는 점에서 소중하다.

대한제국기의 국가의례

황제국의
예법을 만들다

임민혁 · 한국학중앙연구원 전임연구원

"나머지는 모두 그에 의거하여 온갖 법도를 일신하니, 이것이 大韓禮典을 지은 까닭이다. 이에 모든 의례를 기록하여 본 예전의 첫머리에 싣고, 별도로 한 편을 만들어서 특별히 천 년에 한 번 있는 성대한 일을 보이노라."

— 『대한예전』의 「수편首篇」

황제국 시대가 열리다

"고유하는 제례가 끝났습니다. 청컨대, 황제위에 오르소서."

1897년 9월 17일에 영의정은 백관을 거느리고서 일제히 외쳤다. 그리고는 고종을 부축하고 옹위하여 금의金椅에 오르게 했다. 드디어 온 국민의 추대를 받은 고종이 황제로 즉위하였다. 한반도의 새로운 역사시대로 평가할 황제국 시대가 열리는 순간이었다.

고종은 대한제국의 탄생을 하늘신과 땅귀신에게 고하였다.

"금년 9월 17일에 백악의 남쪽에다 단을 설치하고 의절을 갖추어 밝히 상제上帝와 황기皇祇께 아룁니다. 천하의 이름을 정해서 대한이라 하고, 이 해를 광무원년으로 삼습니다."

『대한예전(大韓禮典)』
대한제국을 선포한 이후 새롭게 마련한 예전(禮典)으로 오례의 의주와 원구단 도면, 황제 복식, 깃발 등의 도설이 실려 있다(한국학중앙연구원 장서각 소장).

고종은 오백여 년 동안의 사대를 떨쳐버리고 완전한 독립국임을 저 하늘과 세계 모든 지역에 선포하였다. 새 나라의 이름은 '대한'이며, 연호는 '광무'라 했다.

사대를 청산하고자 하는 뜻은 3년 전에 이미 밝힌 바 있다. 1894년 12월 12일에 고종이 종묘에 나가 조상들께 고한 홍범 14조의 첫째 조항이 그것이다. "청나라에 의존하는 생각을 끊어버리고 자주독립의 터전을 튼튼히 세운다." 자주독립을 이루려는 국가의 신념과 의지가 여러 해 동안의 노력 끝에 결실을 맺은 것이다. 이를 완성해가는 과정에서 구체화된 역사적 사건이 곧 원구단 건립과 황제 즉위, 『대한예전大韓禮典』 편찬 등이었다.

『대한예전』 편찬은 황제국으로서 면모를 일신하여 국가의 자존을 세우려는 정책이었다. 사례소史禮所라는 임시 편찬기구를 설치한 이래 1년 4개월여 만에 미완본이나마 상재했다. 대한제국의 국가전례서가 『대한예전』이라는 이름을 갖게 된 것이다. 이러한 편찬사업은 동아시아에서는 전통이며 관습이었다.

『대한예전』은 황제의 신성성과 세속의 권력을 예의 형식으로 체계화한 규범서이다. 조선을 정통으로 내세우고 『국조오례의』를 전범으로 삼았다. 국가의 정통성을 조선에 둔 대한제국은 조선의 국가전례를 기본으로 채용했다. 여기에다 황제국 의례는 『대명집례』와 『명회전』을 주로 참고하였다. 중화를 계승하려는 의식의 반영이면서, 청과의 단절을 확고히 하고자 한 것이다.

사례소史禮所의 설치

　고종의 황제 즉위를 앞둔 조선 정부는 즉위의례의 제정과 원구단의 설립이 시급한 현안이었다. 그리하여 고종 34년(1897) 6월 3일 내부대신 남정철南廷喆의 건의로 사례소가 설치되었다. 사례소는 황제 즉위의례의 제정과 황제국의 위상에 맞는 국가전례를 정비하기 위해 설치된 임시기구였다.

　사례소가 정식으로 출범한 날은 인사가 단행된 6월 14일이었다. 이 날, 고종은 의정부참정 겸 내부대신 남정철을 사례소위원, 3품 이종원과 남정필 · 김인식을 부원으로 임명하고, 편집사무를 분장하였다. 고종이 남정철을 임명한 것은 사례소를 내부 소속으로 두고자 하는 의도에서 내부대신을 적임자로 보았기 때문이다. 이때 남정철은 "정신을 집중해서 편찬하기에는 한가한 부서가 적합할 듯하다."며 중추원으로 옮길 것을 제안하였다. 내부는 사무가 많아 서로 지장을 줄 우려가 없지 않다는 것이 그 이유였다. 그리하여 사례소는 중추원中樞院으로 이속되어 7월 1일부터 업무를 개시했다.

　사례소는 남정철의 추천으로 위원과 부원을 보좌할 직원直員과 과원課員을 충원하였다. 직원은 진사 김응수金應洙, 진사 장지연張志淵 등 9명을 선발하였다. 이들은 상근직으로 날마다 출근하여야 하며, 윤번으로 입직하도록 하였다.

과원은 중추원 주사 백남규白南奎, 주사 최시명崔時鳴 등 4명을 뽑았다. 이들은 현직 관료로서 그때그때 형편에 따라 업무를 보는 비상근직이었다. 이틀 뒤에 남정철은 본소의 사무가 점차 늘어나 2명의 직원을 더 뽑겠다고 하여, 상근직의 수를 늘렸다.

사례소의 업무분장은 기록이 없어 알 수가 없다. 다만, 『대한예전』이라는 결과물을 근거로 그들의 역할을 짐작할 수 있을 뿐이다. 이 기구의 기본업무는 국가전례의 정비였으므로 이를 위한 자료수집과 정리 및 연구활동에 전념했다. 동시에 관련 정책 제안에도 적극적인 노력을 기울였다. 중추원 주사 백남규의 정책 제안이 그 한 예이다. 그는 그때까지 거행하지 못하고 있던 두 가지 제도, 곧 조종祖宗을 추숭追崇하는 예와 신하에게 작위爵位를 나누어 주는 제도를 거행할 것을 주장했다.

"우리 폐하께서는 나라가 화평하고 융성할 운수를 만나 하늘이 내려준 명을 받들어서 위로는 삼황오제의 전통을 계승하고 아래로는 모든 백성들의 기대에 따라 대황제위에 오르신 지 어느덧 석 달이 되었습니다. 훌륭한 정치를 펴고 인仁을 베푸실 때에 문헌을 상고하여 예의를 의논하는 절차가 모두 규모를 넓히고 분명하게 안정시켜서 널리 사람들의 마음을 복종시키고 큰 이름에 걸맞게 하셨습니다."

중국의 역대 사례를 제시하고 또한 자신이 사례소의 위원 신분으로 나라의 전례에 대해 논할 수 있는 자격을 갖추고 있다고 하면서 이러한 주장을 한 것이다.[1] 그는 황제즉위 이래로 그때까지의 국가의례는 그 절차와 규모가 안정된 상태, 곧 황제국의 의례체제를 제대로 갖추고서 치렀다고 생각한 것 같다. 사례소에서는 사실 3개월도 채 안되어 황제 즉위의례와 부속 의주를 제정한 것으로 보인다. 이를 토대로 거국적인 황제 즉위식을 거행했으니, 담당자들의 자긍심은 제고되고 사례소의 위상도 덩달아 높아졌을 것으로 보인다. 이러한 배경에서 그들은 보다 완전한 황제국체제의 구축을 모색했을 것이며, 이러한 와중에 위와 같은 주장이 나왔다.

백남규가 시행을 요구한 조종 추숭은 명나라의 전례서에 규정된 사항이었다. 그는 역대 사례를 거론할 정도로 상당한 식견을 가진 인물로 보인다. 어쩌면 이 주장이 사례소 설치 이래 황제국 의례의 연구를 바탕으로 한 사례소 직원들의 공통된 생각을 그가 대표하여 제안한 것일 수도 있다. 또한 황제국으로서 자존을 확보해 나가고자 하는 욕구의 분출이기도 하면서, 한편으로는 활발하게 펼쳐진 황제국 의례 연구의 수준을 말해주는 것이기도 했다.

그러나 대한제국 성립의 전후시기에 존속했던 사례소는 1898년 10월에 이르러 제 기능을 다하지 못하고서 폐지되고 말았다.

"사례소에서 하는 일은 더없이 중요하여 다른 것과 다르므로 하루 이틀 사이에 일을 마치도록 요구할 수는 없다."

위의 말처럼 고종은 그 기구의 존속 필요성을 절감하고 있었다. 그렇지만 국가재정이 궁색하여 시급한 경비도 지불하지 못하는 형편에서, 기구의 개편은 불가피했던 모양이다. 그리하여 사례소는 우선적인 폐지대상이되었다. 따라서 사례소의 존속기간은 1897년 6월부터 1898년 10월까지 약 1년 4개월에 불과하였다.

황제국 의례를 제정하다

『대한예전』의 편찬과정은 현재 알 길이 없다. 사례소의 폐지 이후, 직원으로 참여한 장지연 등의 기록을 통해서 『대한예전』의 편찬작업은 계속 이어졌으며, 두어 달만인 그해 말경에 10책으로 완성하여 고종에게 바쳤다는 사실 정도만이 확인된다.

황제 즉위의례의 준비는 고종의 황제즉위 수락 이전부터 추진되었다. 고종은 황제 즉위 요청을 수락한 뒤에, "그 의절은 순전히 고례를 쓸 필요가 없으며 우리 의례를 짐작손익斟酌損益하여, 그 간편함을 취하는 것이 좋겠다."고 말했다. 그는 황제의 즉위 관련 의례를 고례 곧 중국의 옛 의례를 쓰지 말고 우리 의례를 우선적으로 참작하고 손익해서 간편한 것을 취할 것을 요구한 것이다. 이에 대해 심순택은 "이것은 본래 황실의 전장典章에 있고, 방책方策에 적혀 있습니다. 심지어 둑纛과 로輅, 번당幡幢에 대해서도 모두 도식이 있습니다."라 하였다.

고종의 이 한 마디는 『대한예전』 편찬작업 전반의 기본방침이 된 것으로 보인다. 『대한예전』은 『국조오례의』의 체제와 내용을 기준으로 이를 적극 채용하였음이 여실하기 때문이다. 그렇지만 우리 의례에 없는 황제국 고유의 의례는 중국 황실의 전장이나 역대의 전례를 따라야 하는 불가피함을 인정하였다. 원구단의 향사와 천지 고유에 대해서도 "원구단에 향사할 때에 소용되는 제기와 악기는 궁내부로 하여금 역대전례를 참호參互하여 곧 조성하는 것이 어떠합니까?"라거나, "금번의 이 천지에 고유할 때의 의절은 마땅히 마련해야 하는데 역대에 이미 행한 예"라고 하여, 역대 전례를 참고할 것을 언급하고 있다. 『대례의궤大禮儀軌』에는 "황후와 황태자의 금

『대례의궤(大禮儀軌)』, 어람용(御覽用, 왼쪽), 분상용(分上用, 오른쪽)
1897년(광무 1) 고종의 황제 즉위와 관련된 여러 행사와 작업들을 기록한 책이다. 황제 즉위식과 황후·황태자 책봉, 각종 의장물과 어책·어보 제작 등에 관한 기록이 있으며, 채색 반차도와 도설이 실려 있다. 의궤는 총 9건이 제작되었으며 현재 규장각과 장서각 등에 소장되어 있다. 황제를 위한 어람용 의궤는 황제국의 격식에 맞추어 황색 비단으로 장정하였고, 사고보관을 위한 분상용 의궤는 홍포로 장정하였다(서울대학교 규장각한국학연구원 소장).

책문은 『대명집례』의 도식에 의거하여 거행한다."거나 "창벽과 황종, 금절의 조성은 『대명회전』의 도식에 의거하여 거행한다."고 한 사실이 기술되어 있어, 역대 전례가 대체로 명나라 전례서임을 알 수 있게 한다. 곧 황제국의 고유 의례는 『대명집례』와 『대명회전』을 참고하여 거행하도록 하였던 것이다.

황제 즉위의례에서 등극의는 간략한 편이다. 오히려 상당 부분을 차지하는 것이 천지에 대한 고유제이다. 『명회전明會典』에서는 이 양자를 등극의와 원구제로 구분하였다. 이를 『대한예전』의 등극의와 비교해 보면, 관직명과 집사관의 명칭만 다를 뿐 거의 똑같다. 명나라의 이 의주儀註는 홍무원년, 곧 1368년에 제정된 고황제등극의高皇帝登極儀이다. 따라서 『대한예전』의 등극의는 『명회전』에 수록된 등극의를 그대로 모방하였다고 하겠다.

그런데 『명회전』 등극의의 첫 의절인 "원구에서 고유하는 제례를 마치면 교위가 금의를 교단 앞의 동쪽에 남향하여 마련하고, 면복안을 금의의 전후에 진설한다."는 『대한예전』에 누락되어 있다. 『대례의궤』에는 오히려 이를 수록하였고, 조정에서 대례에 관해 논의할 때에도 이 문장은 그대로 언급되었다. 금의와 면복안을 제자리에 마련하는 일은 등극의에서 대단히 중요한 절차임에도 불구하고 『대한예전』에서 빠뜨린 것은 작성 담당자의 실수가 아닐까 생각한다.

이 의절에서 '교단郊壇'은 명나라의 경우 남쪽 교외에 있는 원구를 이렇게 표현하였다. 그런데 대한제국의 경우에는 경운궁의 동쪽에 원구단을 건립하였다. 서울의 중앙에 위치하고 있으므로 교단이라 하기가 어렵다. 그러나 남교가 천지에 제사를 지내는 장소를 나타내는 고유명사처럼 쓰이고 그러한 상징성을 지닌 용어이기 때문에, 『명회전』의 의절을 자연스럽게 받아들여 전사轉寫하거나 언급한 것으로 보인다.

이와 같이 황제의 상징을 직접적으로 현시하는 일부 예제는 명나라 제도를 받아들여 『대한예전』에 수록했다. 등극의를 비롯하여 의장과 복식, 원구단 등이 대표적인 황제의 상징이었다. 이러한 황제국 예제를 담은 『대한예전』이 완성됨으로써, 드디어 황제국 국가의례가 제정된 것이다.

. 원구단

천자가 하늘에 제사를 드리
기 위해 둥글게 단을 쌓은
제천단(祭天壇)으로, 고종
은 1897년 대한제국의 황
제로 즉위하면서 이곳에서
천제를 지냈다. 1913년 일
본이 이 자리에 호텔(지금
의 조선호텔)을 지으면서
헐려 없어졌다(서울대학교
규장각한국학연구원 소장).

. 황궁우(皇穹宇)
원구단의 부속건물로 위패
를 모신 곳이다.

조선의 정통을 계승한 『대한예전』

『대한예전』은 권1부터 권10까지 총 10권이며, 『대한예전서례大韓禮典序例』는 단권이다. 『대한예전』의 책머리에는 「수편首篇」이 실려 있다. 그 내용을 살펴보면 아래와 같다.

"대조선 개국 506년, 우리 성상께서 등극하신 지 34년에, 조종께서 쌓아온 터전을 이어받고 만방이 일신하는 시운을 만나서, 성덕이 더욱 빛나고, 큰 교화가 더욱 널리 베풀어졌다. 신민들은 하늘의 마음이 어디에 있는지 다들 알고서, 서로 이어서 황제의 대위에 오르실 것을 청하니, 폐하께서 겸양하신 것이 수십 번이다가 비로소 윤허하셨다. 이에 음력 정유년 9월 17일에 원구단에서 친히 천지에 제사지낸 연후에, 황제위에 오르시고 태극전(지금의 중화전)으로 돌아가셔서 백관의 하례를 받으셨다.

드디어 국호를 고쳐서 대한이라 하고, 건원하여 광무라 하며, 태행왕후를 추가로 책봉하여 황후로 삼고, 왕태자를 책봉하여 황태자로 삼았다. 나머지는 모두 그에 의거하여 온갖 법도를 일신하니, 이것이 대한예전을 지은 까닭이다. 이에 모든 의례를 기록하여 본 예전의 첫머리에 싣고, 별도로 한 편을 만들어서 특별히 천 년에 한 번 있는 성대한 일을 보이노라."

여기에는 『대한예전』을 편찬하게 된 동기와 목적이 잘 묘사되어 있다. 고종이 황제위에 오르고 황제국으로 국체를 변경함에 발맞추어 온갖 법도를 일신하는데 추수하여 국가의례를 정비하게 되었다는 것이다.

그러면 『대한예전』에 수록된 내용들을 검토해 보자. 먼저 각 권별 내용을 〈표〉로 만들어보면, 다음과 같다.

『대한예전』의 권별 수록내용

권수	오례 구분	내용
권1	(가례)	親詣圜丘卽皇帝位儀, 王太子隨詣行禮儀, 皇帝御太極殿受百官賀表儀, 冊皇后儀, 皇后冊寶奉詣殯殿行禮儀, 冊皇太子儀, 皇太子朝謝殯殿儀, 頒詔儀, 頒詔時皇太子陪祭儀, 皇太子進致詞于殯殿儀, 百官進箋賀皇太子儀, 明憲太后上寶儀, 冊皇太子妃儀, 皇太子妃受冊寶儀, 皇太子朝謁儀, 皇太子妃朝謁殯殿儀, 皇太子妃謁明憲太后儀, 皇太子妃回宮詣皇太子行禮儀
권2	서례 길례	辨祀, 時日, 祝版, 雅部樂章, 俗部樂章, 齊, 傳香祝, 省牲器, 車駕出宮, 車駕還宮
권3	(서례 길례)	壇廟圖說, 祭器圖說, 饌實尊罍圖說, 薦新庶物, 大夫士庶人時享
권4	(서례 길례)	雅部樂懸圖說, 俗部樂懸圖說, 雅部樂器圖說, 俗部樂器圖說, 定大業之舞儀物, 祭服圖說, 親耕籍田之圖, 親臨觀刈之圖
권5	(서례 가례)	儀仗圖說, 鹵簿, 執事官, 冠服圖說, 樂器圖說, 尊爵圖說, 俗部樂章, 殿庭宮架圖說, 鼓吹圖說, 舞圖, 正至聖節朝賀之圖, 朝紾之圖, 進宴之圖, 城內動駕排班之圖, 城外動駕排班之圖, 几杖圖說, 納后制文, 皇子婚書式, 皇女婚書式, 納后親迎之圖, 賓禮序例, 使臣等級, 接待員數, 宴饗圖, 國書式 軍禮 皇帝陸軍大禮服, 射器圖說
권6	길례	冬至祀圜丘儀, 冬至祀圜丘攝事儀, 元日祈穀圜丘儀, 四時及臘享宗廟儀, 四時及臘享宗廟攝事儀, 俗節及朔望享宗廟儀, 祈告宗廟儀, 宗廟先告事由移安還安儀, 薦新宗廟儀, 祭中霤儀, 春秋享永寧殿儀, 永寧殿先事由移安還安儀, 謁宗廟永寧殿儀, 皇后謁宗廟永寧殿儀, 皇太子謁宗廟永寧殿儀, 皇太子妃謁宗廟永寧殿儀, 宗廟各室移奉儀, 春秋及臘祭社稷儀, 春秋及臘祭社稷攝事儀, 祈告社稷儀, 府郡春秋祭社稷儀, 四時及臘享景慕宮儀, 四時及臘享景慕宮官攝事儀, 俗節朔望享儀, 謁景慕宮儀
권7	길례	親享永禧殿儀, 酌獻永禧殿儀, 酌獻璿源殿儀, 御眞奉安儀, 各陵親享儀, 幸陵儀, 皇太子隨駕謁陵儀, 四時及俗節朔望享諸陵儀, 忌辰享諸陵儀, 諸陵先告事由移安還安儀, 拜各宮廟儀, 拜各園儀, 拜大院君祠宇儀, 享先農儀, 享先蠶攝事儀, 親享先農祈雨儀, 親耕後勞酒儀, 親臨觀刈儀, 觀刈後勞酒儀, 享先醫儀, 雩祀儀, 親享雩祀壇祈雨儀, 雩祀壇祈雨儀, 親祭嶽鎭海瀆祈雨儀, 祭嶽鎭海瀆儀, 時祭北郊望祈嶽鎭海瀆及諸山川儀, 時旱就祈祈嶽鎭海瀆及諸山川儀
권8	(길례)	祀山川儀, 祭三角山儀, 祭漢江儀, 祭木覓山儀, 祭府郡名山大川儀, 享文廟視學儀, 酌獻文廟視學儀, 皇太子酌獻文廟入學儀, 皇太子釋奠文廟儀, 有司釋奠文廟儀, 文廟先告事由及移還安祭儀, 府郡釋奠文廟儀, 府郡文廟先告事由及移還安祭儀, 享歷代君王儀, 府郡酺祭儀, 久雨禜祭國門儀, 久雨州郡禜祭城門儀, 享司寒儀, 纛祭儀, 纛祭先告事由及移還安祭儀, 厲祭儀, 府郡厲祭儀
권9	가례	正至皇太子百官朝賀儀, 聖節皇太子百官朝賀儀, 正至皇太子妃朝賀儀, 聖節皇太子妃朝賀儀, 正至會儀, 中宮正至皇太子朝賀儀, 中宮誕日皇太子朝賀儀, 中宮正至皇太子妃朝賀儀, 中宮誕日皇太子妃朝賀儀, 中宮正至百官朝賀儀, 中宮誕日百官朝賀儀, 正至百官賀皇太子儀, 千秋節百官賀皇太子儀, 朝紾儀, 上尊號冊寶儀, 皇太后上尊冊儀, 皇后上尊號冊寶儀, 皇后上尊號冊寶傳敎儀, 冊皇后儀, 冊皇太子儀, 百官進箋賀東宮儀, 冊皇太子妃儀, 皇太子妃受冊儀, 皇太子冠儀, 納皇后儀, 親迎儀, 皇太子納妃儀, 皇子婚儀, 公主下嫁儀
권10	가례 빈례 군례 흉례	嘉禮 陳賀儀, 頒詔儀, 親臨頒詔陳賀儀, 進饗儀, 皇后進宴儀, 養老宴儀, 中宮養老宴儀, 親臨耆老宴儀, 御帖奉安耆社儀, 靈壽閣御帖親題儀, 皇太子入學儀, 書筵會講儀, 皇子師傅相見儀, 使臣及外官正至聖節遙賀儀, 使臣及外官朔望遙賀儀, 使臣及外官拜表儀, 使臣及外官迎內香儀, 使臣及外官迎制書儀, 使臣及外官受誥命儀, 鄕飮酒儀 賓禮 各國使呈國書時接見儀, 各國使臣宴饗儀 軍禮 大射儀, 鄕射儀 爲外祖父母擧哀儀, 爲皇后父母擧哀儀, 遣使吊外祖父母儀, 遣使吊皇后父母儀, 遣使吊宗戚貴臣儀, 遣使榮贈外祖父母儀, 遣使榮贈皇后父母儀, 遣使榮贈宗戚貴臣儀, 遣使致奠外祖父母儀, 遣使致奠皇后父母儀, 遣使致奠宗戚貴臣儀, 皇后爲父母擧哀儀, 皇后爲祖父母外祖父母擧哀儀, 皇太子爲外祖父母擧哀儀, 皇太子爲妃父母擧哀儀, 皇太子遣使致奠外祖父母儀, 皇太子妃爲父母擧哀儀, 皇太子妃爲祖父母外祖父母擧哀儀

* 오례 구분에서 ( )는 원본에 이러한 구분이 없는 것을 추기한 것임.

『대한예전』의 내용은 크게 셋으로 구분할 수 있는데, 즉위의卽位儀와 서례序例, 의주儀註이다. 즉위의는 권1에 해당하며, 서례는 권2부터 권5까지, 의주는 권6부터 권10까지이다. 이 전례들은 새로이 창제된 것이 아니라, 조선의 전례를 위주로 중국 명나라의 황제 의례를 참고했다. 황제 등극의와 부속 의주를 수록한 권1은 『명회전』, 권2부터 권5까지는 『국조오례서례』, 권6부터 권10까지는 『국조오례의』를 전형으로 삼았다고 하겠다. 따라서 『대한예전』은 대한제국의 국가의 정통성을 조선에 두고자 하는 편찬의 도를 잘 나타내고 있다.

　『대한예전』도 『국조오례의』처럼 서례를 별책으로 만들었다. 그것이 『대한예전서례』이다. 『대한예전서례』는 본문의 책제목 바로 하단에 '미정본未定本'이라 한 바와 같이, 체제를 갖추어 완성한 본이 아니다. 그 목차를 살펴보면, 길례의 변사辨祀, 시일時日, 축판祝版, 아부악장, 속부악장 등으로 구성되었다. 이 내용은 〈표〉에서 보듯이 『대한예전』 권2에 수록된 것들이다. 그런데 양자의 내용을 비교해 보면, 특히 변사에서 제사 종류상의 차이가 보인다. 『대한예전』에 없는 제사가 『대한예전서례』에는 대사에 대보단, 소사에 성황사토와 마제 등이 보이고, 여기에 없는 소사의 산천山川이 『대한예전』에는 포함되어 있다.

　이러한 변사에서의 차이는 남교南郊의 제신諸神이 원구단의 설치와 함께 입출이 있었기 때문이다. 원구단에 풍운뇌우가 모셔지고 기존의 남단에는 천하명산대천 성황사토의 위패를 모시게 되었는데, 남단이 광무원년 12월 27일에 산천단이라는 칭호를 갖게 된 것이다. 따라서 『대한예전서례』는 이 산천단을 소사에 포함시키지 않았다는 사실에서, 『대한예전』보다 앞선 시기에 편찬된 것으로 추측할 수 있다.

그러면 『대한예전』의 체제상의 특징을 『국조오례의』와 비교하여 몇 가지로 나누어 살펴보자. 첫째, 즉위의를 중심으로 황제국 의례가 제정되었다. 권1에는 즉위의와 부속 의주가 수록되어 있다. 부속 의주로는 고종의 황제즉위를 백관들이 하례하고, 아직 국장을 치르지 않은 민비를 황후로 책봉하며, 황태자와 황태자비를 책봉하고, 명헌태후에게 책보冊寶를 바치는 의례 등이 있다. 이러한 의례들은 후속 예법이 있게 마련인데, 명성황후의 책보를 빈전殯殿에 바치는 의례와 책봉 후의 하례, 치사致詞, 조알朝謁 등이 그러한 것들이다.

　　길례에서는 하늘제사인 원구제를 회복했다. 동지 제사와 원일元日의 기곡祈穀 제사가 제정되었다. 그리고 제후를 나타내는 호칭이나 지위 그리고 서례를 모두 황제국의 예법에 맞게 격상시켜 고쳤다. 「납후제문納后制文」이라든가 악현, 노부와 의장도설 등에서 이를 쉽게 찾아볼 수 있다. 의장을 사례로 들면, 군왕천세기를 군왕만세기로, 홍개와 홍양산을 황개와 황양산으로 개정한 것이다.

　　둘째, 편찬체제의 개편이 단행되었다. 앞서 언급하였듯이, 『대한예전』은 서례를 편입시킨 체제이다. 서례를 별책으로도 편찬하였으나, 완성본이라 하기에는 매우 미흡하다. 전례서에 서례를 편입시키는 방식은 『당개원례』에서 볼 수 있지만, 아마도 수월성을 고려하여 이를 채택한 것이 아닌가 하는 생각이 든다.

　　셋째, 제후국 고유의 의례를 삭제하거나 제도와 대외관계의 변화에 따른 개편이 이루어졌다. 제후국 고유의 의례로는 가례에 포함되어 있는 망궐궁례望闕宮禮와 영조서칙서의迎詔書勅書儀, 배표의拜表儀 등이 있는데, 예적禮的 사대관계가 이제는 상호 동등한 외교관계로 전환되었기 때문에 모두 폐지되었다. 교린정책도 서양의 접촉으로 대외 외교관계가 커다란 변화를 겪자 국서 교환과 사신 접견의 방식 등에 있어서 전면 개편이 불가피하였다. 이것은 빈례 서례와 의주에서 확인된다. 『국조오례의』에 수록되어 있던 전시의와 방방의 등 과거科擧 관련 의주는 1894년 갑오경장 때 과거제도가 폐지되면서 제정되지 않았다. 새로 마련된 「선거조례」에 따라 시행되는 관리 등용제도는 국가의례로 거행되지 않게 된 것이다. 그리고 군례에서도 대열大閱, 강무講武, 구일식救日食, 대나大儺 등이 시의에 부적절함에 따라 역시 삭제되었다.

넷째, 흉례에서 상장례 의주와 서례를 생략했다. 거애擧哀와 견사치전遣使致奠에 관한 의주만을 수록했다. 『국조오례의』에서 가장 많은 부분을 차지하는 흉례의 의주와 서례는 그 양의 방대함으로 인해 미처 손을 대지 못했을 수 있다. 이것은 한편으로는 『당개원례』나 『통전』의 체제를 따른 것으로 이해할 수도 있다.

다섯째, 『대한예전』은 『국조오례의』뿐 아니라 『국조속오례의』와 『춘관통고』 등 조선 역대의 각종 의례서들을 두루 참고하여 제정했다. 삼각산과 한강, 목멱산의 제사라든가 어첩을 기사耆社에 봉안하고 영수각의 어첩에 친히 글을 쓰는 의례 등이 그것이다. 그 외에 의장에서 육정기와 한罕, 필畢, 연화작선蓮花雀扇 등이 탈락되는 등 여러 변화가 엿보인다.

황제국 의례와 황제권

제후국에서 황제국의 의례체제로 정비하기 위한 노력의 결과인 『대한예전』에는 황제국의 국가전례서임을 나타내는 특징들이 무엇이 있을까? 가장 우선적으로 들 수 있는 것은 용어의 개정이다. '전하'가 모두 '황제' 혹은 '폐하'로, '왕후'가 '황후'로, '왕태자'가 '황태자'로, '대비'가 '태후' 로, '왕태자비'가 '황태자비'로 개칭된 것이다.

왕의 말을 나타내는 용어인 '교敎'는 '제制'와 '칙勅', '조詔'로 개칭되었다. 그에 따라 의례에서 관련 집사관의 명칭도 전교관이 승제관으로 바뀌었다. 조서가 황제의 문서임은 잘 아는 사실이다. 제후국인 조선에서는 이를 교서라 칭했다. 이처럼 황제와 제후의 말을 가리키는 칭호는 존비의 차이로 인하여 그 용어를 달리 사용하였다.

왕과 황제의 말에 대한 칭호의 차이와 마찬가지로 신하가 올리는 문서명도 다르다. 그것이 곧 '전箋'과 '표表'이다. 이를 의례에서 살펴보면, 조하朝賀에서 신하가 하례하면서 올리는 문서가 '하전賀箋'에서 '하표賀表'로 바뀌고, 관련 집사관의 명칭도 선전관宣箋官과 전전관傳箋官, 선전목관宣箋目官이 선표관宣表官과 전표관傳表官, 선표목관宣表目官으로 개칭되었다. 이는『대한예전』 편찬 이전인 고종 31년 12월에 '전문'을 '표문'으로 개칭하기로 이미 결정한 사항이다. 따라서 '교'와 '제'의 차이와 마찬가지로 '전'과 '표'는 신하들이 제후와 황제에게 올리는 글로서, 양자를 지위의 차이로 구분 짓는 명칭이었다.

따라서『대한예전』은 황제의 독점적인 권위를 규정한 전범서이다. 황제권을 구현하는 방식은 다양한 제도를 통해 마련되었는데, 서례의 의제儀制도 그중의 하나이다. 먼저 단묘壇廟 제도를 살펴보자.『대한예전』 권1의 첫 의주는 원구단에서 천지에 고유하는 제사의 절차이다. 원구단의 건립은 장례원경 김영수가 "삼가 역대의 전례를 상고하건대, 남교南郊에서 천지天

地에 제사를 지내고, 황제의 자리에 즉위할 때에는 천하명산天下名山과 대천大川, 성황城隍, 교단郊壇, 사토司土의 위패를 그 담 안에 설치하고 제사를 지냈습니다."라고 상주한 바와 같이, 황제국에서는 반드시 필요한 조치였다. "천자의 예는 하늘을 섬기는 것보다 큰 것이 없다."고 한 것처럼, 천지에 대한 제사는 황제 고유의 권한이며 황제 제사권의 상징인 것이다.

원구단은 한양의 중앙인 회현방에 신축되었다. 「단묘도설」을 보면,

> "역대 전례를 살펴보건대, 원구단은 모두 남교에 있다. 그런데 본조에서는 황성안 회현방 경운궁의 동쪽에 있다. 단지 그 예를 취하고 그 자취에 구애되지 않았기 때문에, 글을 지을 때 '교'라고 하지 않고 '원구'라고 하였으니, 대개 때로 인하여 마땅함을 제정한다는 뜻이다."

라고 하였다. 남교의 제천단을 개축하거나 그 위치에 신축하지 않고 황성의 중앙에다 건축한 것이다. 그 의도는 그 자취 곧 남교라는 역사상의 추세에 얽매이지 않았다는 것이다.

남교를 개조하여 원구단으로 사용하려는 계획이 없었던 것은 아니지만, 1897년 9월에 장례원경 김규홍이 단을 새로 쌓을 것을 상주하자, 얼마 지나지 않아 공사에 착수하였다. 장소는 남별궁터인 황성의 중앙이었다.

왜 이곳을 선택하였을까? '그 자취에 얽매이지 않았다'는 말은 무슨 뜻일까? 이 말은 아마도 '인시제의因時制宜'와 연관 지어 고려할 필요가 있다.

『대한예전』의 원구단 도설을 보면, 천단天壇은 3성 곧 3층으로 축조되고 사방의 문이 남문은 3문이며 그 나머지 문은 단문으로 되어 있다. 그리

고 좌측의 북쪽에는 3층의 황궁우皇穹宇가 건립되었다. 이 모형은 기본적으로 『대명집례』와 유사하다. 『청회전』의 원구지도에는 사방의 홍살문이 모두 3문으로 되어 있어 서로 맞지 않다. 그리고 명나라는 홍무 10년(1377)에 상제와 황지기를 합사한 예가 있다.

따라서 대한제국의 원구단이 상제와 황지기의 합사, 3성의 천단구조, 황궁우의 설치 등을 특징으로 할 때, 이 기본구조는 적어도 명나라의 각 사례가 일정한 영향을 주었을 것으로 생각한다. 다만, 장소에 있어서만큼은 당시의 정치적 국제외교적 조건을 고려하여 남교가 아닌 서울의 중앙을 택하였다. 즉 원구단의 각 제도와 그것이 갖는 상징성은 명의 제도를 빌려왔으나, 입지조건은 현실에 맞게 조절한 것이 '인시제의'의 본질이라고 하겠다.

원구단의 위판과 축판도 명나라 제도를 모방했다. 원구 위판과 종향 위패의 제도는 위판은 길이 2척5촌, 너비 5촌, 두께 1촌, 받침대높이 5촌으로 규격상의 차이는 없으나, 바탕색이 달라 정위는 황색 바탕에 금자金字로 새기고, 종향은 적색 바탕에 금자로 새겼다. 이는 명나라에서 시행한 제도와 동일하다. 원구 위판과 종향 위패라는 용어도 "천지와 조종은 신판이라 하고 나머지는 신패라고 한다天地祖宗日 神版 餘日 神牌."[2]라 하여, 이를 따랐음을 알 수 있다.

책보 또한 뉴鈕의 모양과 재질에 있어서 황제의 권위를 나타냈다. 『대례의궤』에서는 대한국새大韓國璽와 황제지새皇帝之璽가 1과인데, "천은天銀으로 주조하여 만들고 각각 무게 5근8냥, 사방 3촌5분, 두께 8분5리이며, 전자로 새긴다. 곽郭은 너비 4분이다. 위에는 용뉴가 있는데 높이 2촌3분, 너비 1촌2분이며, 용두의 길이는 모두 3촌5분이다. 유대鈕臺는 사방 2촌6분,

두께 2분이다. 배 아래에는 횡혈橫穴이 있다. 전체는 황금으로 도금한다."고 하였다.

조선에서는 국새에 새璽나 보寶라는 글자를 사용할 수 없었다.[3] 명이 나 청으로부터 받은 공식적 국새에는 모두 '조선국왕지인朝鮮國王之印'으로 '인印'자를 사용하였고, 뉴鈕는 신하의 도리를 상징하는 거북 모양을 만들 었다. 그러나 대한제국의 성립으로 이러한 제약은 사라졌다. '새'와 '보'자 의 사용에 제약이 없었으며, 용두와 귀두를 가진 어보를 골고루 제작하였 다. 재질 또한 황후와 황태자 등도 금과 옥을 모두 사용하였다.

황후의 금책은 각 1건인데, 그 재질과 규격 등을 살펴보면, "황금을 쓴 다. 무게는 7근12냥이다. 도금한 것 2편을 만드는데, 편마다 길이 1척2촌, 너비 5촌, 두께 2분5리이다."[18]라 하였다. 황태자의 금책도 이와 같다. 이것 은 『대명집례』의 도식에 의거하여 만들었다고 한 바와 같이, 그 재질과 규 격이 동일하였다. 그런데 척도에 있어서는 대한제국에서 예기척禮器尺을 사용한데 대해 주척周尺을 쓴 점이 다르다.

이처럼 『대한예전』은 황실 존칭과 말, 문서명, 단묘의 규모, 위판과 축 판의 제도, 옥백, 악현, 책보, 변두지실 등 각 의례제도에 있어서 황제국의 예를 채용하였다. 그 방침은 고종의 언급과 같이, 우리 의례를 우선적으로 참작하고 손익해서 간편한 것을 취하되, 일상적이거나 보편적이면서 시급 성을 요하는 황제국 의례의 경우 명나라의 전례서를 참조하여 제정하는 것 이었다.

그러나 황제국 의례 일체를 취하여 변혁을 꾀하는 일은 당시의 형편 상 실현성이 없어 보였다. 국가의 재정상태와 이미 만들어진 각 단묘와 기 물들, 그리고 황제국 의례의 이해와 경험의 일천, 각종 서구식 제도의 유입

등을 고려할 때 결코 바람직한 방향이 못되었을 것이다. 또한 사례소의 존속기간을 놓고 보아도 현실적으로 불가능한 일이었다.

한 사례를 들어보자. 장서각에는 『의장초집儀仗抄集』이라는 얇은 책이 한 권 소장되어 있다. 이 책에는 황제국의 의장제도를 베껴놓았는데, 황제와 중궁, 동궁, 친왕 등이 각각 304개, 114개, 112개, 52개의 의장을 배치하여 사용토록 정리되어 있다. 그러나 의장도 부분 개편에 그쳤음을 『대한예전』은 보여주고 있다. 따라서 『대한예전』은 황제의 전통적인 위상과 상징을 드러낼만한 일상적이면서 보편적인 의례를 규정한 국가전례서라고 할 수 있다. 그리고 대한제국 황제가 조선의 왕통을 계승하고 청나라와 국가적 외교적 동등권을 확보하여 향유하는 권리를 구체화시킨 국가적 신념의 결정체가 『대한예전』이라고 하겠다.

국가의례에서 전통과 서양의 만남

대한제국 시기의 국가의례는 의궤 등 여러 기록으로 남아있다. 장서각에 소장된 자료들을 중심으로 살펴보면, 일부를 제외하곤 대체로 전통방식을 거의 묵수하고 있다. 『의주등록』을 예로 들면, 이 책은 1895년부터 1910년 사이에 행해진 국가의례의 의주를 모아놓은 일종의 예서이다. 여기에는 고종의 등극의를 비롯하여 명성황후의 국장, 조하, 각종의 제향, 가(加)상존호, 영정 이환안, 추봉·책봉, 서순행 환어, 친예, 친경 등에 관한 의주가 수록되어 있다. 그 내용을 살펴보면, 의례 절차는 조선의 전통 방식을 그대로 추종하고 있음을 볼 수 있다. 황제국이라고 해서 참석자와 그들의 역할,

장소, 기물 등이 바뀐 것이 아니기 때문에, 절차상의 문제는 없었던 것이다.

오례 중에서 가장 큰 변화를 보이는 의례는 빈례이다. 대외 여건의 격변으로 사대와 교린의 이원적인 동아시아 외교체제는 큰 전환기를 맞았다. 동양과 서양을 막론하고 모든 나라와 동등한 외교관계를 수립하게 된 것이다. 이에 따라 외교 의전은 전면 개편을 요구하였다. 그리하여 전통 예절에다가 이제까지 경험하지 못한 서양식 예절과 규례를 절충하여 신 외교 의전을 제정한 것이다.

『대한예전』의 빈례에는 서례에 국서식國書式과 의주에 「각국 사신이 국서를 바칠 때 접견하는 의절[各國使呈國書時接見儀]」과 「각국 사신에게 잔치를 베푸는 의절[各國使臣宴饗儀]」이 수록되어 있다. 이 의절에서 특히 눈에 띄는 점은 인사예법이다. 각국 사신은 황제를 폐현할 때 세 번 국궁鞠躬하는 예를 행하도록 했다. 외부대신의 연향에서는 읍례揖禮를 행하는데, 그 나라의 풍속에 따라 손을 잡는 것[執手]으로 예를 표할 수 있다고 했다.

이 의례는 그 후 다시 정비되어 「외빈이 폐하를 알현하고 맞이하며 보내는 식례[外賓陛見及迎送式]」[4]라는 외교 의전 규범으로 편찬되었다. 광무 연간의 외교 의전은 이를 통해 알 수 있는데, 이 장정은 외빈이 폐하를 폐현하고 황궁에서 영송하는 예식을 규정해 놓은 지침서이다. 외빈은 외국사신과 고용 외국인, 외국 황족을 말한다. 이 장정에 수록된 의전은 외국사신이 폐하를 폐현하고 영송하는 예식과 신년 및 경축일에 배하拜賀하는 예식, 외국 황족이 폐하를 폐현하고 영송하는 예식, 외국인의 장례에 회장會葬하는 예식 등이다.

외국사신이 폐하를 폐현하고 영송하는 예식은 황제폐하께 특명전권공사와 판리공사가 국서를 바치고 폐현하는 규칙, 특명전권공사 및 판리공사가 내 폐현하는 규칙, 외국 신사紳士가 폐현하는 규칙 등 3종이 있으며, 각국 공사가 국서를 바치는 예식도와 각국 공사가 내 폐현하는 예식도, 훈장을 친히 제수할 때의 반열도 등 3종의 그림이 있다.

이 규칙에는 신청절차, 반접伴接, 궁궐 출입문, 응접應接, 접견장소, 입참관원入參官員과 그들의 복식 등에 관해 규정해 놓았다. 이 규칙은 예식의 비중에 따라 격식의 차별을 두었다. 그림은 각 예식마다 황상폐하와 황태자전하 그리고 동석한 폐하와 전하를 폐현할 때 외빈의 배위와 제관원의 자리배치를 나타낸 것이다.

신년 및 경축일에 배하하는 예식에는 외교관 및 칙임, 주임, 이들 상당의 고용 외국인이 신년에 배하하는 예식과 신년에 배하하는 절차, 신년 연회식 등이 있다. 배하식은 궁궐 출입문, 응접, 특명전권공사 등 외교관의 석차席次를 정하는 방법, 외국인의 입참 자격과 방법, 복식 등을 규정하였다. 배하절차는 입내入內 시간, 정전출어正殿出御, 인접, 배하, 입참 자격의 구분, 다과, 퇴출 등 절차의 약식을 규정해 놓았다. 배하는 오전 10시와 11시 두 차례에 걸쳐 행하였으며, 각 시기마다 입참 자격을 구분해 놓았다. 연회식은 1월 5일과 8일, 12일의 사연賜宴에 관한 규정이다.

연회식 다음에는 만수성절萬壽聖節(황제의 생일)과 천추경절千秋慶節(황태자 생일), 계천기원절繼天紀元節(연호 기원일) 및 원조元朝를 맞아 일주일 전에 예식원장이 청첩하는 격식을 수록하였다. 청첩장은 5종으로 구분되었다. 그리고는 정전에서 배하하는 그림을 오전 10시와 11시로 나누어 각 3종씩 그려놓았다.

이처럼 외교사절이나 외국손님이 황제를 폐현하고 맞이하는 의례는 조선의 빈례와는 확연히 달랐다. 정부의 관직제도와 군사제도 등 전반적인 개혁이 이루어진 가운데, 관직명이나 대례복, 순검과 병정의 복식, 폐현과 영접의 절차와 방식 등에서 전통적인 요소는 매우 제한적이다. 중국사신이 머물던 태평관 같은 정부 직영의 사신 숙소는 마련되지 않았으며, 예포를 발사하고 순검과 병정이 호종하는 등 서양식 의전이 주류를 이루게 된 것이다.

황권의 정통을 바로세우다

고종의 황제즉위는 황제국에 걸맞은 국가체제의 정비를 요구하였다. 민비는 명성황후로 추숭하였으며, 세자는 황태자로, 왕자들은 친왕親王으로 책봉되었다. 황실의 지위에 따른 예제적 통치질서를 갖추어 나가기 위한 일환으로 전주 건지산乾止山의 조경단肇慶壇 설치와 삼척에 있는 조상묘역의 정비도 단행하였다.

그러나 그 후 황실의 존립을 위태롭게 하는 사건의 발생과 급박하게 돌아가는 국내외적 상황변화 속에서, 황제의 통치권과 주권을 제도적으로 천명한다든가 기존에 행해왔던 전통적 국가의례의 시행은 사실상 실질적인 효과를 거두기가 어려웠다. 대한제국의 국체를 부정하고 새로운 정부의 건설을 요구하는 단계에서는 전통적 국가의례의 상징성은 점차 그 의미를 잃어갈 수밖에 없었다.

그러면서도 황실과 그 지지세력은 황권의 확립과 국체의 안정적 유지를 위한 선언적 조치와 그에 요구되는 국가의례의 행사를 강도 있게 추진해 나가고자 하였다. 국체를 명시적으로 재천명한 것도 왕권수호가 어느 때보다 절박한 시기였기 때문이다. 그 결과 1899년에 대한국국제大韓國國制가 반포되었다. 대한제국의 정체성과 자주성을 밝혀 황제권에 대한 도전에 적극 대응하고 제국의 안정을 도모하는 개혁작업을 추진하려는 사전포석이었다.

대한국국제의 조항을 살펴보면, 제2조에서는 "대한제국의 정치는 전前으로부터는 5백 년을 전래하고, 후後로부터는 항만세恒萬歲토록 불변할 전제정치이니라."라고 하여, 대한제국의 유구한 역사성과 정치체제를 규정하고 있다. 주권과 통치에 관한 모든 권한이 신하나 백성에게 있는 것이 아니라 황제에게 있다는 사실을 대내외에 천명한 것이다. 그리고는 후속조치로서 군주권의 정통성을 체계화하려는 시도가 행해졌다.

고종의 황권의 정통성을 확립하기 위해서는 우선 황권 계승의 질서체계를 바로잡을 필요가 있었다. 그것은 천자칠묘天子七廟의 원리에 의거하여 황제의 직계조상인 칠대의 종법질서를 체계화하는 일이었다. 이를 위해 특진관 서상조徐相祖는 장헌세자와 정종의 추숭을 건의하였다. 이 건의에 따라 해당 절차를 거쳐 장헌세자의 묘호는 장종莊宗이라 고치고 정종에게는 존호를 추상하였다. 고종의 4대조 추숭 이전에 장헌세자의 추존을 먼저 단행한 것은 고종의 황권의 정통성과 관련되는 문제였다. 익종의 대통을 이은 고종에게 4대조는 장헌세자 - 정조 - 순조 - 익종으로서, 장헌세자는 고조였다.

고종과 헌종은 형제관계였다. 철종은 헌종이 자식을 두지 못하여 장헌세자의 아들 은언군恩彦君의 아들 전계군全溪君 광廣의 아들로서 입승대통하였으므로 역시 형제관계이다. 한편 고종의 생가 쪽으로는 장헌세자의 아들인 은신군恩信君이 후사가 없자 인조의 아들 인평대군麟平大君의 5세손

병원秉源의 차자次子 구球로 후사를 잇게 하였는데, 그가 남연군南延君이다. 따라서 고종은 남연군의 손자이며, 장헌세자는 혈통상으로도 고종의 고조가 되는 셈이다. 그런데 장헌세자가 여전히 세자의 지위라는 사실은 황권의 적통 계승원리에 하자로 비춰질 수 있었으므로 왕으로의 추존을 단행한 것이다.

장헌세자의 추존이 끝나자, 고종 36년(1899) 12월에는 태조와 장종, 정종, 순조, 익종 등 4대조에게 황제로서의 묘호와 칭호를 새로이 정해서 올릴 것을 지시하였다. 그리하여 태조를 비롯한 4대조는 황제로 추봉되었다. 태조를 원구단에 배천配天하고, 어진의 모사와 진전의 중건이 시행된 것도 모두 고종의 황권 확립 및 강화와 관련된 사업들이었다.

고종이 50세 된 해에는 존호를 더해 올리기도 했다. 이때의 존호가 '외훈홍업계기선력巍勳洪業啓基宣曆'이다. 이듬해인 1901년에는 고종이 51살이면서 즉위한 지 40돌이 되는 해를 맞이하여, 황태자는 이를 경축하는 한편 공로와 업적을 드러내 밝혀서 부황에게 효성을 지극히 하고자 하였다. 고종이 축하를 받고 반포한 조서를 보면, "상고하건대 황제의 집안에서 공로와 덕이 후세에 전하면 시호를 올리고 장수하여 경사를 축하하며 연회를 차리는 것은 훌륭한 미덕을 칭송하고 높은 칭호를 내걸어 끝없는 후대에 보이기 위한 것이다."라고 하였다. 관습적인 왕실의례의 의미를 여전히 고수하면서 형식적인 의례절차를 지속해 나가고 있었던 것이다.

시대적 전환기에 황실의 위와 같은 노력은 국가권력자로서의 황실의 권위를 인정받지 않는 한 소기의 목적을 달성하기는 어려웠다. 이윽고 고종은 강제퇴위를 당하였다. 고종 44년 7월 22일 오후 5시에 태황제라 상호하는 조칙을 발표하고 태왕의 퇴위를 확정하였다. 같은 달 29일에는 태황제존봉일을 당하여 태자太子 위에 두 자의 칭호를 더하여 높이려 한다고 하고는, 순종은 즉위하자마자 영왕 은을 황태자로 삼고, 태황제에게 '수강壽康'이라는 존호를 가상하였다.

그리고는 역대 제왕이 사친私親을 숭봉하는 예에 따라 고종의 생부모生父母인 홍선대원군과 여홍부대부인을 추숭하여 홍선대원군은 대원왕大院王이라 부르고, 부인은 명나라 때 친왕親王의 부인을 비妃라고 부르는 제도를 모방하여 대원비大院妃로 높였다. 홍선대원군과 여홍부대부인은 광무 2년에 홍서하였지만, 당시에는 추봉이나 상시上諡 등의 의절을 갖추지 않았다.

그런데 고종을 태황제로 높이는 의례를 거행하게 되자, 고종의 생부에 대한 예우가 문제되었을 것으로 보인다. 황실의 봉작제에 따르면, 고종의 사친인 대원군은 봉작의 범주 내에 포함되지 않는다. 그렇다면 예우의 기준에 대한 논의가 우선 필요했을 텐데, 그에 관한 기록은 눈에 띄지 않고 있다. 다만, 다음의 기사를 참조하여 그 예우에 대한 고민과 해답을 짐작할 수 있을 것으로 보인다.

순종은 즉위 직후에 부원군의 대우에 대해 언급하면서 그 규례를 정했다. "임금의 장인의 지위가 종친, 의빈儀賓과 같지만 대우는 특별하므로 현재의 새로운 관제에서는 일정한 규정이 있어야 하겠다. 대체로 공적인 대우에서 부원군府院君은 친왕과 같고 부부인府夫人은 친왕비親王妃와 같게 하는 것으로 규례를 정하여 관보에 게재하는 것이 좋을 것 같은데 경 등의 의사는 어떠한가?"라고 했으니, 임금의 장인인 부원군은 공적으로 친왕과 같은 대우를 받을 수 있도록 한 것이다.

사실 대원군을 부원군과 비교하여 그 지위를 논하는 것은 마땅치 않은 면이 있다. 이 양자를 동등한 지위로 인정한다고 하더라도, 친왕과 대원군의 혈연관계를 고려할 때 같은 대우라는 것은 곤란하지 않았을까 생각된다. 그리하여 친왕에 준하여 왕과 비로 추봉하되, '대원大院'이라는 칭호를 그대로 두는 것으로 결말이 났다. 역사상에서 '대원왕'과 '대원비'라는 칭호는 그 사례를 찾아볼 수 없다. 대한제국에서 유일하게 사용한 고유의 칭호이다. 이러한 조치를 취한 것은 아마도 제왕諸王과 구분하고자 했기 때문이 아닌가 여겨진다.

이때 완화군完和君은 왕王, 연원군부인延原郡夫人은 비妃, 이준용李埈鎔은 태황제의 친조카이므로 군君으로 봉해졌다. 황제국의 봉작제에 따라 황제의 직계를 왕과 군으로 봉함으로써, 황실의 권위를 높이고 위계적 질서 체계를 정립해 나가고자 하였던 것이다. 이때의 봉작 의례가 끝나고 나서는 『추봉책봉의궤』가 편찬되었다.

그 이듬해에는 진종과 헌종, 철종의 추봉도 단행하였다. 진종을 소황제昭皇帝, 헌종을 성황제成皇帝, 철종을 장황제章皇帝로 정하였던 것이다.[5] 이로써 황제국의 7묘제에 따른 황제의 묘호 추봉이 완성되어 황권의 정통성은 확립되었다.

미주 및 참고문헌

총론 대한제국을 보는 시각 왜 대한제국의 역사를 폄하하는가

• 참고문헌

이태진, 『고종시대의 재조명』, 태학사, 2000, 1~450쪽.

_____, 「한국근대의 수구·개화 구분과 일본 침략주의」, 『한국사시민강좌』 33, 일조각, 2003, 53~76쪽.

_____, 「19세기 한국의 국제법 수용과 중국과의 전통적 관계 청산을 위한 투쟁」, 『역사학보』 181, 2004, 131~157쪽.

_____, 「1876년 강화도조약의 명암」, 『한국사시민강좌』 36, 일조각, 2005, 124~139쪽.

_____, 『고종황제 역사 청문회』(공저; 이태진, 김재호 외), 푸른역사, 2005.

_____, 「明治東京과 光武서울 -근대도시로의 지향성과 개조성과의 비교-」, 『한국·일본·'서양', -그 교차와 사상변용』, 경응의숙대학출판회, 2005, 423~462쪽. [日譯]

_____, 「韓國近現代史 인식의 歪曲과 錯亂」, 「역사가는 지금 무엇을 어떻게 논해야 하는가?」, 제6회 한일역사가회의, 2006. 10. 27~29쪽, 東京, 한일역사가회의. 135~164쪽. [日譯]

_____, 「역사 소설 속의 명성황후 이미지 -정비석의 역사 소설 『민비』의 경우-」 『한국사시민강좌』 41, 2007. 8, 103~140쪽.

_____, 「안중근의 하얼빈의거와 高宗皇帝」 『안중근의 동양평화론과 동북아 평화공동체의 미래』, 안중근 하얼빈 학회, 동북아역사재단, 안중근의거 100주년 기념 국제학술회의, 2009. 10.

_____, 「고종황제의 독살과 일본정부 수뇌부」 『역사학보』 204호, 2009. 12.

제1부 대한제국의 '독자노선'은 왜 좌절됐나

대한제국의 성립과 체제 정비 황제국의 위상을 갖추다

• 미주

1 • 천자(天子)가 하늘에 제사를 드리는 제천단(祭天壇)을 가리킨다. 명칭의 한자 표기와 독음을 환구단(圜丘壇)과 원구단(圜丘壇 또는 圓丘壇)으로 혼용하던 것을 2005년 문화재청에서 한자 표기는 『고종실록』에 기록된 '圜丘壇'으로, 한글 표기는 고종이 제사를 지낸 1897년 10월 당시 『독립신문』을 따라 '환구단'으로 정하였다.

2 • 이민원, 『한국의 황제』, 대원사, 2001, 18쪽. 한영우, 『다시 찾는 우리역사』, 경세원, 2005, 89~90쪽.

3 • 김문식·송지원, 「국가제례의 변천과 복원」, 『서울 20세기 생활·문화변천사』, 서울학연구소·서울시정개발연구원, 2001, 678쪽.

4 • 『증보문헌비고』 권 54, 「예고」 1, '환구'조; 김문식·송지원, 앞의 논문, 677쪽 재인용.

5 • 『고종실록』36권, 34년(1897). 10월 11일; 고종이 국호를 '대한'으로 한 것은 아마 사례소에서 연구 검토한 것으로 보인다. 실제 10월 8일에 이미 '대한국새(大韓國璽)'를 만들기 위한 보문(寶文)이 왕에게 보고된 바 있으므로 '대한'이라는 국호는 이미 내정되어 있었던 것을 알 수 있다. (한영우, 『조선왕조 의궤』, 일지사, 2005, 726쪽 참조)

6 • 안현주, 「조선시대 즉위의례 연구 -고종황제 등극의례 재현을 중심으로-」, 단국대학교대학원 전통의상학과 석사학위논문, 2003.

7 • 궁현(宮懸)이란 천자를 위한 악대배치이다. 제후는 헌현(軒懸), 경대부는 판현(判懸), 사(士)는 특현(特懸)으로 구분한다. 궁·헌·판·특현은 편종과 편경의 배치로 구분하는데 궁현은 동·서·남·북의 사방에 편종과 편경 각 3틀씩을 편성, 헌현은 북·동·서의 3면에 각 3틀씩, 경대부는 동·서의 2면에 각 3틀씩, 특현은 동쪽에만 3틀을 편성한다.(『增補文獻備考』 권97, 「禮考」8. 禮懸. "光武元年, 始定宮懸之制")

8 • 일무(佾舞)란 가로 줄, 즉 열(列)과 세로 줄 행(行)의 인원이 같은 춤. 주제(周制)에서 천자(天子)는 팔일(八佾) 곧 64인, 제후(諸候)는 육일(六佾)의 36인, 대부(大夫)는 사일(四佾)의 16인, 사(士)는 이일(二佾)의 4인이다.(『增補文獻備考』 권104, 「禮考」15, 樂舞. "今上光武元年, 祀圓丘·宗廟, 始用八佾, 中祀用六佾")

9 • 『大韓禮典』 「首篇」.

10 • 『대한예전』 권 1의 즉위의(卽位儀)와 부속 의주(儀註), 권 5의 「속부악장(俗部樂章)」과 「무도(舞圖)」, 「납후제문(納后制文)」 등 처럼 황제국의 국가의례에서 요구되는 다양한 의절이 제정되었다.

11 • "… 청나라 사신이 말하기를, "대군은 어떤 품계입니까?' 하니, 상이 이르기를, "대국(大國)과 비교하면 친왕(親王)과 같소."하였다. …"(『효종실록』 18권, 8년(1657) 4월 2일)

12 • "대국의 법에 금으로 만든 인의 거북뉴는 친왕(親王)에게 주는 인이요, 친왕은 황제의 형제와 아들을 일컫는 이름이라. 안남국(安南國(베트남))·유구국(琉球國(류큐. 현재 오키나와의 옛 이름))같은 나라는 다 은으로 만든 인에 탁타뉴(橐駝紐(손잡이 부분에 낙타를 앉힌 인장))를 앉혔으니, 이로 보아도 우리나라를 대접하는 것이 외국과 비교할 수 없는 줄 알러라."(민족문화추진회, 국역 『연행록선집(燕行錄選集)』Ⅶ, 『무오연행록(戊午燕行錄)』 권1, 1976, 무오년(1798, 정조 22) 10월 16일).

13 • "상이 황태자와 중화전(中和殿)에 나아가 친림하여 영친왕(英親王)을 책배(冊拜)하였다. … 영친왕의 책배례를 행하기를 모두 의식대로 하였다. 영왕(英王)이 이에 뭇 관원들의 하례(賀禮)를 받았다."(『승정원일기』 고종 37년(1900) 8월 17일); "官廳秉項 義親王 英親王冊印冊封時各項費五千四百六十九元三十錢二里"(『皇城新聞』, 1900년 10월 4일자 「官報」)

14 • 『독립신문』1899년 8월 28일 잡보/ 8월 29일 본사고백/ 8월29일 광고/ 8월 30일/ 9월 1일/ 9월 4일 잡보 『황성신문』1899년 8월 28일 잡보/ 8월 28일 특별광고/ 8월 29일자 잡보/ 8월 29일자 특별광고 / 8월31일자/ 9월2일자 잡보.

15 • 황제·황후의 예만 다루었다.

16 • 『국조오례의서례』, 「관복도설」.

17 • 황태자가 1902년은 고종황제가 망육순 및 즉위 40년이 되는 해라 하여 존호를 올리는데, 그 때 올린 어보는 국립중앙박물관에 소장 되어 있고, 어책은 현재 국립고궁박물관에 소장되어 있다.

• 참고문헌

박현모, 「'왕조'에서 '제국'으로의 전환: "경국대전체제"의 해체와 대한제국 출범의 정치사적 의미
　　　연구」, 『한국정치연구』18집, 서울대 한국정치연구소, 2009.
유희경 · 김혜순, 『왕의 복식』, 꼬레알리즘, 2009
이민원, 『한국의 황제』, 대원사, 2001.
임민혁, 「대한제국기『大韓禮典』의 편찬과 황제국 의례」, 『역사와 실학』제 34집, 역사실학회, 2007.
한영우, 『명성황후와 대한제국』, 효형출판, 2001.
　　　, 『조선왕조 의궤』, 일지사, 2005.
한형주, 『조선초기국가제례연구』, 일조각, 2002

대한제국시기 외교 고종의 중립화정책, 왜 실패했나

• 미주

1 • *Korean-American Relations Volume III, No. 284.* 1900년 10월 2일, 69~70쪽.
2 • *Korean-American Relations Volume III, No. 275.* 1900년 8월 31일, 82쪽.
3 • 피송은 1901년 5월 24일 고종을 알현하였다.
4 • 『高宗實錄』卷39, 光武 3년 1월 1일.
5 • 『駐法比來去案』報告第11號, 光武 7년 3월 4일. 민영찬은 1903년 2월 8일 제네바조약에 서명하
　　　였다.
6 • 『日本外交文書』32卷, 機密第71號, 1899년 7월 26일, 941~943쪽.
7 • 『러시아문서 요약집』, 1902년 2월 14일, 99쪽.

• 참고문헌

Korean-American Relations: VOLUME III. (1896~1905), 1989, University of Hawaii Press.
고려대학교 아세아문제연구소 편, 『구한국외교문서』, 1968.
국사편찬위원회, 『주한일본공사관기록』11~22권, 1995.
동광출판사 편, 『영국외무성 한영외교사관계자료집』, 1997.
일본외무성 편, 『일본외교문서』, 일본국제연합협회, 1985.
현광호, 『대한제국의 대외정책』, 신서원, 2002

대한제국의 영토정책 고종은 왜 간도를 지키지 못했나

• 미주

＊ • 이 글은 필자의 『간도의 운명』, 백산자료원, 2005의 내용을 수정하여 재수록하였음.

• 참고문헌

고영자, 『청일전쟁과 대한제국』, 탱자출판사, 2006
최덕수, 『대한제국과 국제환경』, 선인, 2005
최장근, 『간도의 운명』, 백산자료원, 2005
현광호, 『대한제국의 대외정책』, 신서원, 2002

고종과 명성황후 명성황후에 대한 오해와 진실

• 미주

1 • 현재 여주시 여주읍 능현리에 있는 명성황후 생가로 알려져 있는 집은 원래 6대조 민유중의 묘막(墓幕)이 있었던 곳이라 하며, 집 앞에 순종의 친필로 명성황후탄강구리비(明成皇后誕降舊里碑)가 세워져 있다.

2 • 민치록의 선대인 민유중, 민진후, 민기현의 묘는 경기도 여주에, 민익수는 경기도 광주, 민백분의 묘는 경기도 용인에 있는 걸로 봐도 이 집안이 대대로 서울 · 경기 일원에서 세거하며 활동한 집안임을 알 수 있다.

3 • 『열성황후왕비세보(列聖皇后王妃世譜)』 민치록(閔致錄) 행장(行狀).

4 • 윤정란, 『조선의 왕비』 차림, 1999, 237쪽.

5 • 『고종실록』 권 36, 광무 원년(1897) 11월 22일 어제행록(御製行錄).

6 • 『선원세보기략』(장서각 소장, 1931년간).

7 • 이배용, 「개화기 명성황후 민비의 정치적 역할」 『국사관논총』 66, 1995.

8 • 대원군의 장자인 李載冕의 아들.

9 • 먼 나라를 끌어들여 가까이 하는 정책.

10 • 연갑수, 「개항기 권력집단의 정세인식과 정책」 『1894년 농민전쟁연구』3, 역사비평사, 1993.

11 • 槽谷憲一, 「閔氏政權上層部の構成に關する考察」 『朝鮮史硏究會論文集』 27, 1990.

• 참고문헌

서영희, 「명성왕후연구」 『역사비평』 57, 2001.
_____, 「명성왕후 재평가」 『역사비평』 60, 2002.
이태진, 『고종시대의 재조명』, 태학사, 2000.
은정태, 「명성왕후 사진 진위논쟁」 『역사비평』 57, 2001년 겨울호.
한영우, 『대한제국과 명성황후』 효형출판, 2001.
_____ 외, 『대한제국은 근대국가인가』 푸른역사, 2006.

대한제국시기 한일조약의 불법성 고종황제는 병합 조약들에 서명하지 않았다

• 참고문헌

이태진 편저, 『일본의 대한제국 강점』, 까치글방, 1995.

_____, 『한국병합, 성립하지 않았다』, 태학사, 2001.

이태진 외, 『한국병합의 불법성 연구』(공저), 서울대학교출판부, 2003.

이태진 · 사사가와 노리가쓰 공편, 『한국병합과 현대 -역사적, 국제법적 재검토-』, 태학사, 2005.

순종황제의 유조 1910년 '병합조약', 일제가 불법 조작했다

• 미주

1 • 병합조약과 관련된 논쟁은 이태진 교수의 연구와 계속된 문제 제기 이후 국내외적 논쟁이 되어 왔는데 그동안의 연구 성과와 이에 대한 역사학적 · 국제법적 논쟁에 대해서는 다음의 책에 집대성되었다. 이태진, 『일본의 대한제국 강점 -"보호조약"에서 "병합조약"까지』, 까치, 1995. 이태진 편저, 『한국병합, 성립하지 않았다』, 태학사, 2001. 이태진 · 사사가와 노리가츠 공편, 『한일병합과 현대 -역사적 국제법적 재검토』, 태학사, 2009.

2 • 이태진, 「공포 칙유가 날조된 "일한병합조약"」, 『일본의 대한제국강점 -"보호조약"에서 "병합조약"까지』, 까치, 1995.

3 • 李鍾學 編著, 「朝鮮總督報告 韓國倂合始末 附韓國倂合과 軍事上의 關係」, 『1910年 韓國强占資料集』, 史藝硏究所, 2000, 26쪽(이하 『1910年 韓國强占資料集』).

4 • 8월 23일 본국 정부에서는 "조약 공포 기일을 29일로 함에 이의 없음"이란 답전을 보내왔다 (『1910年 韓國强占資料集』, 68~69쪽).

5 • 8월 29일 勅諭에 대해서는 이미 순종의 서명이 없는 점 그리고 순종이 죽기 직전 남긴 '遺詔' 등을 근거로 이 칙유가 날조된 것이라는 지적이 있었다. 이에 대한 보다 자세한 내용은 이태진, 「공포 칙유가 날조된 "일한병합조약"」, 『일본의 대한제국 강점 - "보호조약"에서 "병합조약"까지』, 까치, 1995 참조.

6 • 「勅諭」, 『詔勅』(奎 17708의 2).

7 • 『內閣會議案目錄』(奎 18033의 2).

8 • 『1910年 韓國强占資料集』, 34~35쪽.

9 • 국사편찬위원회, 『대한민국임시 정부 자료집』7, 2005, 42~43쪽. 『한일관계사』에 서술된 내용은 박은식이 『韓國痛史』에서 서술한 내용과 거의 대동소이하다(백암박은식선생전집편찬위원회 편, 『白巖朴殷植全集』제1권, 동방미디어, 2002, 695~696쪽).

10 • 「新韓民報 전용희황제의 유조」, 『신한민보』, 1926년 7월 8일자(이 자료는 國際韓國硏究院 崔書勉 院長에 의해 밝혀졌음).

11 • 운노 후쿠쥬, 「한국병합의 역사인식」, 『한국병합, 성립하지 않았다』, 태학사, 2001, 175쪽.

• 참고문헌

운노 후쿠쥬 지음 · 정재영 옮김, 「한국병합의 역사인식」, 『한국병합, 성립하지 않았다』, 태학사, 2001.
이상찬, 「한국 皇帝는 統治權讓與條約案을 裁可하였는가?」, 동북아역사재단 · 하와이대 아시아태평
　　　양연구대학 공동주최 '한일병합의 성격과 정책' 발표문, 2009년 4월 23일.
李鍾學 編著, 『1910年 韓國强占資料集』, 史藝研究所, 2000.
이태진, 『일본의 대한제국 강점 - "보호조약"에서 "병합조약"까지』, 까치, 1995.
이태진 편저, 『한국병합, 성립하지 않았다』, 태학사, 2001.
이태진 · 사사가와 노리가츠 공편, 『한일병합과 현대 - 역사적 국제법적 재검토』, 태학사, 2009.

제2부　대한제국의 황실문화, 전통과 근대의 조화

대한제국의 국가상징물　황제국의 상징물을 새로 만들다

• 참고문헌

목수현, 「대한제국기의 국가 이미지 만들기: 상징과 문양을 중심으로」, 『근대미술연구 2004』, 국립현
　　　대미술관, 2004.
＿＿＿, 「화폐와 우표로 본 한국 근대전환기 시각문화의 변화」, 『동아시아 문화와 예술』 제2집, 2005.
＿＿＿, 「근대국가의 '국기(國旗)'라는 시각문화 - 개항과 대한제국기 '태극기'를 중심으로」, 『美術
　　　史學報』 제27집, 2006.
＿＿＿, 「한국 근대 전환기 국가 시각 상징물」, 서울대학교 박사학위 논문, 2008.
＿＿＿, 「大韓帝國期 國家 視覺 象徵의 淵源과 變遷」, 『美術史論壇』 제27호, 2008년 하반기.

대한제국시기의 신문물　'근대'는 우리에게 어떻게 다가왔나

• 미주

*　• 이 글은 필자의 「한국 근대공예의 대외교섭-신문물의 소비와 근대화의 실천」, 『근대미술의 대
　　외교섭』, 한국미술사학회, 예경, 2010. 3, 167~190쪽의 일부를 수정하여 재수록하였음.
1　• 최공호, 『한국 근대 공예사론-산업과 예술의 기로에서』, 미술문화, 2008, 43~44쪽 참조.
2　• 여기에 관해서는 全海宗, 「統理機務衙門設置의 經緯에 對하여」, 『歷史學報』 제17 · 18합집, 1962.
　　6, 713~728쪽 ; 歸國復命書인 『視察記』와 『見聞事件』 등이 있으며, 紳士遊覽團의 행적 및 의의
　　에 관해서는 鄭玉子, 「紳士遊覽團考」, 『歷史學報』 제27집, 1965. 4, 105~142쪽 참조.
3　• 허동현, 「1881년 朝士視察團의 明治 日本 司法制度 이해」, 『震檀學報』 84, 6~7쪽 참조.
4　• 沈相學, 『日本見聞事件草(二)』(서울대 규장각도서 번호 7767-2), 25쪽.
5　• 李鑢永, 「日槎集略」, 人(『海行摠載』 속편, XI, 고전국역총서 88, 민족문화추진회, 1977), 309
　　쪽. 메이지 정부가 외교를 위해 세운 鹿鳴館에서 무도회가 빈번하게 열렸으나, 1883년에 완공

된 녹명관의 풍경은 아니라도 이 무렵 일본의 관가에서는 서양식 무도회가 자주 열렸었다.

6 • 金綺秀, 『日東記遊』 (『국역 해행총재』 X, 민족문화추진위원회 편, 1977), 441쪽 참조.

7 • *New York Herald*, September 10. 1883; 김원모, 「乾淸宮 멕케 電燈所와 韓國 最初의 電氣點燈 (1887)」, 『史學志』 21, 1987, 50쪽에서 재인용.

8 • 朴定陽, 『美俗行拾遺』 (『朴定陽全集』 6, 亞細亞文化社, 1984), 623쪽.

9 • '번갯불 먹는 괴물'로 불린 기차와 '축지법을 부리는 쇠바퀴'로 불린 전차가 서대문 로터리에서 종각~종로~동대문까지 달리기 시작한 것은 1899년 음력 4월 초파일에 미국인 기업가 콜브란(Collbran, 骨佛安)에 의해서였다. 기차는 듣도 보도 못한 개화의 풍물에 처음에는 놀랐으나 머지않아 새로운 문명의 표상을 공유한다는 자긍심으로 바뀌면서 일부러 전차를 타기 위해 지방에서 전답을 팔아 상경하는 이도 많을 만큼 적극적인 소비의 대상으로 부각되었다. 선망의 대상이던 사인교보다 훨씬 크고 좋다는 전차를 단돈 5전만 있으면 누구나 탈 수 있다는 자본의 유혹은 목적지 없이 기차를 타는 손님들로 붐비게 만들었다.

10 • 『皇城新聞』 1900. 9. 26. 論說.

11 • 김영자 편저, 『조선왕국 이야기』, 서문당, 1997, 203쪽; 『한국사』 44, 국사편찬위원회, 2000, 472쪽에서 재인용.

12 • 『大韓每日申報』 1906.11.17. 雜報 참조.

13 • 『每日申報』, 1898. 4. 13. 논설 참조. "태서 제국의 宮室樓臺와 玩好器物의 굉장하고 화려함은 이루 측량할 수 없을뿐더러 서울과 각 항구의 외국인 거류지를 보면 … 황홀 찬란함이 진소위 유리세계라. 의복, 음식은 위생에 극히 精緊하고 器用什物은 수족에 제일 편리하며 玩好器物은 사람의 이목을 기껍게 하고 나라가 태평 부강하고 학문을 힘써 배워 백성이 문명하니 나라를 생각하되 患亂 危急에 걱정이 없다."고 한 당시 신문의 논조도 광무개혁에 따라 확연히 달라졌음을 느낄 수 있다.

14 • 『조선일보』, 1928년 2월 7일자 만평. 채플린, 키튼과 함께 무성영화시대의 3대 희극배우로 꼽히는 해럴드 로이드(Harold Lloyd, 1893~1971)의 1917년 영화 '로이드의 야구'가 국내에 상영되면서부터 동그란 대모뿔테의 로이드 안경과 맥고모자, 지팡이를 든 로이드 스타일이 경성에 새로운 유행 바람을 일으켰다.

15 • 김영자 편저, 『조선왕국이야기』(서문당, 1997), 203쪽.

16 • 전우용, 「1930년대 '朝鮮工業化'와 中小工業」, 『한국사론』 23, 1990. 475쪽 참조.

• 참고문헌

김영자 편저, 『조선왕국이야기』, 서문당, 1997.

김태명, 「대한제국 전기의 식산흥업정책에 관한 연구」, 『한국전통상학연구』, 제15집 제2호, 2001.

전우용, 「19세기말-20세기초 한인사회 연구」 서울대학교 대학원 박사학위논문.

최공호, 「한국 근대공예사 연구; 제도와 이념」, 홍익대학교 대학원 박사학위 논문.

_____, 『한국 근대 공예사론-산업과 예술의 기로에서』, 미술문화, 2008.

한철호, 「개화기 관료지식인의 미국 인식-주미 공사관원을 중심으로」, 『역사와 현실』 58호, 2005.

홍선표, 「근대적 일상과 풍속의 징조-한국 개화기 인쇄미술과 신문물 이미지」, 『미술사논단』 2005.

대한제국 황실의 복식 황제와 황후의 복식, 어떻게 변화했나

• 미주

1 • 『承政院日記』고종34년 음력 9월 17일. 위 내용을 포함한 의식의 상세한 절차는 『(高宗)大禮儀軌』「儀註」'親祀圓丘儀'와 '登極儀'(서울大學校 奎章閣, 『高宗大禮儀軌』, 서울大學校 奎章閣, 2001, 134~157쪽.) 참조.

2 • '구장복' 유물은 2벌이 있는데, 2벌 모두 면복을 구성하는 다른 여러 요소는 없이 상의(上衣)와 중단(中單)만 남아있다. 상의와 중단은 소매가 한 데 끼워진 채, 소매 끝에 작은 매듭단추를 달아 서로 떨어지지 않게 고정시켜 놓았다. 상의는 한 벌은 은조사로 만든 것이고, 다른 한 벌은 갑사로 만든 것이다. 『조선시대 궁중복식』(문화공보부 문화재관리국, 1981, 23쪽.)에서는 구장복 유물 2벌 중 은조사 구장복은 고종이 착용한 것이라 하였으나, 이를 증명할 근거는 없다.

3 • 『고종실록』34년 양력 10월 13일; 『승정원일기』고종 34년 음력 9월 14일~18일; 『(고종)대례의궤』「儀註」'親臨誓戒儀', '親祀圓丘時省牲器省鼎鑊視滌漑儀', '皇帝御太極殿受百官賀表儀', '冊皇后儀', '冊皇太子儀', '頒詔儀', '明憲太后上寶儀', '冊皇太子妃儀', '皇太子妃朝謁儀'.

4 • 『(고종)대례의궤』「儀註」'親祀圓丘時省牲器省鼎鑊視滌漑時王太子陪參儀', '親祀圓丘時王太子陪參儀', '冊皇太子儀'.

5 • 김연자, 「조선왕조 왕세자빈 적의 연구」, 단국대학교 석사학위논문, 2003, 20~32쪽. 노의는 『(仁祖莊烈后)嘉禮都監儀軌』'(親迎時)中宮殿衣襨'에 그림이 제시되어 있다.

6 • 왕비가 대홍색에 오조원룡보(五爪圓龍補)를 썼음에 비해 왕세자빈은 흑색에 사조원룡보(四爪圓龍補)를 썼다. 『국조속오례의보서례(國朝續五禮儀補序例)』「吉禮」'王妃禮服制度', '王世子嬪禮服制度'.

7 • 『대명회전(大明會典)』卷61「冠服」2 '文武官冠服'; 『明史』卷67「輿服志」3.

• 참고문헌

『經國大典』『(高宗)大禮儀軌』(서울大學校 奎章閣, 『高宗大禮儀軌』, 서울大學校 奎章閣, 2001)
『高宗實錄』『國朝續五禮儀補序例』『國朝五禮儀』『大明會典』『大韓禮典』『文宗實錄』『世祖實錄』
『承政院日記』『(仁祖莊烈后)嘉禮都監儀軌』『正祖國葬都監儀軌』.
권오창, 『조선시대 우리옷』, 현암사, 1998.
김연자, 「조선왕조 왕세자빈 적의 연구」, 단국대학교 석사학위논문, 2003.
김영숙·박윤미, 『조선조왕실복식-영왕복식중심』, 국립고궁박물관, 2007.
문화공보부 문화재관리국, 『조선시대 궁중복식』, 문화공보부 문화재관리국, 1981.
문화재청, 『문화재대관 -중요민속자료2, 복식·자수편-』, 문화재청, 2006.
李覺鍾, 『純宗實紀(附 名臣史傳)』, 京城: 新民社, 1927.
趙豊, 『紡織品考古新發現』, 홍콩: 藝紗堂·服飾出版, 2002.
최규순, 「『大韓禮典』복식제도 연구」, 『아세아연구』제53권 1호, 고려대학교 아세아문제연구소, 2010.

418 · 대한제국, 잊혀진 100년 전의 황제국

대한제국시기의 회화 화훼영모花卉翎毛 등의 길상화가 풍미

• 미주

1 • 崔完秀, 『謙齋 鄭歚』1, 현암사, 2009, 60~61쪽.

2 • 崔完秀, 「추사 김정희」, 『澗松文華』71호, 韓國民族美術研究所, 2006.

3 • 崔完秀, 「吾園 張承業」, 『澗松文華』53호, 韓國民族美術研究所, 1997.

4 • 朴東洙, 「心田 安中植 繪畵 研究」, 한국정신문화연구원 한국학대학원 박사학위논문, 2003, 21~ 22쪽.

5 • 朴東洙, 앞의 논문, 186~195쪽.

6 • 金貞淑, 「石坡 李昰應(1820~1898)의 墨蘭花 研究」, 한국정신문화연구원 한국학대학원 박사학 위논문, 2003, 184~190쪽.

7 • 서성혁, 「海岡 金圭鎭(1868~1933)의 繪畵 研究」, 고려대학교대학원 석사학위논문, 2009, 122~ 130쪽 年譜.

8 • 윤의선은 철종(哲宗) 승하시 국장도감(國葬都監)에서 41세의 나이로 하현궁명정서사관(下玄 宮銘旌書寫官)을 맡는 것을 시작으로 이후 돌아가는 65세까지 수차례 서사관(書寫官)으로 임 명되었다.

9 • 변경화, 「백련 지운영의 생애와 작품세계」, 이화여자대학교대학원 석사학위논문, 2007, 61~65 쪽 年譜.

10 • 白仁山, 「조선왕조 난죽화」, 『澗松文華』69호, 韓國民族美術研究所, 2005, 129~130쪽.

11 • 崔完秀, 「芸楣實記」, 『澗松文華』37호, 韓國民族美術研究所, 1989, 60~63쪽.

• 참고문헌

金貞淑, 「石坡 李昰應(1820~1898)의 墨蘭花 研究」, 한국정신문화연구원 한국학대학원 박사학위논 문, 2003.

朴東洙, 「心田 安中植 繪畵 研究」, 한국정신문화연구원 한국학대학원 박사학위논문, 2003.

변경화, 「백련 지운영의 생애와 작품세계」, 이화여자대학교대학원 석사학위논문, 2007.

서성혁, 「海岡 金圭鎭(1868~1933)의 繪畵 研究」, 고려대학교대학원 석사학위논문, 2009.

崔完秀, 「吾園 張承業」, 『澗松文華』53호, 韓國民族美術研究所, 1997.

_____, 「芸楣實記」, 『澗松文華』37호, 韓國民族美術研究所, 1989.

대한제국시기의 건축 대한제국의 원공간 정동과 덕수궁

• 미주

1 • 구한말외국인공간 정동, http://jungdong.culturecontent.com/history/history01.asp

2 • 조서에 쓰는 황제의 자칭(自稱), 곧 천명에 따라 황제의 운을 계승하였다는 의미임.

• 참고문헌

문화재청, 『덕수궁 복원정비 기본계획』, 2005.
서울특별시, 『서울-도시와 건축』, 2000.
안창모, 『덕수궁 -시대의 운명을 안고, 제국의 중심에 서다』, 동녘, 2009.
이태진, 『고종시대의 재조명』, 태학사, 2000.
한영우, 『명성황후, 제국을 일으키다』, 효형, 2006.

대한제국의 근대식 연회 세계인과 함께 파티를 열다

• 참고문헌

권도희, 『한국 근대음악 사회사』, 민속원, 2004.
김종수, 『조선시대 궁중연향과 여악연구』, 민속원, 2001.
사진실, 『공연문화의 전통』, 태학사, 2002.
송지원, "17세기 國賓에 대한 儀典", 『문헌과 해석』, 문헌과 해석사, 통권 14호, 2001.
_____, "조선시대 궁중학무(鶴舞)의 연행 양상 연구", 『공연문화연구』, 공연문화학회, 제15집, 2007. 8.
이정희, "대한제국기 군악대 고찰", 『한국음악연구』, 한국국악학회, 제44집, 2008.
_____, "개항기 근대식 궁정연회의 성립과 공연문화사적 의의", 서울대학교 박사학위논문, 2010.
조경아, "조선후기 儀軌를 통해 본 呈才 연구", 한국학중앙연구원 박사학위논문, 2008.
주영하, "식탁 위의 근대: 1883년 조일통상조약 기념 연회도를 통해서", 『사회와 역사』, 한국사회사학
        회, 통권 66호, 2004.

대한제국기의 국가의례 황제국의 예법을 만들다

• 미주

1 • 『承政院日記』 高宗 34年 12月 11日(丙寅, 양력 1月 3일). 이 주장은 당장 채택되지 않았으나,
    1899년 12월에 태조와 4대조의 황제 추존이 거행되었다.

2 • 『明史』 卷47, 禮1.

3 • 『唐律疏義』 卷1.

4 • 『禮式章程』(장서각도서 K2-2130). 이외에 『外賓陛見及迎送式』(장서각도서 K2-2699)이라는 전
    례서도 남아있는데, 이는 『예식장정』과 제목만 다를 뿐 내용은 동일하다.

5 • 『純宗實錄』 卷2, 純宗 元年 5月 6日; 5月 11日; 7月 31日.

• 참고문헌

『高宗時代史』『高宗實錄』『唐律疏義』『大禮儀軌』『大明集禮』『明史』『純宗實錄』『承政院日記』『禮
式章程』(장서각도서 K2-2130) 『皇明制書』

김문식,「高宗의 皇帝 登極儀에 나타난 상징적 함의」,『朝鮮時代史學報』37, 2006.

_____,「장지연이 편찬한 『대한예전』」,『문헌과해석』35, 2006.

徐珍教,「1899년 高宗의 '大韓國國制' 반포와 專制皇帝權의 추구」,『한국근현대사연구』5, 1996.

성인근,「조선시대 印章 연구」, 한국학대학원 박사학위논문, 2008.

이욱,「대한제국기 환구제(圜丘祭)에 관한 연구」,『종교연구』30, 2003.

임민혁,「高・純宗의 呼稱에 관한 異論과 왕의 정통성 -廟號・尊號・諡號를 중심으로-」,『사학연구』
78, 2005.

_____,「대한제국기 『大韓禮典』의 편찬과 황제국의례」,『역사와 실학』34, 2007.

_____,「추봉책봉의궤 해제」,『추봉책봉의궤』, 서울역사박물관, 2007.

글쓴이 소개

이태진 | 서울대학교 사학과 졸업, 동대학원에서 석사 학위, 한국학중앙연구원 한국학대학원 명예 문학박사. 현재 국사편찬위원회 위원장. 주요저서 『고종시대의 재조명』, 『동경대생들에게 들려준 한국사 이야기』 등

임소연 | 고려대학교 국사학과 졸업, 동대학원에서 석사 학위. 현재 국립고궁박물관 학예연구사.

현광호 | 고려대학교 사학과 졸업, 동대학원에서 석·박사 학위. 현재 고려대학교·성신여자대학교 등에 출강. 주요저서 『대한제국의 외교정책』, 『세계화 시대의 한국근대사』 등

최장근 | 일본 중앙대학에서 일본 정치사로 박사 학위. 현재 대구대학교 일본어일본학과 교수. 주요 저서 『독도의 영토학』, 『한중국경문제연구』 등

서영희 | 서울대학교 국사학과 졸업, 동대학원에서 석·박사 학위. 현재 한국기술산업대학교 교수. 주요저서 『대한제국 정치사 연구』, 『명성황후 재평가』 등

윤대원 | 서울대학교 국사학과 졸업, 동대학원에서 석·박사 학위. 현재 서울대학교 규장각한국학 연구원 HK연구교수. 주요저서 『상해 시기 대한민국 임시정부 연구』, 『한국 근대사』 등

목수현 | 서울대학교 졸업, 동대학원에서 석·박사 학위. 현재 서울대학교 규장각국학연구원 연 구교수. 주요논문 「대한제국기의 국가 상징 제정과 경운궁」, 「근대국가의 '국기(國旗)'라 는 시각문화」 등

최공호 | 홍익대학교 공예학과 졸업, 동대학원에서 한국미술사학 석·박사 학위. 현재 한국전통문 화학교 교수. 주요저서 『산업과 예술의 기로에서-한국 근대 공예사론』, 『한국 현대 공예사 의 이해』 등

최규순 | 상해 동화대학에서 복식사로 박사학위. 현재 단국대학교 전통의상학과 교수. 주요저서 『중국역대 제왕면복 연구』, 「대한제국기 궁내부 대례복 연구」 등

탁현규 | 한국학중앙연구원에서 박사 학위. 현재 간송미술관 연구원. 경인교대·국민대 등 출강. 주 요논문 「조선시대 삼장보살도의 도상 연구」, 「수운 유덕장(1675~1756)의 묵죽화 연구」 등

안창모 | 서울대학교 건축학과 졸업, 동대학원에서 석·박사 학위. 현재 경기대학교 건축대학원 교 수. 주요저서 『덕수궁 -시대의 운명을 안고 재국의 중심에 서다』, 「한말 "건축"에 대한 인 식과 "건축" 개념」 등

이정희 | 서울대학교 대학원 협동과정음악학과 한국음악학 박사학위. 현재 서울대학교박물관 객원 연구원. 주요저서 『고종신축진연의궤』 권1, 권3, 「대한제국기 군악대 고찰」, 「대한제국기 건 원절 경축 행사의 설행 양상」, 「개항기 근대식 궁정연회의 성립과 공연문화사적 의의」, 등

임민혁 | 한성대학교 졸업, 한국학중앙연구원에서 석·박사 학위. 현재 한국학중앙연구원 전입연구 원. 주요저서 『왕의 이름 묘호』, 『조선시대 음관연구』 등